中央编译局文库编辑委员会

主　任：贾高建
副主任：俞可平　魏海生　王学东　陈和平　杨金海
委　员：贾高建　俞可平　魏海生　王学东　陈和平　杨金海
　　　　柴方国　何增科　季正聚　郗卫东　张文成　曹荣湘
　　　　卿学民　刘明清　薛晓源

中央编译出版社文库编辑中心编辑小组

薛晓源　董　巍　苗永姝　冯　章　侯天保　李媛媛　盛菊艳
薛迎春　董　妍

中国的民主治理
理论与实践

Democratic Governance in China
Theory and Practice

主编　俞可平
副主编　何增科

民主管理

DEMOCRATIC MANAGEMENT

龙宁丽　主编

《中国的民主治理：理论与实践》编辑委员会

主　编：俞可平
副主编：何增科
委　员：陈国权　丁元竹　龚维斌　何增科　黄卫平　姜晓萍　景跃进　蓝志勇
　　　　马　骏　米加宁　浦兴祖　王长江　王绍光　王正绪　吴建南　徐　勇
　　　　薛　澜　燕继荣　杨大利　杨光斌　杨雪冬　俞可平　余逊达　赵树凯
　　　　周光辉　朱光磊

总　序　· 俞可平　· I

导　论　公民参与和当下中国的治道变革　· 杨光斌　· 1

发挥制度绩效，拓展公民有序参与的渠道
　　——贵阳市人大常委会市民旁听制度所引发的联动性创新　　杨雪冬　· 3
深圳市南山区月亮湾片区"人大代表联络工作站"
　　· 陈　文　黄卫平　汪永成　· 28
准政府身份：工会工资集体协商的"罪与罚"？
　　——基于浙江温岭的个案研究　· 龙宁丽　· 44
女性政治参与：湖南"妇女参与村级治理"的创新和实践　· 冉　冉　· 63
参与式社区治理与社区服务项目化管理
　　——北京大兴清源模式案例分析　· 宋庆华等　· 78
多元共治：对灾后社区重建中参与式发展理论的反思
　　——以"5·12"地震灾后社区重建中的新家园计划
　　为例　· 朱健刚　胡　明　· 98

社区治理与可持续发展
　　——由"美丽园事件"探讨自主治理的可持续之道 · 陈建国 · 128
浙江省武义县后陈村创新基层民主治理能力的案例分析 · 包雅钧 · 165
村民自治：集体行动、制度变迁与公共精神的培育
　　——贵州省习水县赶场坡村组自治的
　　　个案研究 · 李文钊　张黎黎 · 180
农村民主管理制度化研究
　　——以江苏省沛县村级事务"1+5管理法"为例 · 魏垂敬 · 204

参考文献 · 237

· 插图图次 ·

图 1　项目流程 · 84

图 2　组织架构 · 87

图 3　社区项目化管理分工格局 · 89

图 4　1986—1997 年商品住宅销售面积（万平方米）· 129

图 5　1986—1997 年个人购买商品住宅比重（%）· 130

图 6　2002—2005 年私有住宅建筑面积（亿平方米）· 130

图 7　2005 年我国城镇住宅私有比例饼图 · 131

图 8　美丽园社区物业服务及收费标准纠纷事件的治理结构图 · 143

图 9　美丽园物业服务治理结构图 · 144

图 10　社区治理中的保安服务供给模式图 · 146

· 插表表次 ·

表1　贵阳市第十届人大常委会主任、副主任名单 · 4
表2　首次旁听人大常委会会议（第11次会议）的市民情况 · 15
表3　贵阳市立法公示的法律法规（1999—2001） · 24
表4　1994—2003年全国、浙江与温岭劳动争议案件
　　　总体增长对比情况 · 54
表5　温岭市人事劳动社会保障局处理已开展工资集体协商的羊毛衫行业与
　　　同期未开展的鞋业的劳动争议案件比较 · 55
表6　"新家园计划"的创建者 · 120
表7　业主委员会成立状况 · 132
表8　2005年3月美丽园小区业主委员会向法院提出的13项诉讼请求 · 136
表9　危机中业主之间的分歧 · 138
表10　美丽园事件中涉及的利益相关方 · 142
表11　小区纠纷类型汇总表 · 153

总　序

尽管与社会经济迅速发展的进程和人们日益增长的需求相比，我国的政治体制还存在许多严峻的挑战，深化政治体制改革依然是一项极为紧迫的任务，但不能否认，改革开放 30 多年来中国的政治发展取得了重大的进步。30 多年的改革开放进程，是一个包括政治生活、经济生活和文化生活在内的全方位的社会进步过程。然而，坦率地说，与人们对经济改革成就的评价不同，对政治改革的成就充满着争议。典型的争论呈两个极端：一种观点认为，中国的政治改革与经济改革一样，进步迅速，成就巨大；另一种观点则认为，与中国的经济发展不同，中国的政治发展几乎停滞不前，没有多少重大成就。海外一些专家甚至认为，不改革政治只改革经济，正是中国创造经济发展奇迹的原因所在。

其实，上述争论在相当程度上是因为观察问题的立场和视角不同，如果从宏观政治框架上看，那么中国的政治变迁确实很少。中共一党执政的政党体制没有变，人民代表大会和人民政协的基本制度没有变，党领导行政、立法、司法的政治格局没有变，马克思主义主导的一元化政治意识形态也没有变。然而，如果换一种视角和立场，从国家治理的角度来观察中国的政治变迁，就会发现截然不同的另一幅景象：中国的政治生活在过去 30 多年中也同样发生了巨大的变化。例如，从人治开始逐渐走向法治，首次确立了建设法治国家的根本目标，着手建构较为完备的法律体制，政府行为更多地受到法律的约束；从封闭政治逐渐走向透明政治，首次颁布了政务公开的法规，各级党政权力部门逐渐推行政务公开；从管制政府走向服务政府，出台一系列的措施，大幅度减少行政审批事项，同时为公民提供更多的公共服务；从高度集权走向适度分权，中央政府从财政、税收、审批等多个方面向地方政府分权，同时将更多原先政府管制的事务转交给民间组织，开始向社会分权。

毋庸讳言，国家治理更多属于工具理性的范畴。换言之，无论哪一种社会政治体制中，统治者都希望有更高的行政效率、更加稳定的社会环境、更加完善的公共服务，从而有广泛的民意基础。但是，工具理性与价值理性之间并非存在不可跨越的鸿沟，工具理性的改革通常需要价值理性的指导，而且也或迟或早会催生新的价值理性。更进一步说，国家治理的改革虽然是达到既定政治和经济目标的手段，是一种工具理性的改革，但治理改革本身必然体现着某种政治价值，而且势必导致新的政治需求。因此，我一直坚持认为，治理改革是政治改革的重要内容，甚至也是政治体制改革的组成部分。改革开放以来，中国政治生活的进步与变革，主要体现在国家治理领域和社会治理领域的改革和进步。

迄今为止，我一直是增量改革的倡导者和践行者。我在20世纪末提出了"增量民主"理论，并且在21世纪初主持发起了"中国地方政府改革创新研究与奖励计划"。在社会各界已有广泛影响力的"中国地方政府创新奖"，便是该计划的重要内容，也是以"增量民主"推动社会政治进步的一个重要尝试。从2000年开始，我与中共中央编译局比较政治与经济研究中心的同事们一道，利用"中国地方政府创新奖"这个重要平台，对过去十多年中各级政府的改革创新案例进行了搜集、整理、分析和研究，对其中的先进案例进行了奖励、宣传和推广。可以自豪地说，关于中国的民主治理改革和政府创新，我们中央编译局比较政治与经济研究中心拥有最齐全的案例数据库。我们一直希望能够通过某种方式，使我们的案例数据和研究成果能够为更多的学术同行和党政官员分享，这套丛书便是这种努力的一个重要结果。展示在读者面前的这套《中国的民主治理：理论与实践》，按主题共分十卷，分别由"中国地方政府改革创新研究与奖励计划"的骨干成员主持编选。这十卷的目录和主编依次是：《民主选举》（闫健）、《民主决策》（陈家刚）、《民主管理》（龙宁丽）、《民主监督》（何增科）、《党内民主》（靳呈伟）、《法治政府》

(李月军)、《透明政府》（刘承礼）、《效率政府》（陈雪莲）、《服务政府》（徐焕）和《社会管理创新》（周红云）。

丛书各卷的选材主要依据"中国地方政府改革创新研究与奖励计划"的案例和成果，但并非局限于此。除此之外，我们还广泛选取了在相关主题方面的经典案例和代表性研究成果。从这个意义上说，这套丛书是我国在民主治理的实践探索和理论研究方面较为重要的一个成果汇编，读者从中可以大体了解 21 世纪以来我国治理改革的现实进展和研究现状。所以，作为丛书的主编，我特别希望这套丛书对于党政部门的实践者来说，具有一定的借鉴意义；对于学术部门的研究者来说，则具有一定的史料价值。

俞可平
2013 年端午节于京郊方圆阁

导 论

公民参与和当下中国的治道变革

杨光斌
（中国人民大学国际关系学院政治学系）

经典的政治参与概念是公民通过一定的方式直接或间接地影响政府的决定或与政府活动相关的公共政治生活的政治行为。政治参与的主体一般是指公民个体，政治参与活动主要包括公民个体的投票、选举、主动接触和结社活动。在这些活动方式中，除了结社活动具有群体性特征外，其他活动都是高度的个体化。显然，一些团体性活动，比如利益集团的活动，并不在政治参与的研究之列。更重要的是，政治参与是制度框架下的合法的政治行为，而且活动目的仅仅是为了影响政府的决定或政府相关的活动。

中国的政治发展状况意味着不能简单地套用西方语境中的政治参与概念，其主体和活动方式都可能有所不同，且政治参与的目的指向也有"中国特色"（除了影响政府的活动，还有大量的"维权"行动）。第一，选举政治并不是中国政治过程中最为常见的政治活动，间接选举制度让一般公民不能参与中、上层的人事安排，县及县以下的直接选举制度还有很多需要完善的地方，因此一般公民较难通过选举而表达自己的利益诉求。第二，中国的法治化程度不是很高，且有些制度安排并不合理，很多利益纠纷在制度框架内不能得到及时而有效的解决，被迫采取非法律或非制度性手段来捍卫自己的权益。第三，中国政府体制是由五级政府（中央—省—市—县—乡）构成的金字塔结构，且实行以"干部委任制"为支柱的政治单一制。[1] 在这种体制下，很多发生在村、乡一级的利益纠纷以及村民与基层政府的冲突不能得到有效化解，被迫选择非制度性的行为来表达自己的利益诉求。

特定的语境决定了不能简单地套用既定的"政治参与"概念而分析中国的政治发展与政治过程，因而选择"公民参与"概念。公民参与的主体不但包括公民个体，还包括无组织的群体、民间社团以及网民这样的新兴公共群体，公民参与的活动不但包括为了影响公共权力的行为，还包括因受公共权力侵害而捍卫自身权益的活动，有的甚至因为纯粹为发泄对社会的不满而发生。因此，公民参与是一个比政治参与外延更广的概念。尽管如此，根据不同的语境，这两个概念还是在本文中交替出现。

肇始于1978年的改革开放把新中国并不长的历史划分为两个截然不同的时期。改革开放带来了社会结构的深刻变革，意识形态化政治向利益化政治转型。为了适应这种政治转型，政府的价值取向和行为方式也发生了重大转型。所有这一切，都推动了公民参与，这也是其他国家的民族国家建设所碰到的政治经济关系。有意思的是，这种基于历史经验而总结出来的、流行于上个世纪六七十年代的现代化理论又碰上了互联网这样的技术革命。政治生活的网络化既是对现代化理论的挑战，也是对遭遇网络的转型国家的重大挑战，公民参与以前所未有的速度扩展，以前所未有的方式出现，从而对政治形成前所未有的冲击和影响。参与的主体、参与的形式和机制都发生了革命性变化，公共参与也推进了中国治道变革，尽管有序的公民参与亟待建设。

不可能以一文的篇幅深入研究30年来公民参与与中国治理变革的关系，

---

[1]. 杨光斌：《转型时期中国中央—地方关系新论——理论、现实与政策》，载《学海》，2007年第1期，第56页。

本文只能算是一个宏观上的评论性观察,并因此具有更多的划分类型的"类型学"特征,并提出相关的理论思考。

一、公民参与主体:理想型—利益型—泄愤型

在公民参与的制度环境发生变化的条件下,公民参与的主体类型也在发生着变化。中国政治发展的基本状况就决定了,公民参与的主体不但有参加选举政治的公民个体,更多的是无组织的"群体"(大学生、弱势群体以及网民)以及为实现特定利益而结成的"团体"。在某种意义上,这种主体特征是由制度环境以及由此而导致的政治行为方式决定,可以分为制度性与非制度性的公民参与,这些参与方式决定了中国的公民参与既有影响政府的活动,也有为了直接维护参与者自身权益的活动,而有的政治性活动只是为了泄愤。根据公民参与所要实现的目的,我把公民参与的主体划分为"理想型公民参与主体"、"利益型公民参与主体"和"泄愤型公民参与主体"。

理想型主体。理想型主体主要是指 20 世纪 80 年代的大学生群体和新世纪以来的部分网民。

(1)大学生群体。在上世纪 80 年代,中国最引人注目的政治参与活动主要表现为以大学生群体为主体、以追求政治理想为目标的"街头政治"活动。为什么整个 20 世纪 80 年代的政治参与主体都是只有理想而无个人利益的大学生群体?原因很复杂,至少以下两点是不容置疑的。第一,政治体制改革的浪潮。十年"文革"使很多人认识到,中国绝不能再发生因不能纠错体制而导致的灾难,因而以民主政治为取向的政治改革在"文革"结束以后立即启动,20 世纪 80 年代的政治改革和经济改革一样轰轰烈烈,1987 年党的十三大把政治改革推向高潮。这些改革诱发了充满激情和理想的大学生群体的参政热情。第二,国家与社会的关系。反思"文革"与改革开放同步进行。在反思中,很多人产生信仰危机;在改革开放中,人们更多地了解了外部世

界，而改革不同于革命，不可能和过去断裂。这样，思想与思想之间、理想与现实之间都形成巨大冲突。国家与社会的紧张关系必然在充满激情和理想的群体中爆发出发。

在上述政治和法律背景下，在改革开放后的第一次换届选举即1980年选举中，候选人、尤其是一些高校的大学生候选人，以竞争式选举的方式向选民推广自己的政治主张。可以认为，1980年选举是"文革"以后第一次大规模的以民主政治为取向的政治参与活动，尽管此前还有以"西单民主墙"为代表的"大鸣、大放"活动。从此以后，在整个20世纪80年代，几乎每年都发生规模不等的学生运动，其中规模最大的是1986年底和1989年春天的政治风波。不管是因为什么原因而诱发的政治风波，运动中的口号和目标最终都是"民主、自由"，比如1986年底的学生运动因北京大学物理系学生被一社会青年伤害致死而引发，1989年政治风波因纪念胡耀邦而诱发。

自由与民主是人类的普世价值，因而追求这样的普世价值本身并没有错。但是，值得反思的是，"街头政治"是否是实现民主政治的好形式？今天很多人会给予否定性回答，尽管他们曾可能是"街头政治"的参与者。

即使在利益政治的今天，大学生群体依然可能是理想型主体，他们的活动方式可能从"街头政治"转向互联网参与。当然，理想型网民决不只包括大学生群体。

（2）理想型网民。和大多数国家一样，中国的社会经济转型和经济增长带动了公民参与，经济增长和公民参与要求的增加又推动着政府的制度化建设。和早发达国家和早转型国家不一样的是，中国和其他国家类似的政治经济关系遇上了其他转型国家没有见过的互联网。这个前所未有的技术革命对中国的政治发展构成重大挑战，也为中国民众的公民参与提供了一个前所未有的平台。从无到有、从少到多，近十年运用网络技术的人以几何基数增长：上网电脑数量从1997年的29.9万台增加到2007年的7800万台（家庭上网电脑）；网民从1997年的27万人增加到2007年的2.1亿人；手机拥有量突破

2.5亿部。

网民是近十年来新兴的政治力量,但是不能把网民当做一个整体。不但网民之间存在巨大分歧,同一个网民还可能充当多个角色或彼此冲突的角色,对待不同的问题有不同的态度。就作为一个群体而言,有的网民更关注理想性议题,有的网民更关心利益性话题,有的网民只不过泄愤而已,有的网民甚至同时可能在上述三个领域游走。据此,我把网民也分为理想型主体、利益型主体和泄愤型主体。

理想型主体是指那些因公共利益或公共话题而影响公共权力的网民。盛行于80年代的理想型政治参与在90年代一度沉寂,但是到了本世纪,网络技术为理想型政治参与提供了一个新的平台和契机,理想型政治参与又重新成为中国政治过程中的一种重要的政治变量。但是不同于80年代的理想型参与,新世纪以来的理想型参与大多着眼于具体的公共议题,而非80年代的那种动辄自由民主这种抽象的诉求,因而通过网络而进行的理想型参与更能达到目的。例如,从几年前的南丹矿难和宝马车主故意碾人案,到2007年的"黑砖窑"事件和"最牛县委书记"案[1],都因网民的参与而东窗事发或改变了事件的结局。参与这些公共性事件的网民就属于理想型主体。

利益型主体。由于80年代的经济改革在计划与市场之间徘徊,传统的利益结构并没有发生革命性变化。1992年邓小平南方谈话所推动的社会主义市场经济体制使社会结构发生了深刻变化,并开启了中国利益政治的新纪元。市场经济其实是一种经济权力,权力主体是企业家阶层,企业家阶层的利益最大化必然造就了一个社会弱势群体。市场经济的推进又是政府退出某些领域和政府职能转变的过程,因而一种新型社会组织出现了,替代政府而行使传统的管理职能,或者与政府一道而成为治理的主体。因此,这里的利益型

---

1. 2008年1月,《中国法制报》下属的《法人》杂志刊发了一篇报道辽宁西丰县商人赵俊萍遭遇官司的文章。西丰县委书记张志国派警察到北京,称记者涉嫌"诽谤罪",并要传拘。此事在网络上引起强烈反响,西丰县公安局1月8日正式撤销立案、撤销拘传,张志国因此被撤职。

主体专指具有公民属性的弱势群体和新兴社会组织，而不包括其他的具有"官"的属性的利益集团，比如行政垄断特征的企业型利益集团和官商同盟性质的企业型利益集团。[1]

（1）社会弱势群体。大体包括农民、农民工、蓝领产业工人与雇员、个体工商户、城乡贫困人口和失业半失业人员等，他们是一种潜在的、非组织化利益集团。这种潜在的利益集团则因为具体的特定利益而形成，具有来得快、去得快的组织特征。他们既是社会弱势群体，更是政治弱势群体，政治上处于原子化生存状态，没有组成社团的动力、能力、资源与相应而有效的法律制度支持；他们掌握的经济资源仅能维持生存，大规模地转换成为政治资源的可能性很小，几乎没有政治上和文化上的话语权；但在实际政治运作中，其政治权利又被排斥，还不时受到政治权力的侵犯；利益表达能力低下，在与其利益相关的决策制定与实施过程中没有发言权，其利益受到政府侵犯时，出于搭便车意识、解决成本过高等因素考虑，一般很少采取集体行动，除非其群体性生存受到极度威胁。总体上来说，他们在阶级现实和阶段意识方面都处于一种碎片化的状态，按照查特吉的说法："底层历史是碎片化的、不连续的、不完整的，底层意识的内部是分裂的，它是由来自支配和从属阶级双方经验的元素建构起来的。"[2] 由于上述诸多原因，它们基本上是一个被遗忘的"忍气吞声的集团"。[3]

非组织化利益集团虽然不如组织化利益集团那样明晰可辨，但并不能因此而忽视它们在中国政治过程中的重要性。部分无组织利益集团恰恰是暴利行业利益集团崛起的产物。尽管由弱势群体形成的利益集团在多数情况下采取忍气吞声策略，然而，一旦采取行动，就可能对政治过程产生重大影响。

---

1. 关于这些问题的深入讨论参见杨光斌、李月军：《中国政治过程中的利益集团及其治理》，载《学海》，2008年第2期，第30—48页。
2. [印]查特吉：《关注底层》，载《读书》，2001年第8期，第13—14页。
3. [美]奥尔森：《集体行动的逻辑》，陈郁译，上海：上海三联书店、上海人民出版社1994年版，第191页。

这些群体的活动已经是过去十年里最重要的一种社会政治现象,并对于公共政策的改变有着重要影响,因而是一种不可忽视的利益政治现象。

(2) 自治性民间社团。改革开放以来,由于经济结构和社会结构的变化与国家治理的需要,党和国家也逐步而谨慎地退出一些原来严格控制的领域,交由民间社会实行自治,并允许一些有共同利益的群体组建社团。官方统计表明,近十年,民间组织(主要包括社会团体、民办非企业单位、基金会)迅速发展,从1996年的18.4万个增加到2005年的32万个(其中全国性社团1500多个),到2010年将达到53.2万个。[1]

需要指出的是,在这些民间社团中,有相当一部分的组织者是新兴中产阶级或企业主阶层,由于巨大的攸关利益,企业主阶层既以个体身份参与政治过程,也以组织化的方式即组建社团而表达自己的利益。中国的民间组织还不是典型意义上的政治性利益集团,但其中也包括许多能够在相关政策决策过程中起不同程度作用的利益集团。也就是说,很多全国性社团在政治过程中并没有西方背景中的社团型利益集团的作用那么大,但是在一些地区,地方性民间社团在地方治理中的作用已经不可忽视。

(3) 利益型网民。利益型网民是指那些自身权益受到公共权力侵害而通过网络进行利益表达的网民。不同于传统的无组织的社会弱势群体,能够利用网络而表达利益的网民往往是那些受过良好教育或有体面职业的公民群体。在2003年安徽芜湖市发生"乙肝歧视案"后,全国乙肝病毒携带者通过一波又一波的网络讨论,迫使国家人事部和卫生部在2005年1月出台的《公务员录用体检通用标准》中规定,乙肝病毒携带者可以任公务员。同样,2007年夏天,厦门市民通过网络动员而抗议政府规划的威胁到居民健康和生活质量的化工项目,迫使厦门市政府停建能为厦门市带来巨额财政收入的历史上最大的化工项目。这样,为特定利益而通过网络参与的利益攸关者,都是典型

---

[1]. 资料来源:中华人民共和国民政部网站,http://www.mca.gov.cn。

的利益型主体。

泄愤型主体。泄愤型主体是指那些无特定目标、为发泄私愤而临时聚集起来的无组织化社会群体和网民。在泄愤型网民中，其中不排除与理想型网民和利益型网民部分重叠的可能性。

现代性社会的一个重要特点是受挫人群急剧增加，他们可能在家庭中受挫、在社会交往中受挫、在体制中受挫。而在中国这样的转型社会，受挫人群更加庞大，他们除了面对现代性困惑外，还可能面临失业、生活困难的压力。从心理学上说，发泄有利于抒解因挫折而形成的压力和郁闷，网络事实上已经成为一种最大的发泄渠道。很多非理性、非规范化甚至违法的"群体性事件"和网络事件，其实都是在发泄私愤，有的进而演变为"暴民政治"和"网络暴民"，不顾法律和道德底线而一味地宣泄情感和不满，[1] 由泄愤导致的"群体性事件"甚至演变为打、砸、抢、烧。[2] 在这类事件中，看不出参与者的泄私愤以外的动机和目的。

我们将会看到，不同类型的参与主体以不同的方式表达愿望和诉求，从而也产生了不同的政治结局和政治产品，有的公民参与事实上中断了既定的政治建设方向，而有的公民参与则积极推动着政治建设，促进治道变革。

二、公民参与的形式与机制

在学术界，人们习惯于把那些根据法律规定而参与政治的活动称为制度性参与，比如投票、信访、网络参与、参与政府听证会以及民间组织的公共

---

1. 一个跳楼自杀女子在博客中控诉丈夫的婚外情，引发无数网民对"第三者"的违反道德底线的"人肉搜索"，甚至不断地打电话骚扰、恐吓"第三者"及其家庭。
2. 比如重庆万州事件和安徽池州事件，分别参见范伟国：《重庆万州临时工冒充公务员打人引发群体性事件》，载《北京青年报》，2004年10月20日，第8版。王吉陆：《安徽池州群体性事件调查：普通车祸变打砸抢烧》，载《南方都市报》，2005年7月1日，第9版。

治理行为，而把那些没有法律规定或在某种程度上与法律有冲突的行为称为非制度性参与，比如"街头政治"和被称为"群体性事件"的政治抗争。这种分类并不十分准确，因为所谓制度性参与含有非法律性的行为，比如网络参与中的一些违法言论；所谓的非制度性参与也并非没有合法的成分，比如"群体性事件"中的"依法维权"行为。为了描述上的方便，本文还是接受公民参与形式的"二分法"。[1] 在此需要指出的是，在泄愤型活动中，泄愤型网络事件在法律上具有模糊的空间，而由泄愤导致的具有暴力色彩的"群体性事件"是典型的违法活动。

（一）制度性参与

选举与信访。 民主选举尤其是村民选举是我国政治发展中的新生事物，因而得到学术界的高度重视，本课题有专题讨论，这里不再赘述，在此主要观察作为制度性参与的信访问题。

依据 1996 年国务院信访条例，信访是指社会成员利用来信、来访等形式，向社会组织管理者（包括党政机关、人民团体、企事业单位及其领导）反映情况、提出要求和建议、申诉问题以及检举揭发，并依法由相关机关进行受理和处理的活动。可见，信访既是公民因自己的利益而主动接触公共权力机关的一种渠道，也是上级了解社情民意、监督下级的一种制度安排。

信访制度在新中国成立时就有了，只不过那时是为了了解民意，而到改革开放以后信访制度才具有更多的利益表达功能。处理信访的重要原则是"分级负责、归口管理"，做到"小事不出村、乡（车间），大事不出县"。但是，在实践中，信访制度的功能出现变形。比如信访条例规定的"回避制度"

---

[1] 除了这里列举的参与形式外，还有公民加入社团（党、团）、党政系统的利益表达等机制。因篇幅的限制，本文只评论那些影响较大的活动。

（即案件有关的政府一方当事人应该回避案件的处理）不能落实。更重要的是，信访主管部门在整个体制的地位决定了它不能有效地实现信访制度中的利益表达功能，因为它只不过是党政机关的一个职能部门，而被诉对象大多是信访部门的上级领导或者同级同僚。这样，"越级上访"就成为一种制度的必然。据国家信访局局长周占顺透露，信访涉及的问题主要有拖欠工资、农民负担、土地征用补偿、拆迁安置等，其中80%以上反映的是改革和发展过程中的问题，80%以上诉求合理应予解决，80%以上是可以通过各级党委和政府的努力得到解决的，80%以上是基层应该解决也可以解决的。[1]

为了避免过多越级上访和集体上访对中心城市正常秩序造成不良影响，进而威胁到整个社会的稳定，《信访条例》作出了有关"收容"、"遣送"、"由所在地区或单位带回"等制度规定。但在实施过程中，这些手段变成了打击上访人的便利途径和有力武器。大量的新闻报道却把这一信访运作的潜规则揭露出来。"劫访"，就是上访者针对这一现象创造的新名词，指的是当地政府派人把上访者"劫"回去。中办国办人民来访接待室因此曾发出过通告，规定：各地驻京工作组和来京工作人员今后不得在中办国办人民来访接待室门前及附近路口拦截、盘查上访人；各地要撤走在中办国办人民来访接待室门前及附近路口的工作人员和车辆。由此可见这种现象的盛行。

从正常的来信来访到越级上访，制度性参与和非制度性参与之间并没有一条不可逾越的界限，而这种转化的常规性正好说明制度安排的性质与参与形式之间的因果关系。对此，我们将在最后一部分加以讨论。

民间组织的公共治理。 在一定程度上可以这么说，信访是弱势公民个体或弱势公民群体的非组织化的制度性活动，而改革开放中的新兴阶层（比如企业主阶层和其他中间阶层）则以组织化的方式成为公共治理的主体，比较有效地表达和实现自己的利益。

---

1. 转引自何增科：《民主化：政治发展的中国模式与道路》，载《中共宁波市委党校学报》，2004年第2期，第21页。

作为新出现的现代社会组织，民间组织在保持基本自治的基础上积极地与国家进行互动。同时民间组织面临法律、人力、资金、信任和知识技术方面的困境[1]，在政治过程中处于弱势地位。因为国家对民间组织的态度具有二重性，即国家意识到必须让这些社团承担一定的功能，以减轻政府的负担，促进政府职能的转换，也有利于实现"良治"。同时，由于中亚国家"颜色革命"以及国内不良组织如"法轮功"的影响，执政者自然担心一些社会组织的政治性目的。因此，可以理解的是，国家对民间社团必然要实行"分类控制"，限制其自主性和在具体区域或行业内的数量与密度。即使是这样，在个人力量与资源无法完成利益诉求或实现时，一些公民组成社团，利用可利用的资源和手段[2]，努力参与到政治过程中去，以表达自己的利益诉求。比如在邮政法草案的审议过程中，民营快递业发达的上海由多家快递公司选出代表，进京联络多个相关部门。[3]当然，在中国政治过程中，民间组织的利益诉求是否能够输入政治体系，能否以及在何种程度上得以实现，最终还是取决于政府的意志。北京的著名自治社团"自然之友"，保护滇金丝猴、保护藏羚羊行动是两个比较成功的案例，其成功在于其行动得到中央政府及相关部门的支持。[4]相反的一个典型案例是：在京密引水渠修砌过程中，三个环境保护自治社团认为要用水泥封砌原有渠道的两侧和底部，该项目没有经过环境影响评估，违反了国家的有关规定，而且会带来严重的生态问题，并为此促成了与北京政府对话，但对话没有取得成功，该工程已经按政府原计划方案完成。成功的与不成功的案例都表明国家对社会仍然有着绝对的优势，决定权仍然在国家和政府手中。

---

1. 朱健刚：《草根 NGO 与中国公民社会的成长》，载《开放时代》，2004 年第 6 期，第 23 页。
2. 赵秀梅：《中国 NGO 对政府的策略：一个初步考察》，载《开放时代》，2004 年第 6 期，第 35 页；Tony Saich, "Negotiating the State: The Development of Social Organizations in China", The China Quarterly, No. 161, Mar. 2000, pp. 124 - 141.
3. 欧阳斌：《大陆立法游说集团浮现》，载《凤凰周刊》，2006 年第 35 期，第 23 页。
4. 赵秀梅：《中国 NGO 对政府的策略：一个初步考察》，载《开放时代》，2004 年第 6 期，第 55 页。

在地方治理中，尤其是沿海发达地区，一些民间组织起到了聚合、表达其成员利益的角色。2007年3月24日，在上海律师代表大会上，会长吕红兵直白地表达了上海律师参政议政的要求："抓住明年是市人大和政协换届时机，争取进一步增加律师进入人大和政协的名额。"在2007年上海"两会"上，上海市级律师人大代表及政协委员又新提出了近20份颇有见地的提案、议案。在温州，2002年至2003年间，82.3%的温州商会向国家或当地政府有关部门提出过建议；超过50%的温州商会中有1—3人甚至多达15人参与人大和政协。[1]另外，在外经商的温州商人也纷纷在经商地组建商会，并以其独特的组织优势公开地介入当地的社会公共事务的治理之中了，成为不同于国家力量的一种自下而上的组织力量，对社会的运作甚至是政府的决策和目标都产生了重要的影响。

中国新兴的民间组织不但影响和改变着政府的政策，还直接推动着治理结构的创新，从而为"善治"提供了可能。

网络参与。网络的出现为公共领域的重构提供了可能。网络公共领域的舆论力量有时候非常强大，足以促使事件和人物发生重要的变化，以凸显其影响力。网民的网络参与议题主要集中于公共政策、公民权利、民族主义、自身利益以及情感宣泄等方面。我把围绕公共政策、公民权利和民族主义的活动称为理想型参与，但是其中并不排除泄愤的成分，比如利用民族主义议题；因自身利益的参与是一种典型的利益型参与；为纯粹宣泄情感的活动是泄愤型参与。

参与公共政策讨论。网民参与公共政策的讨论，既是网民的主动诉求，也是政府法治化建设的推动。当中国最高领导人说从网上了解民意后，网民参加公共政策讨论的热情更加高涨。2006年《劳动法（草案）》在全国范围内征求修改意见，短短1个月的时间里就收到了19万件意见，其中报刊刊登的有145件，群众来信1280件，其他都是通过网络的方式得以传达的。全国人大常委会法制工作委员会副主任信春鹰列举了本次征求意见的三个特点：

---

[1]. 郁建兴：《行业协会：寻求与企业、政府之间的良性互动》，载《经济社会体制比较》，2006年第2期，第76页。

一是参与面很广,有用人单位、社会团体、专家学者和普通劳动者。这些意见,来自全国的31个省、自治区、直辖市和香港、澳门2个特别行政区。二是基层普通劳动者的声音表现比较充分。来自劳动者的意见,占收到意见的65%左右。三是很多意见都经过认真的准备,很有建设性。[1] 网络使得公民参与公共政策的意识增强,同时也降低了参与的成本。

伸张公民权利。在现实政治中,司法不公正是诱发事端的一个重要原因。司法不公既可能表现为对弱势群体利益的侵害,也可能表现为对强势群体的不正当保护,因而网民维护公民权利的行为既可能是为受害的弱势群体伸张正义,也可能是对不当保护的强势群体的声讨,并最终改变司法结果,正义得到伸张。例如,沈阳黑社会头目刘涌案在网上公布后,新浪网、新华网、搜狐网、人民网等网站的留言一天之内合计就达到万条,对判刑轻重表示质疑,以至最高法院后来要求重新审理。在2003年哈尔滨市"宝马车撞人事件"和2007年山西"黑砖窑事件"中,正是由于有了众多网民的热切关注,事件的真相才得以最终向公众披露,正义才最终得以伸张。

张扬民族主义。2003年被称为网络民族主义的发轫年,其突出表现是一些网站组织了包括网上签名在内的多起抗议活动。6月,组织了登钓鱼岛的保钓活动。8月初,在网上组织万人签名反对京沪高速铁路使用日本新干线技术,赶在日本高官来华游说前将征集到的8万个签名送交铁道部。8月底,在北京和上海的日本使领馆进行小规模的示威,抗议日本政府允许本国民间人士登上钓鱼岛。"8·4"日军遗留齐齐哈尔毒剂泄漏事件发生后,又组织"声援侵华日军化学武器受害者,网站联合声明和网络签名行动",仅仅在一个月内就得到来自国内各省市和港、澳、台及海外民众人数逾100万之多的签名支持。网络参与的群体容易出现"群体极化"的表现,即团体成

---

1. 孙宇挺:《劳动合同法草案征求意见满月 收意见创历史之最》,2006年4月23日,法律教育网,http://www.chinalawedu.com/news/1000/3/2006/4/ma3478102110132460028680 - 0.htm。

员一开始即有某些偏向,在商议后,人们朝偏向的方向继续移动,最后形成极端的观点。[1] 在民族主义问题上,更容易出现"群体极化"现象。因此,网络民族主义虽然具有价值追求和理想主义的成分,但是其中的非理性和情感宣泄成分也是不容否认的。其积极作用是,有研究者以"强国论坛"为例,网络民意具有强大的政治批判和监督作用,[2] 在于情感抒发和政治沟通,但不是获取政治权力或直接制约政治权力的实施。[3]

维护自身利益。与涉及全国性的理想型议题相比较,维护利益型的网络参与往往限定于特定人群和特定地域,同时参与的目标更明确,网络表达也更理性。视利益的类型,维护利益型的网络参与不仅有可能改变着国家的法律法规,让作为制度的法律更合理,如前述的"乙型肝炎病毒携带者事件",还可能直接改变政府的具体政策。厦门 PX 项目是一个典型案例。担心该项目对环境的影响,2007 年两会期间,全国政协委员提交了关于建议厦门海沧 PX 项目迁址的提案,一些居民、学者也对该项目环境影响问题提出较大异议。接下来的两个月间,手机短信和坊间传言带给更多的人环境恐慌。通过网络组织,厦门在 2007 年初夏发生了一场举世瞩目的"群体性事件"。厦门市政府最终决定迁址。可见,网络利益表达已经构成国家立法和政府决策的不可忽视的因素。

网络泄愤行为。现实生活中的泄愤行为会有很多代价,而网络的虚拟性、匿名性和便捷性决定了很多人选择网络事件而发泄自己的情感和不满。一个 13 岁的女孩因为说一个网页"很黄很暴力",便成为很多网民的攻击对象,人肉搜索、谩骂、嘲弄甚至是侮辱,到处是攻击这样一个小孩子的视频、图片、漫画、文字,甚至充斥着真正"很黄很暴力"的谩骂和色情。针对类似

---

1. [美] 凯斯·桑斯坦:《网络共和国——网络社会中的民主问题》,黄维明译,上海:上海人民出版社 2003 年版,前言。
2. 赵金、闵大洪:《对话闵大洪:网络舆论——民意表达的平台》,http://news.xinhuanet.com/newmedia/2004-10/22/content_2115745. (访问时间:2004 年 10 月 22 日)。
3. 王军:《试析当代中国的网络民族主义》,载《世界经济与政治》,2006 年第 2 期,第 22—29 页。

的网络事件，有人这样评论："全部是针对普通人：以真假难辨的事实，行道德判断之高标，聚匿名不负责之群众，曝普通人之隐私——所有事件，全部是被煽动的弱势网民，去伤害更弱势的个体。让群众去斗争群众，让弱者去攻击更弱者，让谎言去揭露谎言，让流氓去批判强权。"[1] 称这样的网民为"暴力群体"并不过分。事实上，泄愤事件往往会变异，在泄愤中否定任何权威，挑战现存秩序。正如美国著名学者克利福特·斯托尔所言："网络是历史上存在的最接近真正的无政府主义状态的东西。"[2] 因此，这种不受任何规范制约的自由参与极有可能导致政治信息的泛滥。

网络已经成为一种重要的公共领域，甚至是一种新型市民社会即网络市民社会。[3] 网络市民社会的虚拟性是网民们大规模直接参与政治的重要前提。

（二）非制度性参与

最为典型的非制度性参与是20世纪80年代的大学生"街头政治"和20世纪90年代开始的弱势群体的"群体性事件"。二者之间既有相似之处，也有不同的地方。由于"街头政治"已经是过去时，而"群体性事件"已经成为中国政治生活中的常态，论说的重点是常态性政治现象。

"街头政治"。如前所述，在整个20世纪80年代，几乎每一年都会发生规模不等的以大学生为主体的社会运动，无论是什么原因诱发，最终目标都是民主和自由这样的理想价值。1989年政治风波，标志着"街头政治"走上了不归路。

"街头政治"的首要特点是无组织性，或者说是无组织化政治力量的活动——尽管每次运动中都有主导者。无组织性就决定了它的无目标性，尽管每次都要求民主自由，但是民主自由这样的目标是空洞的，空洞的目标等于

---

1. 麦田：《"很黄很暴力"事件背后的文化怪胎》，载《新京报》，2008年1月10日，第8版。
2. ［美］比尔·盖茨：《未来之路》，雷嬿恒译，北京：北京大学出版社1996年版，前言。
3. 曾凡斌：《BBS的信息传播与政治民主》，载《暨南学报》，2007年第3期，第189—193页。

没有目标,没有目标的活动是不能达到其目的的。因而,无组织性和无目标性又决定了"街头政治"来也匆匆、去也匆匆的特点。

"街头政治"虽然来去匆匆,但是其后果和影响却是不容忽视的。虽然每次运动的兴起都有其一定的客观原因,比如因表达渠道不畅通而选择的一种手段,但是非理性成分也起了重要作用,影响了政治稳定,结果几次规模较大的"街头政治"都迫使正在进行中的改革中断,至少暂时中断。这是不容质疑的客观事实。

"群体性事件"。弱势群体更关注与自己利益相关的具体问题,对改变宏大的国家结构和法律缺乏兴趣。当前的问题是,即使在与自己具体利益相关的问题上,弱势群体基本上不能通过制度化的政治过程表达个人利益和共同利益。这与制度安排有关。以人大制度为例,人大代表是代表国家还是社会?在各级人大代表中,政府官员代表占总代表的比例高达60%—70%,近几届全国人大代表构成中,工人和农民代表比例呈下降趋势,尤其是一线工人、农民代表人数偏少。[1] 这无疑大大缩小了人大代表的代表范围与广度,实际上是使权力更加集中。一些重要的制度设计,也忽视了提高弱势群体的集体行动的合法性与能力。如中国劳动立法侧重增加工人的个人权利,而没有为他们提供有重要意义的集体权利,如承认工人的罢工和集体谈判等权利。工人集体权利的缺失,使个人权利很脆弱、空洞,不能得到有效实施,常常被忽视。[2] 如此的制度设计,无组织化利益群体没有利益表达机制,那么,参与决策过程也就无从谈起,冲突因之难以避免。他们中间普遍存在着对体制内利益表达渠道的"不利用"以及"表达无门"、"表达无用"的现象。他们的表达渠道,基本上也被局限在最基层的行政机构,[3] 以及事后表达,即政策实施

---

1. 王贵秀:《是人民代表大会而不是官员代表大会》,载《华夏时报》,2005年2月23日,第7版。
2. Feng Chen, *Individual Rights and Collective Rights: Labor's Predicament in China*, Communist and Post - Communist Studies, Vol. 40, 2007, pp. 59 - 79.
3. 陈映芳:《贫困群体利益表达渠道调查》,载《战略与管理》,2003年第6期,第87—92页。

过程中权利受到侵犯后，再进行维权，以引人注目的"政治抗争"（在中国被称为"群体性事件"——mass disturbances）的方式进行利益表达。正如阿尔蒙德（Almond）所说，"在贫富差距巨大的社会里，正规的利益表达渠道很可能由富人掌握，而穷人要么是保持沉默，要么是里面采取暴力的或激进的手段来使人们听到他们的呼声"。[1]

从 1990 年初以来，"社会抗争"以几何级数增长。[2]"社会抗争"在不同的历史时期有着不同的原因：20 世纪 90 年代中期前后有 30% 是因为企业改制过程职工工资、退休金、养老金、医疗保险等不到位引发的；到了本世纪初，由于"经营城市"和农村中的土地征用高潮，从 2003 年到 2005 年，"社会抗争"事件急剧增加，65% 是由土地征用和房屋拆迁引起的，失地农民多达 4000 多万。[3] 但是，很多"群体性事件"并非因民生或经济利益而起，而是因为民众中存在不满情绪一个偶然的事件而诱发的暴力活动。如果说大多数"群体性事件"是"维权抗争"，那么因不满情绪而诱发的具有一定规模的"群体性事件"称为"社会泄愤事件"，其特点是因偶然事件而突发、无明确组织者、参与者无利益关联而只是为了表达对社会的不满、有打砸抢烧等违法犯罪行为。[4]

可以对"街头政治"和"群体性事件"作一简单比较。无疑，它们都是在制度化不高的情况下的政治选择，但是一个是典型的理想型参与，一个典型的利益型参与。这种差别就决定其影响的不同。在理想型参与中，发生在

---

1. [美] 阿尔蒙德：《比较政治学：体系、过程和政策》，曹沛霖、郑世平、公婷、陈峰译，上海：上海译文出版社 1987 年版，第 230 页。
2. 1993 年为 8700 起，2003 年 6 万起，2004 年 74000 起，2005 年 87000 起。每起事件的参与人数少则几十人、上百人，多则上千人甚至数万人，冲击党政机关的事件 2000 年有 2700 起，2003 年则到 3700 起，而堵公路、卧轨、拦火车事件达 3100 起。有关数据参见汝信等编：《2005 年：中国社会形势分析与预测》，北京：社会科学文献出版社 2004 年版，第 235 页；齐霞、许保疆：《试析群体性事件的理性处置》，载《云南警官学院学报》，2006 年第 4 期，第 49—52 页。
3. 汝信等编：《2005 年：中国社会形势分析与预测》，北京：社会科学文献出版社 2004 年版，第 177 页。
4. 于建嵘：《中国的社会泄愤事件与管治困境》，载日本法政大学：《多元化社会的政治参与论文集》，2007 年 12 月 8—9 日。

一所学校或一个城市的事很容易波及其他学校和城市,甚至演变为全国性政治。这是因为大学生群体具有共同的或类似的理想与要求。因此,理想型参与具有共振性。在单一化的社会结构,这个特点足以威胁政治稳定。在利益型的"群体性事件"中,绝大多数事件都是针对特定的利益目标,彼此孤立而不相互结合,不具有共振性,因此它们又是个体性事件。在多元化的社会结构中,不具有利益关联性的"群体性事件"应该被当做利益表达的常态,它们与政治稳定没有必然的因果关系。

但是,近年来的群体性事件具有以下几个主要特点:第一,重大群体性事件接连发生,涉及面越来越广。第二,经济问题政治化。第三,暴力对抗程度明显增强。第四,境外政治力量涉足中国国内群体事件。[1]因此,"群体性事件"有可能危及社会稳定。数量如此大的"社会抗争"意味着很多领域内的政策出现了问题,社会不公正现象加剧,执政者必须对此作出回应。有必要认真研究"群体性事件"与政治稳定的关系。

三、公民参与与治道变革

任何一个社会的进步都是国家和社会之间的博弈均衡,但是在不同的时间和不同的领域,国家和社会所起的作用是不一样的。总体上看,一个国家的宪法层面的制度结构更多的是国家的"人为设计",而制度结构之下的有关制度安排却可能是社会的"自发秩序"。但是,自发的观念和秩序只有被纳入国家的组织体系,它们才可能发挥更大的作用,并有可能最终促使制度结构的改进。这是比较制度变迁的一般性经验,当下中国的经验也正验证着一般性经验。也就是说,"自发的"公民参与推动着中国的政策转型和制度创新。与此同时,我们还必须充分认识到现阶段公民参与所存在

---

1. 转引自郑永年:《中国群体性事件的崛起说明了什么?》,载《联合早报》,2007年1月16日,第7版。

的问题。

(一) 公民参与与政策转型

在大多数情况下，利益型公民参与直接针对的就是政府的政策个案，因而最常见的结果是公民参与改变具体的政策，比如公民参与迫使厦门市政府PX项目迁址。这是第一个层次的政策改变。

第二个层次是社会政策的改变。一些能够直接影响到政治稳定和政治秩序的特殊群体，如知识分子、大型企业的工人和退伍军人，其"社会抗争"能够直接争取到有利于自己的社会政策。例如，20世纪80年代知识分子与党的矛盾经常转化为社会冲突（学生运动和意识形态对抗），在20世纪90年代后期大幅度改善教师的住房和提高工资以后，知识分子和共产党的关系空前融洽；当几万大庆石油工人上街抗议不利于自己的企业改革措施时，中央政府就决定停止执行"买断工龄"的改革；当退伍军人开始有组织地抗议时，中央政府出台了提高他们福利待遇的规定。[1]

第三个层次是国家公共政策的转型。那些看上去彼此不关联的"群体性事件"，却因为其不断攀升的数量和规模而促使公共政策转型。任何国家政治现代化过程中都会出现"社会抗争"政治。我认为，西方国家的"社会抗争"主要是因为国家干预不力、劳资关系引起的，而中国的"社会抗争"则主要是由于政府过度干预引发的。根据中国官方的最新信息，80%的土地违法案件都是由地方政府引发的。[2] 我们已经知道，地方政府在土地开发中的过

---

1. 新华社北京7月22日电，经党中央、国务院批准，国家有关部门针对当前优抚对象和部分军队退役人员存在的实际困难，本着需要解决而又能够解决的原则，统筹研究出台了提高优抚对象抚恤补助标准、给予部分曾参加作战和核试验军队退役人员生活补助、完善优抚对象医疗保障以及部分军队退役人员再就业、住房、社会保险接续等方面的政策措施。参见 http://www.gov.cn/jrzg/2007-07/22/content_692768.htm。
2. 人民网：《国土部要求严惩土地违法违规 县乡成重灾区》，http://news.sina.com.cn/c/2007-07-16/025613453036.shtml。（访问时间：2007年07月16日）。

民主管理
Democratic Management

度干预是因为它们与房地产商形成了一个事实上的利益同盟。因此，政府过度干预中而形成的官商同盟是群体性事件的一个重要诱因。数量如此大的"社会抗争"意味着很多领域内的政策出现了问题，社会不公正现象加剧，执政者必须对此作出回应。作为对过去社会—经济政策重新审视的结果，就是胡锦涛、温家宝所提出的新型公共政策即"建设社会主义新农村"和和谐社会。在某种意义上，中国的"社会抗争"政治就如同西方的选举政治，是一种迟钝但有力的改变政策的方式。

（二）公民参与与民主政治

公民参与不但改变着不同层次的政府政策，还直接推动着国家的制度建设和制度创新，具体表现为选举民主、协商民主和直接参与民主的兴起。

选举民主。在公民参与的意义上，选举民主主要是指社会自治活动中所自发形成的、以村民选举和乡镇一级"公推公选"为代表的基层民主。党内民主是一种选举民主，但不能在公民参与的范畴内论说。

协商民主。选举是民主的第一要义。但是，选举只是解决"谁统治"的政治问题，并不能回答"如何统治"这种更具程序性的行政难题。正因为如此，虽然村民选举早就轰轰烈烈地开始了，但是"群体性事件"却越来越多，倒是协商民主提供了救济之道。例如，广东省惠州龙门县永汉镇马星村以前是出名的上访高发村，去年该村破天荒地成了"零上访"村。促使发生这一明显变化的是惠州市推广的"四民工作法"：民主提事，集智于民；民主决事，行权于民；民主理事，自治于民；民主监事，取信于民。[1] 显然，"四民工作法"和著名的浙江温岭民主恳谈会都属于协商民主的范畴。

中国没有像西方那样发展出一套成熟的协商民主理论，但存在着丰富的、

---

1. 《广东农民通过"触摸式民主"享受权利》，新华网广州1月19日电。

多层次的体现协商民主特征的社会主义民主制度和政治实践,例如政治协商制度、听证会、民主恳谈、公民评议会、村民(居民)代表会等。协商民主的核心要素是主体在理性基础上的对话、讨论、辩论和审议。协商民主属于一种程序性民主,强调的是公共权力运行和达成共识的过程。如果将协商民主理解为"政府与公民之间的协商",协商民主也是一种治理形式。[1]何包钢归纳了这些制度和实践的共同特征:(1)在下结论前,让人们到桌边并鼓励他们畅所欲言;(2)参与者有充分的时间来参与协商过程,并有少量的时间参与讨论;(3)在协商的过程中,尽管有不同的意见,参与者被要求在相互尊重的基础上交换意见。他认为,社会主义政治系统和文化鼓励群众参与、强调磋商的传统成为推动协商民主制度发展的重要因素。[2]因此,协商民主理论一登陆中国,就吸引了知识界和政界的关注。有人认为,选举加协商的互补性民主制度是中国特色的民主政治,协商民主可以弥补选举民主的不足。[3]有学者甚至认为,协商性民主在价值上优于竞争性的选举民主。[4]

我认为,浙江和广东的一系列制度创新表明,[5]在基层民主中,选举本身并不能解决权力约束问题,也不能解决官民矛盾问题,协商民主则能有效化解官民矛盾。因而,协商民主不但是对选举民主的重要补充,还可能是一种与选举民主并行不悖的民主形式。事实上,经村民协商出来的政策,由选举

---

1. 俞可平:《当代西方政治理论的热点问题》,载《理论参考》,2003年第1期,第29—31页。
2. 何包钢:《中国的参与和协商制度》,见陈剩勇、何包钢主编:《协商民主的发展:协商民主理论与中国地方民主国际学术研讨会论文集》,北京:中国社会科学出版社2006年版,第94页。
3. 李君如:《中国能够实行什么样的民主》,载《北京日报》,2005年9月26日,第10版;庄聪生:《协商民主是中国特色社会主义民主的重要形式》,载《中共中央党校学报》,2006年第4期,第5—9页。
4. 林尚立:《协商政治:对中国民主政治发展的一种思考》,载《学术月刊》,2003年第4期,第19—25页。
5. 参见宋振远:《"民主执政"的基层范本——浙江温岭见闻》,http://news.xinhuanet.com/newscenter/2007-11/11/content_7049689.htm,(访问时间:2007年11月11日);张景勇:《我国扎实推进民主法制建设:让群众享有更多更切实的民主权利》,http://news.xinhuanet.com/politics/2008-01/17/content_7443142.htm,(访问时间:2008年1月17日);章利新:《广东农民通过"触摸式民主"享受权利》,http://news.xinhuanet.com/news-center/2008-01/19/content_7451649.htm,(访问时间:2008年1月19日);廉颖婷:《浙江:"乡村典章"实践中国基层民主》,http://www.legaldaily.com.cn/bm/content/2008-01/06/content_776130.htm,(访问时间:2008年1月16日)。

出来的权力机关去执行。

参与式直接民主。本文所指的选举民主和协商民主,在本质上都属于参与式直接民主的范畴。美国民主理论家科恩指出,民主政治无论采取何种形式,其关键都是民众参与。[1] 但是,中国的国家规模和现行选举制度决定了,直接的选举民主只能停留在基层,直接的官民协商政治也只能限定于基层,县级以上只能实行间接选举,实行"代议制"。网络使得大规模的参与式直接民主成为可能,事实上公民已经通过网络参与到各种议题中。未来学家约翰·奈斯比特(John Naisbitt)认为:"在立即可分享信息的时代,代议民主制已过时,参与式民主变得重要。"[2] 传播学者马歇尔·麦克卢汉(Michael Mcluhan)预言:"随着信息运动的增加,政治变化的趋向是逐渐偏离选民代表政治,走向全民立即卷入中央决策行为的政治。"[3] 这些预言在中国正在被验证着。

公民的全面的参与是网络民主区别于以往民主形式的最典型的特征。网络民主是一种成本低廉、操作简单并快捷地实现公民要求的一种民主形式。与流行的代议制民主体制比较,网络民主不需要中间环节,大大激发了公民参与的热情。因而,无论是在中国还是在西方,网络民主都是一种最受欢迎的新型民主形式。并不夸张地说,网络正在改变着中国执政党和政府的施政方式。原因在于,第一,互联网改变了传统的信息沟通体制和信息传递方式,传统的等级式的、以行政为主导的单一信息沟通体制不再有效,信息沟通变得平面化、快捷和多元,因而"黑箱信息"越来越困难,信息更加公开化和透明化。信息沟通体制的改变在很大程度上影响着人们对政治对象的认知、情感和评价。第二,政府面对的"群众"(网民)不再是一个固定的、具有明确身份的群体,而是一个流动着的甚至是身份不明的群体。网民的这种新

---

1. [美] 科恩:《论民主》,李柏光、林猛译,北京:商务印书馆 1988 年版,第 40 页。
2. [美] 约翰·奈斯比特:《大趋势》,周海成译,北京:中国社会科学出版社 1984 年版,第 161 页。
3. [加] 马歇尔·麦克卢汉:《人的延伸:媒介通论》,高鸿业译,成都:四川人民出版社 1992 年版,第 234 页。

型群众特征无疑是对习惯于传统"群众路线"的政府的挑战,执政党和政府必须走一条"新群众路线"。

从中央政府到地方政府,都建立起了电子政务系统,新华网、人民网、新浪网等几大网站既是网民了解信息的渠道,也是他们表达利益和传递信息的平台;从总书记、总理到省委书记、省长,再到市委书记、市长,都直接从互联网上了解社情民意。

但是,既然是一种参与式直接民主,今天的网络民主就不可避免地存在着奴隶制社会的直接民主一样的问题,那就是"暴民专政"和无政府状态的可能。网络技术带来"数字鸿沟"(digital divided),将大部分公民"拒之门外",使公民参与处于不均衡状态,形成了少数人的"信息霸权"和事实上的"少数派权力"格局。在信息化时代,在网络民主中,似乎有无数个参与者,由于他们很难达成共识,结果整合严密的少数派异军突起。"以那些能最有效地动员自己特殊利益的部队的人为特征的时代即将到来。少数派的否决代替了多数派的表决。"[1]少数派通过"信息轰炸"和"信息伪造",使互联网成为全世界都在阅读的"一面大墙"。例如,在网络泄愤事件中,铺天盖地的"民意"并不是社会多数成员的意志;在网络民族主义事件中,以极端言行构建"我们"和故意捣乱的意识也不容忽视。[2]因此,"少数派权力"可能导致无政府状态或控制的强化,"在直接民主的幌子下,建立以公民投票为基础的专政"。[3]必须认识到大规模的参与式直接民主的痼疾。

(三) 公民参与与"善治"

民主政治其实就是一种治理结构。但是,无论是当下的选举民主还是

---

1. [美] 莱斯特·瑟罗:《资本主义的未来》,罗悌伦译,北京:中国社会科学出版社1998年版,第255页。
2. 王军:《试析当代中国的网络民族主义》,载《世界经济与政治》,2006年第2期,第22—29页。
3. C. I. Alexander and L. A. Pal, *Digital Democracy: Policy and Politics in the Wired World*, Toronto, Oxford University Press, 1998, p. xiv,转引自刘文富:《网络政治——网络社会与国家治理》,北京:商务印书馆2002年版,第289页。

民主管理
Democratic Management

协商民主,都局限于基层政治层面,中层政治中的治理问题似乎还没有涉及。何况,以选举为核心的民主政治并不必然导致"善治",因为它主要解决的"谁统治"而不能回答"用什么统治"和"如何统治"这样的行政问题,不能回答如何实现"善治"。改革开放以后兴起的公民参与在某种程度上自发地创造出实现"善治"的治理结构,即官民共治和"民"作为治理主体。

官民共治。如果说统治和管理的主体是国家和政府,治理的主体则是国家、政府和社会力量。治理是国家、政府与社会力量之间的合作博弈。官民共治主要体现在两个领域,一是公共利益,二是参与者的切身利益。在公共利益如动物保护和环境保护上,有时国家或上级政府需要民间组织的参与以制约地方政府或特殊部门的利益,如前述的金丝猴保护和"怒江争坝"项目中,民间组织与政府的合作而达到初衷。但是,同样是环境保护项目,比如太湖水污染问题上,环保组织的作用就很有限。因此,民间组织在中国政治过程中的作用,因组织的类型、所处政治时空等因素而存在很大差异。整体上看,民间组织显示出一定的自主性和行动能力,"仍然受到国家的控制,总体上还是属于'国家法团主义'(state corporatism),同时也表现出向'社会法团主义'(social corporatism)过渡的一些特征"。[1]

同样,在涉及参与者切身利益的议题上,官民的合作博弈已经出现在沿海发达地区的中层政治中。例如,2005 年开工的深港西部通道侧接线(公路)在深圳遇到 20 多万居民的反对,因为担心每天 6 万辆车的流量会严重污染环境和影响生活质量。居民们组织起来,捐款集资,聘请名律师与政府谈判。在这种条件下,政府也没有强行施工,而是聘请北京大学和清华大学的环境工程专家参与评估。最后,政府修改了施工方案,从原初的地上公路修

---

1. Jonathan Unger, "Bridges": Private Business, the Chinese Government and the Rise of New Associations, *The China Quarterly*, No. 147, Sep. 1996, pp. 795 - 819.

改为半地下公路,最后变为全封闭地下公路。在该事件中,官民谈判持续两年,政府增加预算 13 亿人民币,但是居民却很满意,把公路上面的城市公园命名为"和谐公园"。该案例说明,在一些发达地区,公民的权利意识已经成为公共政策过程中的不可忽视的因素。当然,在利益攸关问题上,官民合作的程度以及最后的结果取决于参与者的组织能力和谈判能力。

自主性治理。在一些地区,在政府退出的领域,民间组织已经享有完全的自主性治理权,并且效果比政府的管理更好,有效地促进了地方治理的转型。例如,浙江省义乌市是中国小商品交易中心,假冒伪劣商品曾经泛滥,政府屡禁不止,不得已,1995 年,义乌市政府把治理责任交给"义乌市个体劳动者协会"所组织的"义乌市保护名牌产品联合会",假冒伪劣产品基本得到抑制。再如,温州以烟具产品而闻名世界,曾几何时,质量低劣和价格恶性竞争让温州烟具行业处于萧条状态。[1]

这些案例说明,在地方治理中,一些自治性民间组织具有较强的公共参与意识,能够积极汇聚表达成员共同利益,与政府达成良性互动。这既改善了地方政府的形象,也实现了社会利益最大化,因而国家应该大力推动这类组织的发展。倡导发展这类民间组织还有更重要的政治逻辑,即根据一般经验,基于私有产权的民间组织最终必然在政治上形成自主性利益诉求并推动民主政治建设。但是也有研究并不完全支持这种政治逻辑,认为"红色资本家"虽然有自己的利益要求,但是他们更愿意在既定的体制内进行利益表达。[2]

必须指出的是,看起来这么多的变革和制度创新,其实只不过是中国政治中的"新生事物",且具有巨大的地区不均衡性,远非制度安排中的一般性

---

[1]. 参见余晖等著:《行业协会及其在中国的发展:理论与案例》,北京:经济管理出版社 2002 年版,第 39—42 页、43—45 页。
[2]. Bruce J. Dickson, *Red Capitalists in China: The Party, Private Entrepreneurs and prospects for Political Change*, Cambridge University Press, 2003.

建制。我认为，中国的"新生事物"的效应被媒体和西方学者放大了，还应该鼓励更多的公民参与以推动更多、更广泛的制度创新。也正是在这个意义上，俞可平教授提出"民主是个好东西"，意思是需要进一步的思想解放。无疑，民主的演进是一个非常漫长的过程，民主实现的过程也并非没有痛苦，这恰恰是人们追求美好生活的必需的代价。因此，中国的大多数学者对渐进式中国民主持肯定态度。但是，对于公民参与尤其是新生社会阶层参与到什么程度，社会上和学术界有着不同的看法。比如对官商勾结而形成的"权贵资本主义"已经成为一种普遍忧虑，有的学者则明确提出私有企业主的政治参与应该有一个限度，"私营企业主中的优秀分子可以加入共产党，被选举为党代会代表、人大代表和政协委员，但是不宜担任国家公务人员、人大常委等职务。……不容许、不重视私营企业主的政治参与是错误的。但是，不加限制地参与，不讲原则的'突破'，同样是不妥当的。这两种倾向在政治上都是有害的"。[1]

四、公民参与中的主要问题

公民参与对中国政治进步的作用有目共睹，但是存在的问题也是非常明显的。当前，公民参与中的最主要问题是非制度性参与。非制度性参与是怎么形成的？笼统地说，非制度性参与盛行是因为制度性参与不足的结果。那么，制度性参与不足的制度障碍又在哪里呢？

首先，非制度性参与与政府法治化程度成反比。在计划经济时期，政府职能更多地体现为统治和管理，政府行为具有更多的人治特征，因为在统治高于一切的政治中，法律必然居次要地位，甚至没有地位。市场经济体制建

---

[1] 朱光磊、杨立武：《中国私营企业主政治参与的形式、意义和限度》，载《南开学报（哲学社会科学版）》，2004年第4期，第91—97页。

设的过程也是政府本身法治化过程。这些年来，政府行为的法治化表现在公开性立法、行政决策程序化、改革行政审批制度和实施《行政许可法》。法治化政府既是政府的自觉诉求，也是在应对市场经济压力和各种突发性事件中学习、建构的产物。无论如何，法治化政府的形成反过来又推动着公民参与，为公民参与提供了更多的制度化渠道。比如，在公开性立法方面，每件法律法规草案公布后，收到各方面提出的意见少则几千条、多则上万条。当程序化决策包含民主化和科学化因素时，比如专家咨询论证和听证制度，专家就会在体制内而非在体制外在贡献自己的专长的同时而表达自己的利益偏好，民众也会踊跃地参加火车票涨价、地铁票降价、电信资费等关乎自己切身利益的各种听证会，并在这种制度性参与中培养公民人格，提升公民权利意识。因此，法治化政府本身就有利于公民参与，政府法治化程度越高，制度性参与就越多，非制度性参与就可能随之降低。

不仅如此，由法治化政府的内涵可知，由于法治化政府本身包含着公民参与因素，公民参与的规模、形式与法治化政府程度成正比：政府法治化程度越高，制度性公民参与的规模越大；相反，政府法治化程度越低，民众就越可能在体制外以非制度性方式表达自己的利益诉求。因此，从公民参与的角度看，政府法治化建设不仅推动着公民参与，还规范着公民参与行为，引导公民朝有序的制度性参与方向发展，形成稳定的政治发展。这样，法治化政府所带来的链条性政治关系就是：法治化政府——有序的公民参与——稳定的政治发展。

其次，制度本身的合理性对政治参与的形式和性质有着直接影响。仅有法治化或制度化是不够的，因为制度安排的合理性与否决定了制度化参与的渠道是否畅通，制度化参与是否有效。例如，信访制度的利益表达功能的缺失必然酿成众多的非制度性的"群体性事件"。再如，在中央—地方关系中，政治单一制（即自上而下的干部任命和下级主要对上级负责）和经济联邦主义（地方政府分享治权和财政权）的二元化结构，势必导致地方政府发展经

民主管理
Democratic Management

济的强烈动机并必然与社会强势集团即企业家阶层的结盟，侵害着社会弱势群体的利益，他们表达无门而诉诸社会抗争。[1] 因此，非制度性参与不但与政府的法治化程度有着直接的关联，也与制度本身的合理化程度有着直接关系。在某种意义上，法治化以及与之密切相关的制度化只是一种程序上的规定，而当制度安排本身有问题时，法治化和制度化就不能得到有效保障，最终还是以程序外的渠道解决问题。

再次，非制度性参与与政府职能有着密切关系。在现代民族国家成长过程中，任何国家都会面临冲击政府甚至是政治体制的政治参与行为甚至是革命性政治行为。比较而言，欧洲历史上的工人运动主要是因为国家作用不到位、劳资冲突引起的。而在中国，大大小小的群体性事件则是因为发展型政府的过度干预造成的。

在现实政治经济关系中，企业影响地方政府的行为和倾向与其他转轨国家颇为相似。一方面，由于计划经济下的政府垄断一切资源的制度安排，又由于官本位的政治文化传统，企业没有政府资源的支持就难于为继。另一方面，很多地方政府在税收上形成了对某个行业或企业的依赖；不仅如此，很多地方政府官员也不满足于制定规则和政策，对丰裕的物质世界情有独钟。互利性需求决定了企业与政府的相互依赖性关系。只要到各地去看看，政府官员与企业家之间交杯换盏、莺歌燕舞的图景也决非个案，出现地方政府被俘获的现象。对于俘获型地方政府而言，企业利益渗透到政府决策过程，从而形成有利于企业的规则或政策，结果就会带来社会公正问题。最明显的行业就是城市发展房地产市场过程中的非法拆迁问题，很多城市中由不公正的房屋拆迁而导致了群体性事件。

如果说俘获型地方政府是市场经济初级阶段因为难于抵御的物质诱惑而自然性形成的权力与金钱的联姻，那么侵害型政府形成的直接原因则是国家

---

1. 杨光斌：《现行中央—地方关系下的社会公正问题及其治理》，载《社会科学研究》，2007 年第 3 期，第 7—15 页。

权力太强大而不受约束；如果说俘获型政府是权力与金钱的联姻而造成对社会弱势群体的侵害，那么侵害型政府不但侵害社会弱势群体的利益，还可能侵害其他阶层的利益。在地方政治中，尤其是在转轨政治过程中，原有的约束干部行为的理想和道德如为人民服务受到挑战，而新型的约束干部行为的法律法规又不完善，权力制约机制有待建设，使一些地方政府和干部处于事实上的放任状态，从而招致一个又一个的群体性事件。在现实政治中，侵害型地方政府主要侵害的是公民的财产权和公民权，从而引发众多的"群体性事件"。

如果说法治化程度不高、制度安排不合理以及政府价值取向本身是导致非制度性参与的制度诱因，那么相应的对策就是建立法治化政府，改革不合理的制度安排，将发展型政府转变为发展与服务并重的政府。此外，在体制之外的公民社会意义上，如何让弱势群体合法、有序、畅通地进行利益表达，形成社会各阶层利益表达的平衡机制，是建设和谐社会的关键。

五、公民参与的理论思考

改革开放以后的公民参与不但改变着政策，还直接推动着民主政治建设和治理结构的创新。公民参与的意义不仅体现在政治层面，还有很多值得深思的理论问题，其中既有一般性的理论问题也有政策性理论问题。最密切关系的问题是，中国的公民参与与政治发展理论是什么关系？技术对民主与政治形态有着怎样的影响？怎么看待公民参与所形成的自发秩序？

（一）发展与民主的关系

中国利益政治的出现验证了发展带来民主的假设，同时也在验证着政治发展理论关于公民参与的一些假设。[1] 第一，经济发展导致各种组织和协会成倍地增加，大量的人参加到这些团体中。在中国，目前仅全国性社团组织就多达1524个，[2] 根本性地改变了过去由工、青、妇等八大人民群众团体一统天下的格局。第二，经济社会发展在社会群体之间造成了某种紧张关系。市场化塑造的是一种新型的经济权力，遵循"赢者通吃"的规则，必然在强势集团和弱势群体之间制造紧张关系，很多的非制度化公民参与就是在这种背景下出现的。第三，社会经济发展促使政府职能转变并扩大其职能。政府转变职能就意味着要从某些领域中退出，取而代之的必然是一些新兴组织。在市场经济中，政府转变职能并不意味着政府行动范围的缩小，政府职能由过去简单的统治和控制转变为主导经济发展、规制企业和服务社会，政府职能更加复杂和多元化，因而受影响的个人和团体就越多，使他们感到政府行为与自己的利益密切相关，促使他们更积极地去影响政府的人事安排和政策过程。不仅如此，政府职能的转变带来了公民参与类型的变化，从过去更多的支持性公民参与转变为要求性公民参与。

中国的公民参与同时还对传统的政治发展理论提出挑战。比如，西方国家历史上作为政治参与的一种形式的劳工运动，其发生背景是国家的不作为而引发的劳资冲突。而中国的"群体性事件"在很多时候则是因为制度安排本身不合理或地方政府干预过度而引起的。因此，研究中国特殊背景下的公民参与，就必须讨论政府行为以及制度安排的性质对公民参与的影响。

（二）技术、民主与政治形态

技术推动着民主。技术推动着公共领域的形成，而公共领域正是民主政

---

1. [美] 格林斯坦、波尔斯比编：《政治学手册精选》，钟凯斌、王洛忠、任丙强译，北京：商务印书馆1992年版，第105页。
2. 孙伟林：《中国全国性社会团体目录》，北京：中国大百科全书出版社2002年版，第99页。

治不可或缺的基础和平台。[1] 众所周知，历史中的出版物、广播和电视等公共领域先后对民主政治都起了推波助澜的作用，但是，与信息技术即互联网相比，它们的作用都是小巫见大巫。如前所述，作为一个后发国家，中国在面临经济发展与民主政治的挑战的同时，还面临着互联网技术与民主政治的挑战，这是很多发展中国家所不曾遭遇的。首先，前述的互联网的一系列特性决定了公民参与的自由性、便捷性，随之而来的是公民政治效能感的空前提高以及参与规模的急剧增加。其次，互联网参与的特征使得直接式政治参与得以回归。直接民主转向间接民主是因为国家规模的扩大，而互联网空间的无限性和自由性使得国家规模不再是直接民主不可逾越的障碍。当然，即使在互联网时代，直接式政治参与的利益诉求还得通过间接民主即代议政治而实现，因为技术不可能改变权力的"寡头统治的铁律"。

技术改变着政治形态。互联网在改变公民参与方式的同时，也在改变着一个国家的政治形态。人们耳熟能详的划分政治形态的标准无外乎政党制度、选举制度、政府体制等"硬制度"。在互联网时代，我们必须重新思考"硬制度"的合理性和实用性，必须思考网络技术对政治过程的影响：为什么两个完全不同的"硬制度"国家，其政治过程具有很大的相似性？以传统标准所定性的"威权"政府为什么有可能比一个"民主"政府更在乎媒体所传递的社情民意？在以互联网为主要平台的媒体的压力下，"孙志刚事件"和"肝胆相照网"都改变了中国既有的相关法律，进而促进着治理结构的完善。这些都是互联网的"议程设置"功能的典型事件。人们应该知道，"议程设置"概念本身就是民主政治下的话语，被"硬制度"定性为专制和威权下的国家基本不存在所谓的"议程设置"。因此，互联网已经改变了我国的政治形态，不能再简单地用西方政治学中的传统概念和标准乱贴标签。

---

[1]［德］哈贝马斯：《公共领域的结构转型》，曹卫东等译，上海：学林出版社1999年版，前言。

（三）公民权利形成中的"自发"与"人为"

无论是经济发展与民主政治的关系，还是技术与民主形式和政治形态的关系，其中的一条主线是公民权利问题。那么公民权利是怎么形成的？可以把公民的权利分为三类：经济权利（民生）、政治权利（民主）和社会权利（福利）。除了社会权利的实现是更多的国家（人为）设计外，经济权利和政治权利的实现似乎都具有自发性。

但是，国家对于不同的自发性权利具有不同的态度。就民众的经济权利而言，当国家无能为力时，国家也乐于让民众自食其力，不管以什么样的经济形式来实现他们的利益。这是因为，民众经济权利的满足一方面有可能触动作为国家代表的有关阶层的利益，但是经济领域说到底不触及国家的根本即统治权，何况经济权利的满足还往往能够巩固统治权。因此，对于自发性的经济权利秩序，明智的统治者（国家）往往采取宽容甚至鼓励的态度。这就是为什么"自发的"经济权利能够容易实现。但是，自发的经济权利载体的所谓的"自发的经济秩序"，也只不过是哈耶克式的极端经济自由主义的神话，因为经济从来不能脱离政治而单独存在，而脱离政治规制的经济秩序最后必然走向破产并带来大灾难。[1] 即使英国和美国在经济大萧条之前的"自由放任"称得上"自发秩序"，英美之后的后发国家则均是国家主导下的发展，德国和日本是这样，"二战"以后的新兴国家更是如此。[2]

---

1. ［英］波兰尼：《大转型：我们时代的政治与经济的起源》，冯钢、刘阳译，杭州：浙江人民出版社 2008 年版，前言。
2. A. Gerschenkron, *Economic Backwardness in Historical Perspective*, Cambridge: Harvard University Press, 1962;［美］科利：《国家引导的发展：全球边缘地区的政治权力与工业化》，朱天飚等译，吉林：吉林出版集团公司 2008 年版，第 172 页；杨光斌：《制度变迁的路径及其理论意义：从社会中心主义到国家中心主义》，载《中国社会科学内刊》，2007 年第 5 期，第 82—107 页。

和经济权利一样,政治权利的实现需要民众去争取,尽管国家也和努力保护民众的经济权利一样保护并增加民众的政治权利。我们已经看到,无论是政策的转变,还是新型民主形式的出现,或者是治理结构的创新,都是公民自发参与的结果,具有自发秩序的特征。但是,与自发的经济秩序相比,自发的政治秩序具有更多的"人为设计"和国家权力特征,要来得更加艰难、更加漫长。原因何在?

第一,不同于经济权利的是,政治权利则直接关乎统治权的存续或"谁统治"这样的最根本的问题。第二,任何一个民族国家的成长都有一个秩序问题。经济发展或博弈均衡只能在一个稳定的制度结构内实现,而国家本身对之负有最终责任。[1] 因此,无论是为了政治统治还是全社会利益,国家本身具有天然的稳定诉求。第三,民族国家成长中的发展次序。除了极个别的例外国家(美国),不论是早发达国家还是后发达国家,几乎所有的国家都是先实现民生权利再民主权利,最后是社会权利。过去我们往往把历史简单化,以为资产阶级革命以后民主政治就自然到来了。其实,英国在光荣革命以后的150年的时间里,资产阶级得到的只是作为公民权基础的财产权,即事实上我们今天所指的民生权,并没有什么政治权利。[2] 如果说早发达国家基本如此,后发展中国家似乎更没有别的选择了。为什么大家都走了一条共同的道路?恐怕还是人的本能的自然反应,即民生需求的优先性。

因此,在政治权利和政治秩序问题上,中国表现出应有的审慎和渐进,一方面对基层民主进行鼓励和规范,比如出台村民自治组织法,官方媒体宣传和推广基层政治中的制度创新,另一方面则努力设计"以党内民主带动人民民主"这样的中国式民主政治发展道路,保证中国发展的有序性。比较现代化的基本结论是,和没有民主与自由的结果一样,太多的民主和自由同样

---

1. 诺思:《经济史的结构与变迁》,陈郁等译,上海:三联书店和上海人民出版社1994年版,第17页。
2. T. H. Marshall, 1963. *Sociology at the Crossroads and Other Essays*, London: Heinemann. 转引自[英]曼:《社会权力的来源》第2卷上,陈海宏等译,上海:上海世纪出版集团2008年版,第21—22页。

不利于经济发展。¹然而，每个国家到底应该有多少自由民主，走向自由民主的道路是什么样的，自由民主的进度如何，历史文化很重要。对于中国这样的后发展中国家而言，国家在自由民主的演进中的作用更不能忽视，因而自发秩序中必然具有更多的"人为"特征。

结语。一个国家的民主政治程度取决于民众的参与程度以及通过公共参与而监督和控制政治的程度，因此，公民参与是衡量一个国家民主政治的主要指标，尽管大规模的政治参与并不必然导致理想的政治状态。²在当代中国的历史语境中，"文革"式政治参与³曾带来政治动荡，因此人们对无序的公民参与依然心有余悸。在当代中国的现实语境中，制度化参与的不足以及非制度化参与的盛行，使得人们对公民参与既有更多的期待也有不少的疑虑。

无论如何，民主自由已经成为中国所接受的一种价值观。中国改革开放所形成的自由环境使公民得以参与政治生活，创造着活生生的民主形式，改善着地方的治理结构。因此，我们应该有信心。但是，政治权利和政治秩序的性质决定了，进步只能是渐进的。因此，我们又必须有耐心。

（原载《社会科学研究》，2009年第1期）

---

1. Robert J. Barro, *Determinants of Economic Growth, a Cross - Country Empirical Study*, Cambridge, MA: The MIT Press, 1997.
2. 关于公民参与价值的争论参见［美］J. 沃科尔：《精英民主主义理论批判》，载《美国政治科学评论》，1966年第60期；［美］达尔：《对"精英民主主义理论"的回应》，载《美国政治科学评论》，1966年第60期。
3. 西方学术界一般把公民个体的主动性参与叫做公民参与，而对于动员性参与则有诟病。在我看来，划分主动性参与和动员性参与是一种西方中心论的体现。即使在西方国家的公民参与中，大选时期的政治行为难道不具有更多的动员性？

发挥制度绩效，拓展公民有序参与的渠道
——贵阳市人大常委会市民旁听制度所引发的联动性创新*

杨雪冬
（中央编译局世界发展战略研究部）

根据《中华人民共和国宪法》，人民代表大会制度是中国的根本政治制度。它直接体现了人民民主专政的国家本质，是人民当家做主管理国家事务的基本形式，是其他各项制度赖以建立的基础。法律规定，县级以上人大的职权有15项，县级以上地方各级人大常委会的职权有14项。这些职权包括：领导选举权；区域内重大事项的讨论决定权；人事任免权；监督权；地方荣誉授予权等。尽管如此，长期以来，许多地方的人大工作开展得并不活跃，法律规定的各项权力没有得到切实的落实。在不断推进"依法治国"的进程中，地方人大及其常委会应该学会发挥自己的制度优势，使自己的权力从纸

---

* 本报告是经过2001年9月21—26日、2002年10月29—31日两次到贵阳市进行实地调查完成的。笔者特别感谢贵阳市人大常委会主任李长兴，副主任濮振远、张朝湘，他们在繁忙的工作中接见了笔者并耐心地回答了各种问题。笔者的调查是在贵阳市人大常委会办公厅和研究室的安排下进行的。研究室主任吴利平，副主任李新生，办公厅副秘书长李群麟、钟耘为笔者提供了大量便利的条件，并详细介绍了许多情况，使笔者能够很快进入调查的情景之中。笔者还要感谢贵阳市人大的工作人员：韦北阳、侯云生、罗扬、禄旭等。以及参加过座谈的许多市民，与他们的座谈使笔者亲身感受到市民旁听制度取得的社会效果。笔者对文章中的观点负全部责任。

面规定转化到现实措施之中，为人民提供参与政治、管理国家的有效合法渠道，从而提高全民的法治意识和民主意识。贵阳市人大常委会从1999年开始实行的"市民旁听人大常委会会议并发言"的制度就是地方人大通过创新发挥合法作用的典型。这项制度已经在贵阳市其他区县以及贵州省得到了推广。它生动展现了地方如何把一种观念转化为制度现实的过程。

一、新班子新思路

1997年12月，贵阳市第十届人民代表大会选举出新一届人大常委会，常委会正副主任共8名。与上一届人大常委会领导班子相比，这一届组成人员中有相当一部分人年龄较轻，普遍受过系统的高等教育，思想开放，善于接受新的观点。[1] 他们在来人大工作之前或者是一些重要部门的负责人或者是一级党委领导，长期从事党政工作，对许多具体工作非常熟悉。（参见表1）更值得注意的是，这届人大主任李长兴也兼任贵阳市委副书记，分管组织工作，参加市委常委会议。这种由副书记担任人大常委会主任的配置方式在日后的常委会工作中逐渐显示出其制度性优势。

表1 贵阳市第十届人大常委会主任、副主任名单

职务	姓名	性别	出生年月	文化程度	任职时间	来人大之前职务
主任	李长兴	男	1945.11	大学	1997.2	市委副书记
副主任	夏文翔	男	1939.10	大学	1992.11	市经贸委主任、书记
副主任	李清竹	男	1937.2	大学	1992.11	民建主委

---

1. 我们在贵阳市人大常委会编的《二十春秋人大路》（贵州教育出版社2002年出版）一书中，可以读到几位主任写的文章。文章虽然短小，但是论点新颖。而且在贵阳市人大常委会主办的刊物《人大工作》中也能经常看到他们撰写的文章。这在某种程度上反映了这些从所谓"一线"岗位退下来的干部依然保持着积极的工作和学习态度。

续表

职务	姓名	性别	出生年月	文化程度	任职时间	来人大之前职务
副主任	张学武	男	1941.4	大学	1997.12	《贵阳日报》总编
副主任	徐世江	男	1942.12	大学	1997.12	市政协秘书长
副主任	张朝湘	女	1940.6	大学	1997.12	市教委书记、主任
副主任	卢胜伟	男	1945.4	大学	1997.12	白云区委书记
副主任	濮振远	男	1945.5	大学	1997.12	市委副秘书长、办公厅主任
副主任	宗大尧	男	1943.2	大专	1999.3	云岩区委书记

资料来源：贵阳市人大常委会

在地方人大常委会领导配置上，通常有三种方式。第一种是有专门的人大常委会主任。他/她或者是前任的党委书记或者是前任的副职的地方行政首长。他们具有丰富的工作经验，但是到人大工作对他们来说带有明显的退居"二线"的感觉，再加上年龄偏大，许多人并不愿意花更多的时间和精力来研究如何推动人大工作，造成了许多地方的人大常委会成了"养老"的地方，工作只是按部就班，甚至应该行使的权力和职能也无法充分发挥或根本没有实现过。当然，另一个制度性设计也限制了人大常委会作用的发挥。在地方，党委常委会是决策核心，而专职的人大常委会主任并不是党委常委，只列席常委会会议，有发言权而无表决权。在现行的决策体制中，人大常委会主任无法直接参与到核心决策层中很容易置人大常委会于决策核心的边缘，使人大常委会在地方政治系统中处于弱势，不仅造成了人大领导班子和工作人员工作缺乏必要的激励，而且也直接限制了地方人大及其常委会职能和权力的发挥。第二种配置方式是由党委书记兼任人大常委会主任。在省级人大中，这种方式非常普遍。虽然这种方式看起来提高了人大的地位，但并没有对人大工作起到切实的推动作用。这样说的主要理由是，党委书记是地方工作的主要决策者，而且地方层级越低，党委书记兼顾的事务性工作越多，很少有时间顾及人大常委会的工作。这样在很大程度上造成了地方人大常委会"一把手"形同虚设的局面。人大常委会虽然有多位领导，但是在许多问题上没有人"拍板"决定，不仅耽误了一些问题的解决，也使人大常委会的领导班子失去了凝聚力，造成了一些地方的人大常委会工作散漫。

第三种配置方式是党委副书记担任同级人大常委会主任。贵阳市采取的就是这种方式。在现行体制下，党委副书记通常在常委会中排名第三，分管组织和公检法工作。尽管其在党委方面的工作任务也很繁重，但是毕竟作为副职还有一定的时间精力顾及人大常委会的工作。更重要的是，在现有框架下，这种配置实际上较为有效地把"党管干部"的原则与人大任免"一府两院"主要成员的法定程序结合在一起，加强了组织部门与人大的沟通，有利于党委与人大在人事安排上取得共识，避免人大和党委在一些重要的人事任免上出现矛盾和冲突，把党的意志通过法律的形式表达出来。[1] 而副书记兼人大人常委会主任就成为两个系统互动的环节。

比较而言，在现行的体制下，第三种配置方式具有明显的优势。一方面副书记兼任有利于提高人大常委会在现行体制中的地位，增强人大常委会的意见和决定对政府部门的影响力，同时也能激励人大常委会工作人员的工作积极性。另一方面，这种配置有利于人大常委会与党委之间的信息交流，减少了一些不必要的误会。[2]

当然，人员的配置只是一种形式，能否起到实际效果，尤其是发挥制度内在绩效还要看相关人员对人大工作的理解和重视程度，以及在发挥人大作用时采取的方法和对整个部门人员能动性的调动与发挥。而1997年底当选的贵阳市十届人大常委会则从一开始就在如何加强人大常委会工作上表现出富

---

1. 在相当多的地方政府换届和重要职能部门人事任免上，都曾经出现过党委推荐的候选人无法在人大会议上获得通过，迫使党委必须在私下里与人大常委会沟通，甚至被迫撤回推荐的人选。如果党委就人事安排能够与人大在选举之前进行有效地沟通，取得一定的共识，就可以尽可能避免这种问题的出现。这不仅可以提高党委的权威性，而且也尊重了人大的法律地位。
2. 笔者2002年10月底在贵阳作调查的时候，正逢人大准备换届。人大的一些工作人员在谈到下一届人大常委会领导班子的时候，也普遍认为，在现行体制下，由副书记担任人大常委会主任可能更为合理。

有创意。

1998年5月,贵阳市人民代表大会制度工作研究会成立。在一年多的时间内,研究会围绕一些影响较大、内容较新的工作,先后召开了8次专题研讨会,提出了许多好的意见,并结集出版了30余万字的《人民代表大会制度工作理论与实践》一书。李长兴在贵阳市人民代表大会制度工作研究会成立暨首次理论研讨大会上发言指出:"作为地方人大常委会,在坚持人民代表大会制度的同时,要加强对完善人民代表大会制度和人大工作的研究,这种研究,包括实践中如何更好地体现和运用的研究,以深入了解民情、充分反映民意、广泛集中民智。"[1] 他本人很重视调查研究,主编过多部研究文集。比如《追毒备忘录》、《跨世纪工程——下岗与再就业纵横》、《人民代表大会制度工作理论与实践》等。对于人大工作,他也有自己独到的见解。他在为纪念贵阳市人大常委会设立20周年所写的文章中写道:"处在这样一个伟大变革的时代,人大工作只有创新才能发展;人大工作只有在实践中勇于探索,坚持解放思想、实事求是,才能创新。"[2]

领导的以身作则带动了整个人大常委会的调查研究工作,常委会从上到下形成了一种良好的学习和研究氛围。这在贵阳市人大常委会举办的《人大工作》杂志上得到了充分的体现,上至各位主任,下至各部门工作人员,他们几乎包揽了杂志的全部稿件的写作。写作不仅有利于他们系统地总结和思考自己的工作,也迫使他们不断地学习新的知识来丰富自己。《人大工作》上有一个专门介绍各地工作经验尤其是新做法的栏目。这无疑也为贵阳市人大常委会提供了一个了解其他地方工作创新的窗口。另外,长期以来,各地人大常委会形成了相互交流的传统。贵阳市虽然处于经济不发达地区,但是其财政收入占整个贵州省的1/3,人大常委会的经费有充足

---

1. 李长兴:《人大工作的实践呼唤加强理论研究(代序)》,见李长兴主编:《人民代表大会制度工作理论与实践》,贵州:贵州教育出版社1998年版,第98页。
2. 李长兴:《创新才能发展》,见李长兴主编:《二十春秋人大路》,贵州:贵州教育出版社2002年版,第19页。

的保障。每年,贵阳市人大常委会都会派人到外地,尤其是发达地区进行学习参观。这种定期交流也有助于把新的、好的经验带到贵阳,并开阔常委会工作人员的视野。[1]

古话云,"新官上任三把火",关键是"火"烧在什么地方才更有效果。对于1997年当选的新一届人大领导班子来说,只有找准问题,更新思路,才能把火烧旺,打开新的工作局面。而人大工作具有的特殊性又在一定程度上制约了一些新思路的展开。用李长兴的话说:"人大工作法律性、程序性强,能不能创新?人大工作不外乎按照法定的职权去开展,要不要创新?人大工作涉及民主法制建设,政治性强,创新难度大,敢不敢创新?"显然,人大工作的创新必须以遵守法律、程序为准则,通过寻求有效、多样的方式来落实法律,贯彻程序,使《宪法》赋予的权力真正得到落实。[2]

在现行的体制下,要落实人大及其常委会的权力,树立其在党政部门和普通群众中的威信,首先必须让官员认识到人民代表大会制度在中国政治体制中的地位和重要性。长期以来,许多党政官员"只知道人大及其常委会是监督机关而忽略或淡化了它首先是行使决定权的权力机关;只知道人大及其常委会与'一府两院'是监督与被监督的关系而忽略或淡化了它们之间首先是决定与执行的关系"[3]。造成这种现象有两个原因:一是法律宣传不够,人们对人民代表大会制度不了解;二是人大及其常委会自身的工作还没有完全到位,一些法律规定的职权很少或根本没有行使。在不断推进"依法治国"的过程中,"社会成员的法律意识越来越在更广范围和更大强度上影响或左右自己的社会行为,从而也就必然在更广泛、更深刻的意义上决定着整个社会

---

1. 笔者接触过一些访问过贵阳市人大常委会的研究人员,他们普遍认为贵阳市人大常委会的工作人员具有很高的素质,尤其是思想很活跃,与其他一些地方的"暮气沉沉"形成了鲜明的对比。
2. 李长兴:《创新才能发展》,见李长兴主编:《二十春秋人大路》,贵州:贵州教育出版社2002年版,第19—20页。
3. 陈启厚:《强化权力机关意识是依法治国的重要保证》,见李长兴主编:《人民代表大会制度工作理论与实践》,贵州:贵州教育出版社1998年版,第41页。

依法治理的状况。各级领导干部法律素质的提高，远比任何其他社会成员对社会的影响更为强烈"。他们能否带头学法、知法、守法和执法成为实现依法治国的最重要方面。[1]因此，改变官员对人大的认识成了贵阳市人大常委会在1998年的工作重点。

1998年2月，贵阳市十届人大二次会议的工作报告提出：对所任命干部进行述职评议，不搞评功摆好，重点针对存在的不足和问题进行评议，而且限期整改。述职评议工作由主任会议组织实施，评议工作小组负责具体工作，制订实施方案，明确工作的原则、内容、步骤和时间安排。述职评议的原则是"不评功摆好、重在整改"。评议的内容包括：（1）贯彻执行党的路线、方针、政策情况；（2）执行国家法律、法规、依法行政、公正司法和履行岗位职责的情况；（3）执行人大及其常委会的决议、决定和办理人大代表建议、批评和意见的情况；（4）贯彻执行民主集中制的原则，团结和率领一班人发挥整体效能的情况；（5）遵纪守法、勤政廉政方面的情况。述职评议采取的是评议工作小组调查与被评议干部述职双轨进行的方式，关键是述职后提出的整改意见。评议结束后，按照人大常委会提出的意见，被评议者要在1个月内把整改方案报送人大常委会并认真组织实施；6个月内向市人大常委会报告整改情况。而且在整改期间，人大常委会和有关专门委员会会定期或不定期进行检查监督。

1998年下半年全国开始了以"讲学习、讲政治、讲正气"为主要内容的党性党风教育，[2]这无疑为述职评议、限期整改提供了很好的外部环境，使人大的工作与党委的工作有机地结合在一起。1998年12月2日，市十届人大常委会第九次会议对市体委、人防办、农业局、法制局和对外经济贸易合作局

---

1. 濮振远：《依法治市，从我做起》，见李长兴主编：《人民代表大会制度工作理论与实践》，贵州：贵州教育出版社1998年版，第70页。
2. 《中共中央关于在县级以上党政领导班子、领导干部中深入开展以"讲学习、讲政治、讲正气"为主要内容的党性党风教育的意见》，1998年11月21日。

五个部门的工作进行了评议。鉴于人防办和对外经济贸易合作局领导人的述职报告有"评功摆好"之嫌，要求两个部门的负责人重新修改，提出整改意见。这种不走过场的做法不仅对被评议的干部影响很大，而且也触动了政府其他部门。参加会议的40多位党政官员普遍认为，这种动真格的评议令人"脸红、心跳、出汗"。[1]

对于刚换届一年多的贵阳市人大常委会来说，这次述职评议初步改变了政府职能部门长期形成的把人大看做"橡皮图章"、"举手机器"的偏见，开始重视人大的工作和建议，积极配合人大的工作。[2]到2002年，贵阳市人大常委会已经评议了61名干部，提出整改要求243条。[3]

如果说述职评议使政府部门领导在感性上体会到人大常委会的法律地位和法定权力，那么，对拟任干部进行法律知识培训和考核则使这些忙于部门事务的行政首长从法理和具体法律条文上系统了解了人民代表大会制度以及依法行政的法律依据。1998年，贵阳市人大常委会通过了《贵阳市人大常委会关于对所任命干部任前进行法律知识培训和考核办法》。当年对68名领导干部进行了任前依法治市培训和考核。根据不同对象的共性，宪法和地方组织法、代表法、行政诉讼法、行政处罚法和国家赔偿法等法律成为考试的内容，目标是树立宪法和法律的权威，强化"一切权力属于人民"的观念。在每一套试卷中，宪法所占比例都在50%左右。考试分为笔试和口试两个内容。到2002年，有231名干部参加了任前法律知识培训和考核。[4]这种培训和考核不仅有利于这些官员更全面地了解人大及其常委会的地位，而且也提高了他

---

1. 濮振远、雷友达：《削枝全望树成材》，见李长兴主编：《二十春秋人大路》，贵州：贵州教育出版社2002年版，第124页。
2. 我们在2001年9月在贵阳调查时，曾经委托人大召集由法院院长、检察院检察长、财政局长、计划生育局长等八个部门领导参加的座谈会。我们很吃惊地发现，他们到会非常准时，而且对调查者提出的问题非常配合。事后，人大的工作人员告诉我们，现在人大开会的时候，这些部门领导都没有迟到早退的。
3. 张朝湘：《坚持和完善不评功摆好的述职评议》，见李长兴主编：《二十春秋人大路》，贵州：贵州教育出版社2002年版，第71页。
4. 李长兴：《序言》，见李长兴主编：《二十春秋人大路》，贵州：贵州教育出版社2002年版，第78页。

们行政过程中的法律意识。[1]

二、市民旁听制度：一种学习型创新

对官员的法律考核和述职评议不仅提高了贵阳市人大常委会在党政官员中的威信，而且也通过媒体的宣传扩大了人大在普通市民中的影响力。作为国家权力机关及其常设机构，人大及其常委会只有在工作中充分体现人民的意志，为人民当家做主管理国家事务提供有效的方式和渠道才能从根本上保证在人民群众中赢得支持。群众的支持反过来又提高了人大及其常委会行动的自信心和决定的权威性，进而有利于更充分地实现人大与"一府两院"的法律关系。用贵阳市人大常委会一些工作人员的话说，"有为才有位，有位必有为"。

贵阳市人大常委会 1999 年 2 月采取的市民旁听人大常委会会议并发言的做法就体现了这种不断拓宽联系群众的渠道、了解民情、听取民意、集中民智的工作思路。允许市民旁听人大常委会会议并不是贵阳市的首创。在贵阳之前，武汉、大连等城市都曾经实行过这种做法，但是旁听市民并不是自愿报名的，而是单位推荐的，旁听过程中市民也不允许发言。[2] 在 1998 年底准备新一年工作的时候，常委会副主任兼秘书长濮振远把实行市民旁听人大常委会会议的想法向李长兴主任作了汇报，引起对方的高度兴趣，马上要求濮振

---

1. 2001 年 9 月 24 日，笔者在与几位参加过法律考试的政府官员座谈的时候，他们都认为这种考试有利于提高他们的依法行政意识，摆正权力意识。贵阳市政府秘书长肖林在一篇文章中说，通过这种考试，他领悟了市人大常委会的良苦用心，并且在五个观念上有了进一步强化。它们是：强化了"中华人民共和国的一切权利属于人民"的观念；强化了"依法治国，建设社会主义法治国家"的观念；强化了"中华人民共和国公民在法律面前一律平等"的观念；强化了自觉接受人大及其常委会监督的意识；强化了法律意识。
2. 笔者曾经就"究竟从哪里了解到其他地方实行市民旁听制度"的问题问贵阳市人大常委会的几位直接参与市民旁听活动决策和组织工作的人员，比如常委会副主任兼秘书长濮振远，前选举任命联络委员会主任、现政工处长罗扬，现任选举任命联络委员会主任禄旭等。根据他们的回忆，他们是在《人民日报》之类的报刊上看到的，具体时间记不清楚，而且对这些地方的具体做法也不清楚。但可以肯定的是，与其他地方人大常委会的联系以及平时对学习的重视，使他们能够很快地得到新的信息。

远牵头，组织人员进行研究，提出具体的方案。

对于濮振远来说，这并不是一项容易的工作。一方面，虽然从报刊的只言片语中知道其他地方已经搞了市民旁听，但对于如何具体操作并不了解；另一方面，濮振远也深知李长兴做事求新的习惯以及这届刚当选的常委会需要不断推出新的思路来提高人大威信，推动人大的工作。那么在市民旁听上如何"出新"呢？

濮振远以及负责具体工作的选举任命联络委员会的工作人员花了很多时间和精力研究如何"出新"。他们经过研究发现，其他地方的做法在三个方面可以进一步改进。一是扩大旁听的人数。据他们了解，其他地方只允许5名左右的市民旁听会议。在他们看来，起码可以把人数增加到10名左右，而且贵阳市人大常委会现有的会场在空间上也能够安排这个数量的市民旁听。二是改变报名方式，实行自愿报名。其他地方都采用单位组织的方式，这样虽然可以保证旁听者的质量，避免报名人数不够以及旁听者不服从会议组织等问题，但并没有为发挥市民的主观能动性提供条件，而且很容易走上组织要求开会、参加只是形式的老路，起不到鼓励广大市民积极参与的作用。三是允许市民在常委会会议结束后发言。对于这个提议，当时常委会内部有不同的看法。一些人担心有的市民会不遵守会场纪律，干扰会议正常进行，还有的更担心有的市民由于个人或家庭遇到的一些问题，在发言中无法控制情绪，甚至冲击与会的一些党政官员。[1]

的确，在目前党群、干群关系紧张的情况下，很容易出现一些意料不到的事情，尤其是让官员与市民在一个会场内开会更带有很大的风险。经过讨论，支持实行市民旁听并允许市民发言的意见占据了上风。支持者认为，党的十五大已经提出了要建立社会主义法治国家，而且贵阳市也做出了"依法

---

1. 据贵阳市人大的一些工作人员说，他们知道北京市人大也曾经计划搞市民旁听，但由于担心市民会冲击有关官员而取消了。

治市"的决定，这无疑对作为立法机关的人民代表大会提出了更高的要求，要切实地拓展有利于集中民智、实现人民群众当家做主的新渠道。就市民旁听而言，其他地方已经实行了，也符合法律规定。至于让市民发言，现有的各项法律并没有禁止这种做法。而"发言"更能体现贵阳做法与其他地方的实质差别。

贵阳市人大常委会副主任、秘书长濮振远在市民旁听制度新闻发布会上阐述了实行这项制度的四个目的：（1）更加体现人民当家做主的权利。市民旁听，扩大了人民群众当家做主的重要渠道，有利于引导人民群众通过正常渠道参与民主法制建设；（2）适应了依法治市的客观需要。市民旁听议事过程，是开展法制教育和市民接受法制教育的极好机会，人民群众直接听取法律法规的审议制定必然会增强法制意识。学法守法并监督执法会成为人民群众的自觉行动。这对于顺利实施有关的法律法规是有积极意义的；（3）使市人大常委会直接贴近了群众，倾听群众的呼声，了解民意。市民旁听常委会会议，会加快了解人大制度的性质、地位，了解人大常委会的工作，树立国家权力机关的新形象，成为宣传人大制度的新形式；（4）增强人大工作的透明度，加强人民群众对人大常委会的监督，促进常委会提高决策水平。实行市民旁听制度，是群众对选出的人大代表在常委会会议上是否认真履行职责、不负人民重托、反映人民意愿的直接监督。[1]

对"人民当家做主"原则的深刻理解以及工作上不断"创新"的意识使得贵阳市人大常委会在1999年初做出了实行市民旁听常委会会议并发言的重要决定，并且制定了详细的工作计划。[2]1999年1月23日，贵阳市人大常委会办公厅通过《贵阳日报》、《贵阳晚报》等媒体发布公告：凡年满18周岁，具有完全民事行为能力的市民，都可自愿报名参加旁听市人大常委会1999年上

---

1. 濮振远：《在市民旁听市人大常委会会议制度新闻发布会上的讲话》，地方政府所提供的资料。
2. 《关于市民旁听市人大常委会会议制度的实施方案》，地方政府所提供的资料。

半年的常委会会议，并可在会上作简短发言。报名时间为1999年1月25日到28日共4天，报名地点除了市人大常委会办公厅外，为了方便郊县居民，还在郊县人大常委会设了报名点。报名限额为100名，每次常委会将从中确定10人参加旁听。[1] 1999年上半年的主要议题包括：听取和审议《贵阳市人民政府关于贵阳市1998年国民经济和社会发展计划执行情况和1999年计划草案报告》、《贵阳市人民政府关于贵阳市1998年财政预算执行情况和1999年财政预算草案报告》，审议《贵阳市绿化条例（草案）》，听取检查《义务教育法》、《传染病防治法》执行情况的报告等。[2]

公告发出以后，在贵阳市引起了很大的反响。共有108人报名，其中有工人、农民、学生、医生、个体户、机关干部、退休职工等。年龄最小的刚满18岁，最大的84岁。报名情况超过了市人大常委会的预期。为了满足更多的市民参加，常委会根据会场的容量，把当初确定的10个名额扩大为12个，作为旁听1999年2月3日第十届人大常委会第11次会议的人选。

根据12名市民的基本情况（见下表），我们可以看出常委会的有关部门在报名自愿的原则上进行了精心的挑选。因为第一次旁听能否成功直接关系到以后的工作进展。这12名市民平均年龄41.7岁，大专学历以上者有7人，有7人在所在部门担任一定的领导职务，从事的职业包括：教师、医生、个体户、农民、工人、机关干部等。从旁听者的职业和经历来说，大多数旁听市民比较熟悉党政会议的基本程序，并且对于一些问题有着较为深入的了解和深刻的认识。这在一定程度上有助于保证首次市民旁听的顺利进行，同时也对参加会议的人大常委会成员提出了更高的要求，迫使他们必须认真准备会议。[3]

---

1. 贵阳市人大常委会办公厅：《关于市民旁听市第十届人大常委会会议的公告》，1999年1月25日，地方政府所提供的资料。
2. 同上。
3. 濮振远、罗扬：《市民旁听昭显民主进程》，载《中国人大》，1999年12月8日，第33页。

表2　首次旁听人大常委会会议（第11次会议）的市民情况

姓名	性别	年龄	民族	工作单位	文化程度
郁忠铭	男	40	汉	贵州工业大学采矿系副主任	研究生
张翼	男	36	汉	贵阳百货大楼（集团）有限公司	大专
辜立琼	女	35	汉	出租车司机	初中
达凤莲	女	54	回	贵阳中医学院第二附院副主任医师	大学
李登洋	男	25	汉	乌当区新场乡政府企业办主任	中专
陈学斌	男	41	汉	贵钢铸造车间书记兼主任	大专
成克坤	男	44	汉	贵州科技学校校长	大学
尹利年	男	53		贵阳市劳保公司	小学
吴勇	男	40	汉	贵州摩托车工业公司试车工	大专
王光炬	男	49	布依	清镇麦格乡麦格村村委会主任	高中
周兴福	男	42	汉	息烽永靖镇个体户	初中
曾国强	男	41	回	省建总公司处长	大专

资料来源：贵阳市人大常委会

值得注意的是，在选择旁听市民的时候，市人大常委会的有关部门并没有一味地追求找"听话者"，而是适度地重视了不同"声音"。出租车女司机辜立琼就说明了这点。在贵阳市的出租车行业中，辜立琼也算小有名气，因为她曾经是集体上访的带头人。在把她确定为旁听市民之后，就有熟悉她的人向市人大的工作人员反映，劝他们别允许辜立琼参加，以避免她在会场上做出过激行动。这种顾虑虽然对人大领导同志有所影响，但没有从根本上影响他们的决定。他们认为，既然要体现人民当家做主，就要有勇气来听取不同的"声音"。更重要的是，旁听市民是否服从会议秩序关键还要看会议组织者和主持者能否合理地利用会议程序，来引导市民的有效参与。

为了让旁听市民尽早熟悉人大常委会会议的程序和议题，在常委会会议前两天，市人大常委会办公厅、市人大选任联系委员会组织旁听市民阅读了有关资料,向他们介绍了旁听会议的注意事项。他们建议旁听市民应该围绕会议议题作简短的建设性发言,还可以书面形式向市人大常委会办公厅提出建议,按市民谏言处理。在准备会议上,旁听市民就表现出很高的素质,他们都能够按时到会,认真地阅读有关材料,并且按照规定在离开的时候把材料交还给人大工作人员。对于那些心存疑虑的常委会工作人员来说,这无疑是一个不小的安慰。

旁听者的权益也得到了一定程度的保护。尽管是自愿参加,但是常委会给每一位旁听市民每天30元的食宿补助。这大大方便了那些居住较远的市民参加会议。常委会还给参加的市民制作了旁听证,这既能体现旁听者的身份,也能给那些来自工厂企业的参加者提供一种证明,避免他们受到误工处罚。当然,对一些市民来说,旁听证还是一种纪念性的证明。[1]

1999年2月3日,贵阳市十届人大常委会第11次会议如期举行。在12位旁听市民的注视下,常委会组成人员感到有一些紧张,一方面这是他们第一次在市民的直接关注和监督下行使自己的职责,另一方面他们也担心自己的发言会引起旁听者的不满,甚至引起会场秩序的混乱。[2] 因此,除了在会前做了精心的准备外,在会场上他们的发言也比以往更加简练,更具有针对性。[3] 会议的主持者严格按照会议规则组织会议,不给任何发言者拖泥带水的机会,使整个会议进程显得非常紧凑有效。发言者的良好表现和会议的有序高效也对旁听者产生了积极的影响,使他们生动地了解了常委会的运作和认真的工作态度,增加了对人大常委会的新认识。[4]

---

1. 参加首次旁听的郁钟铭老师在接受采访的时候说:"这小小的旁听证,只有12个,来之不易,一定要积极准备,不辱使命"。濮振远、罗扬:《市民旁听昭显民主进程》,载《中国人大》,1999年12月8日,第45页。
2. 市人大常委会的有关领导在笔者第二次到贵阳调研的时候对笔者说,他们当时也特别担心混乱情况的出现,特意在会场上安排了一些便衣警察,作为防范。
3. 2001年9月21日下午与常委会一些组成人员的座谈。
4. 首次参加旁听的达凤莲说:"原以为当官的上班不过是一杯茶、一支烟、一张报纸看半天。今天亲眼看到人大常委会组成人员在审议时,为老百姓着想,说真话、讲实情、不走过场,真令人赞叹。"濮振远、吴利平:《让民声不绝于耳》,载《当代贵州》,2001年第11期,第52页。

常委会成员发言结束后,开始旁听市民发言。12名市民争先恐后地举手,希望自己成为第一个发言者。"女士优先"原则让来自贵阳中医院的达凤莲医生获准第一个发言。她对人大工作提出了三点建议:支持旁听制;希望这次旁听不仅是试行,而且要坚持下去;依法治市,加强监督力度,希望市民代表参加相关项目的监督检查,进一步增加透明度。[1] 在她发言之后,其他市民也分别就自己关心的问题依次发言,秩序井然。当初一些人担心的旁听者反映个人问题、发泄个人不满的情况并没有出现。旁听者的发言针对的都是一些社会关注的问题,比如"农村计划生育工作如何发挥村委会的作用"、"实行执法检查公示,邀请市民参加"等。12位市民共就4个方面的问题提出了15条建议。市民的发言不仅反映了普通市民的关注热点,也对常委会成员产生了较大震动,丰富了他们对一些问题的认识,更深入地了解到普通人的所思所想。

为了扩大首次市民旁听的社会影响力,贵阳市人大常委会在旁听前(1999年1月22日)专门召开了新闻发布会,呼吁新闻媒体关注和宣传这项活动。[2] 在首次旁听成功举行之后,《经济日报》、《贵阳日报》、《贵阳晚报》、《贵州商报》、《贵州都市报》、《中国妇女报》、《人民代表报》、《法制日报》等报刊都对旁听进行了详细报道。市人大也及时总结首次旁听的经验,1999年2月14日由贵阳市人大制度工作研究会召开了"市民旁听市人大常委会议"专题研讨会。1999年3月2日,中央电视台的《新闻30分》节目也对该活动进行了报道。在报道中记者采访了全国人大常委会办公厅新闻局常务副局长郑允海,他对贵阳市人大的做法表示赞赏和肯定。[3] 这大大坚定了贵阳市

---

1. 达凤莲:《旁听之后》,见李长兴主编:《二十春秋人大路》,贵州:贵州教育出版社2002年版,第389页。
2. 常委会副主任濮振远在新闻发布会上说:"各新闻单位从今天的会议起,希望投入力量,大力宣传实行市民旁听制度的意义;及时在媒体上发布公告;对旁听的过程进行纪实性的生动报道;对会后产生的效果作跟踪报道,扩大影响,使市民旁听常委会议的制度不断完善发展,推进依法治市工作不断深入。"
3. 王芳、贺讯:《"市民旁听制度"上中央电视台》,载《贵阳晚报》,1999年3月3日,第8版。

人大常委会把市民旁听会议并发言的做法坚持下去的信心。

在中国,由于面临一些紧迫性的问题,地方必须打破陈规,找到解决问题的新办法。而这些带有创新性的做法往往又无法在现有的政策规定中找到明确的依据,甚至在某些方面与现有的政策规定存在矛盾,因此缺乏官方的合法性证明。这是地方创新面临的一个普遍性问题,也是许多创新无法持续推进的重要原因。在现有体制下,地方也有寻求合法性证明的其他途径。这些途径包括:(1)通过各种方式接近上级部门,特别是上级主管领导,劝说他们到创新地参观或者就这种创新发表讲话,以表示上级部门默许或公开认可这种创新做法;(2)通过各种新闻媒体,尤其是中央级的媒体进行报道。一方面引起更多人的重视,另一方面也可以用上级媒体的报道作为行为合法性的佐证;(3)广泛征求当地居民的支持,使创新体现出为民谋福利或实现人民群众当家做主的原则,从而获得意识形态原则性的证明。同时,群众的广泛支持也能成为创新者回应反对者的客观理由。

从贵阳市人大常委会准备和运作市民旁听的整个过程来看,有关人员非常娴熟地运用了上述三种获得合法性的方法。使市民旁听常委会并发言的做法得到了上级——全国人大常委会的认可,赢得了广大市民的支持,引起了新闻媒体的重视。上级、市民和媒体共同构成了对这种做法的支持力量。这种支持反过来又鼓励了常委会内部人员,使他们愿意把这种做法坚持下去,实现制度化。

1999年6月24日,贵阳市第十届人大常委会第14次会议通过了《贵阳市市民旁听市人大常委会会议规则》,把市民旁听作为一项制度确定下来。该规则把首次旁听的做法基本上都保留下来,并且还规定了在贵阳投资的港澳台同胞也可以参照该规则参加旁听。

到2002年11月,贵阳市第十届人大常委会共举行了41次会议,如果从第11次会议首次实行市民旁听算起,已经举行了31次旁听,共有1300多人报名，旁听人数达到 372 人次。其中有一些市民参加过多次旁听。[1] 为了更好地听取市民的意见建议，贵阳市人大常委会还接受会上没有机会发言的市民的书面意见或建议，把它们作为市民谏言，写入"民情、民意、民智"简报，或者转交给信访部门处理。

在过去 4 年中，市民旁听作为一种制度已经被固定下来，不仅是贵阳市人大的工作日程的必要组成部分，也成为贵阳市民了解政治的一个窗口，逐渐融入了他们的日常生活中。市民旁听制度之所以能够稳定地持续下去，除了得益于启动前的充分准备和有利的制度结构外，还在于其运行实际上形成了一种良性的学习过程。在这个过程中，常委会组成人员、常委会工作人员、政府官员、市民以及媒体通过直接的、面对面的互动形成了一种有效的"剧场效应"，相互监督，相互推进，使该制度的效能充分发挥出来，并且对涉及的各方收益都没有产生伤害，反而提升了主要方面的收益。

在这个"剧场"中，常委会工作人员是剧场的服务者，常委会组成人员、参加述职的政府官员无疑是剧场上的主角，而市民和媒体则是剧场中的观众和评论者。在以往的会议中，只有常委会组成人员和政府官员的表演，没有观众和评论者。无论这些角色表演得如何，都没有人鼓掌叫好或者喝倒彩。在这种缺乏关注和监督的情况下，演出者和服务者都不会重视自己扮演的角色，往往造成会议的流于形式。一方面，常委会组成人员不考虑如何更好更有效地运用自己的法律权力，政府官员则不重视人大的意见，另一方面，服务者也可以按部就班，用老方法办事。

增加市民旁听，吸引更多媒体的关注无疑为一度平平淡淡的"剧场"注入了活力。市民和媒体迫使常委会组成人员和政府官员来认真地对待每次"表演"，而常委会工作人员也需要精心安排会议，以满足表演者和观众、评论者的要求。

---

1. 比如已经 87 岁的张福生、退休干部郭元良参加过 4 次，社区工作者田坎坎参加过 3 次。

民主管理
Democratic Management

在这个"剧场"中，各方无疑都获得了不同程度的收益。常委会组成人员的充分准备不仅提高了发言的质量，也提高了会议的质量。[1]而且他们提出的一些引起市民共鸣的意见和建议能够得到政府部门的认真对待（这尤其体现在对政府官员的评议上），他们的法定权力得到了有效实现。这进一步增强了他们支持市民旁听制度的决心；政府官员增加了对人民代表大会制度乃至国家的政治制度的知识，提高了法律意识，也一定程度上增强了在公开场合发言和辩论的能力；常委会的工作人员则借助常委会威信的提高增强了对人大工作的兴趣；媒体从人大工作中获得了更多有吸引力的消息，丰富了报道的范围，提高了报道的深度。[2]

在这个"剧场"中，直接获益者是旁听的市民。这具体体现为两个方面：一是参加旁听是人民群众当家做主原则的具体化。市民通过直接参与不仅了解了人民代表大会的基本运作过程，也可以对常委会成员、人民代表以及政府官员进行面对面的监督；二是参加旁听也是一种有效的政治社会化形式。以往，许多市民根本不了解也没有机会了解国家的基本政治制度，不仅对国家政治生活陌生，而且有畏惧感和不信任。[3]这非常不利于政治的整合，尤其容易导致官员与市民关系的紧张。让市民参与，不仅使他们亲身了解了官员的工作情况，而且也能切实感受到自己在制度中的地位，即使在参加会议前

1. 贵阳师专的退休老师刘宗棠一直倡导研究"会议学"，来提高中国会议的质量。他在参加完旁听后是这样评价常委会会议的。"上下午都准时开会，发言者基本上都能针对议题简明扼要地发表意见，有的发言水平相当高，显然是经过深入思考、切实研究和认真准备的。会议议而有决，通过讨论和审议及时地作出了有关决定。"（刘宗棠：《精彩的会议》，见李长兴主编：《二十春秋人大路》，贵州：贵州教育出版社2002年版，第390页）。
2. 笔者在与当地媒体的记者座谈时，他们都说，从贵阳市人大实行旁听制度以来，人大报道的"热点"和"亮点"增多。这一方面迫使他们学习与人大有关的各项法规制度，另一方面也要不断地人大来，以了解更多信息。他们开玩笑地说，有好几个同事就是因为报道人大工作而获奖的。显然，即使对从事新闻工作的个人来说，这种容易产生新闻冲击的地方也应该是他们应关注的地方。
3. 笔者在贵阳作调查时接触到的参加过旁听的市民许多都是抱着看一看、试一试的目的来的，在他们的印象中，人大不过是"养老院"、"橡皮图章"。比如太平洋保险公司贵州分公司的职员宋耘在文章中说，以前我对人大的看法是："一群革命老干部，已经干不动其他工作了，就到一个叫做'人大'的部门去混日子、打发时间；他们说的话谁愿听谁听……多半也没人听。"旁听之后感觉："人大一是一、二是二地拍板定事，完全出乎我的想象。"（宋耘：《我心中的人大》，见李长兴主编：《二十春秋人大路》，贵州：贵州教育出版社2002年版，第373页）。

有伸张个人不满和利益的想法,也在严肃的会议环境下不知不觉地把自己转化为市民群体的代言人角色,能够表达一个群体的意见。[1]更重要的是,参加旁听的市民也把自己的感受传达给了家人、邻居、同事以及熟悉的人。这既是对人大制度的宣传,也是一种间接的政治社会化。

经过4年的运行,贵阳市市民旁听人大常委会并发言的做法在程序规定和具体落实等方面已经非常成熟,并且推广到了贵阳市的区县人大常委会以及贵州省人大常委会。[2]但依然可以在一些细节方面进一步改进和完善。具体来说有:(1)"市民旁听"说法有一定的误导性,很容易把参加者只局限在有贵阳市户口的居民范围。而市人大常委会讨论的一些议题和法规不仅和贵阳市居民有关,而且也与生活在贵阳的外地人有关,甚至有直接关系,比如流动人口管理、对外来投资的管理等。有的旁听市民建议把"市民旁听"改为"公民旁听"。理由有二:一是年满18岁的人已经成为"公民";二是这样能更好地体现我们民主政治的特点。[3]而从旁听制度的目的来看,也是为了提高公民的政治素质。因此,强调该制度的"公民性"更有必要。(2)在会场空间允许的条件下,增加旁听席位。贵阳市人大常委会的领导告诉笔者,当新的常委会大楼建成后,新的会场空间更大,可以考虑增加旁听席位。(3)在条件成熟的情况下,开放人民代表大会,允许市民旁听。人民代表大会是全体人民代表参加的大会,讨论和决定本行政区域内最重大的事项。开放人民代表大会更能体现人民当家做主的原则,提高政治的透明度。(4)利用多种渠道方式宣传"旁听"制度,吸引更多的公民特别是年轻人参加。从旁听者年龄结构来看,老年人偏多。这一方面由于他们退休后有很多空余时间,另一

---

1. 参加过旁听的市民陈跃说:"我参加'旁听'是直冲《贵阳市建设拆迁管理办法》的,但在整个过程中我逐渐淡忘了自己的个人利益,不知不觉地融入了为民代言的行动中。"(陈跃:《"旁听"的洗礼》,见李长兴主编:《二十春秋人大路》,贵州:贵州教育出版社2002年版,第388页)。
2. 省人大常委会虽然实行了市民旁听,但不允许市民发言。而且负责办理旁听手续的机构是人大办公厅的保卫处,这与贵阳市人大常委会的选举任命联络委员会负责形成了鲜明的对比。
3. 摘自《贵阳市人大常委会市民旁听制度》(资料汇编)。

方面许多年轻人对政治缺乏兴趣。在继续实行自愿报名原则的情况下，考虑发挥一些组织比如共青团、学生会等的作用，有计划地组织年轻人参加旁听。

三、联动性创新与挖掘制度潜力

以"市民旁听"为突破口，贵阳市人大常委会开始了一系列联动性的创新举措。基本上每年都有新思路、新举措、新办法。在有效发挥人大常委会的法定权力、实现公民政治参与、切实落实人民群众当家做主原则上体现了思想的前瞻性、方法的创造性和工作的开拓性。这些创新相互联系，互相支持促进，形成了良性的互动关系，提高了人民代表大会制度的绩效。

具体来说，这些联动创新有以下几个方面：

1. 增加民意表达的便利渠道。在公民意见表达上，城市和乡村是完全不同的。在乡村，由于居住的集中、人际关系的密切以及个人时间的充裕，许多公民更愿意到政府直接面对官员表达自己的意见。而在城市，这些条件都不充分，必须建立更正规、更便利的渠道，为公民表达不同看法和意见提供帮助。贵阳市人大常委会1999年6月4日在贵阳市中心设立了市民谏言信箱，接受市民对政府、法院、检察院提出的建议和批评。每隔一天，人大办公厅的工作人员定时开箱。[1]《贵阳日报》的"民主与法制"专版以及常委会主办的《人大工作》也被利用起来，从中收集意见、建议。在获得这些信息后，有关人员进行分类整理，根据来信反映的问题，或者交给常委会的专门委员会进行调查，或者反馈给有关部门参考。而对于属于"一府两院"职责范围又必须解决的，人大办公厅信访部门编印《民情·民意·民智》简报，在两日内反馈给"一府两院"，并要求及时认真办理。从设立市民谏言信箱以来，共收到人民群众来信75件，编印《民情·民意·民智》简报15期。许多部

---

1. 钟耘：《谏言信箱立闹市》，载《人大工作》，1999年第3期，第45页。

门在收到简报后都比较重视,给予了及时回复。

2. 立法公示制度。1999年3月2日,贵阳市第十届人民代表大会第三次会议通过的《贵阳市人大常委会工作报告》明确提出:"进一步实行立法公示制,凡是和人民群众切身利益密切相关的重要法规,要公布草案,广泛征求人民群众的意见,使立法的过程成为集中民智的过程,成为法制教育的过程。"立法公示制根据法规草案规范的内容,采取不同方式征求各方意见。征求意见的方式主要有四种:(1)对涉及行政管理面较窄、管理相对人集中的法规草案,采取召集行政相对人代表进行论证,比如《贵阳市道路货物运输管理办法》(1999年);(2)对涉及特殊群体、弱势群体代表权益保护的法规草案,采取召集特殊群体、弱势群体代表座谈征求意见,比如《贵阳市残疾人保障规定》;(3)对涉及争论较大、问题集中的法规草案,采取召开听证会进行听证,比如《贵阳市汽车维修业管理办法》;(4)对涉及群众切身利益的重要法规草案,采取在报上公布法律法规草案,征求全市人民的意见。比如《贵阳市绿化条例》是第一个向全市公示的法规。《贵阳市房屋拆迁管理办法》在公示中征集了近300条意见,是收集意见最多的一个法规。到2001年7月,已经对10部地方法规进行了公示(见表3),提出各类意见800多条。

从已经实行的公示活动来看,基本上实现了以下几个目的:(1)有利于立法机关收集来自各方面的尤其是利害相关人的意见,防止立法强化部门利益的倾向。《贵阳市促进非公有制经济发展办法》的出台以及《贵阳市汽车维修业管理办法》的流产是这方面的典型例子。[1](2)有利于公民利用公开的质

---

1. 《贵阳市促进公有制经济发展办法》是由市政府为了响应"西部大开发"的号召在2000年4月26日提交人大常委会审议的。在审议过程中,常委会委员对该办法提出了严厉的批评,指出它"重管理,轻服务",只能阻碍非公有经济的发展,并且反映了立法部门的观念落后以及对本部门利益的维护。在会议上委员们对该办法提出了60多条修改意见,并且提出要把该办法从"管理型"变成"服务型"。此后在5月中旬,常委会法制室和财经委在市工商联的协助下,到60多家非公有制企业进行座谈,并且对草案进行了5次修改。并且在《贵阳日报》上从5月19日到31日期间进行公示。最后收集意见186条。经过修改的办法最后在2000年6月27日的第21次会议上被全票通过。2000年7月21日,贵阳市人大常委会就《贵阳市汽车维修业管理办法(草案)》举行了立法听证会,共有38名代表参加。在听证会上,代表对该草案体现的部门利益进行了激烈辩论,最后导致交通部门自动撤回该办法。

民 主 管 理
Democratic Management

证论坛，向立法机关反映真实意愿。《贵阳市房屋拆迁管理办法》的出台体现了这点。该办法从2000年3月提出到2001年11月批准通过经过了近两年的时间，收集各种意见近300条，较为充分地考虑到被拆迁人的利益。（3）有利于公民的广泛参与，提高立法的科学性和民主性，并增强公民的法治意识。在《贵阳市绿化条例》制订的过程中，许多市民通过电话来信等方式提供了修改建议，其中的一些被写入了条例，比如"城镇绿化"。一些具有地方特点的说法，比如"铲土烧灰积肥"、"焚纸烧香"、"挖树刨根"等郊县毁林方式也被写入条例，使该法规更具有针对性和可操作性。[1]

表3 贵阳市立法公示的法律法规（1999—2001）

	法规名称	公示形式	公示时间	意见数量	意见类别
1	贵阳市殡葬管理办法	座谈会	1999.4.22—4.26	65	市政府及有关职能部门42条，座谈会23条
2	贵阳市道路货物运输管理办法	行政管理相对人论证会	1999.3.10	30	20多名各类货运业代表对法规有针对性地提出建议
3	贵阳市绿化条例	报纸全民公示	1999.5.27—6.10	120	市民来电来信43条，各区县市人大77条
4	贵阳市劳动力市场管理办法	报纸全民公示	1999.9.20—9.30	70	市民来电来信24条，市政府及有关职能部门23条；座谈会23条
5	贵阳市职业教育规定	报纸全民公示	2000.10.12—10.22	36	市民来电来信10条；市政府及有关职能部门15条；座谈会11条
6	贵阳市促进非公有制经济发展办法	报纸全民公示	2000.5.19—5.31	186	市民来电来信30条；外地来贵阳投资者7条；市政府及有关职能部门30条；市政协10条；各区县人大15条；市人民代表34条；座谈会60条

1. 濮振远：《绿意更浓——〈贵阳市绿化条例〉出台前后》，载《人民日报》，2000年1月12日，第9版。

续表

	法规名称	公示形式	公示时间	意见数量	意见类别
7	贵阳市汽车维修业管理办法	立法听证会	2000.7.21		参加者包括：社会各界代表20多名，3名特邀法律咨询员以及交通局、工商局、公安局和劳动局的代表
8	贵阳市村镇规划建设管理办法	报纸全民公示	2000.9.22—9.30	70	市民来电来访25条；市政府3条；市政协4条；各区县人大15条；座谈会23条
9	贵阳市残疾人保障规定	报纸全民公示	2001.2.7—2.14	70	市民来电来信36条，市政协9条；各区县人大14条；座谈会11条
10	贵阳市房屋拆迁管理办法	报纸全民公示	2001.7.16—7.26	291	市民来电来信26条；市政府及有关职能部门26条；市政协12条；各区县人大27条；旁听市民征集会70条；座谈会130条

资料来源：贵阳市人大办公厅

3. 参与式执法检查。执法检查是人大代表的一项重要权力和职责。按照惯例，执法检查项目是由人大专门委员会向"一府两院"征求意见，然后由有关政府部门提供的，检查也是事前通知的。这种方法有明显的弊端。人大代表的行为容易被一些政府部门操纵。这些部门为了避免暴露自己工作的问题，往往会事先通知自己的管理对象，让他们做好准备。在安排检查路线、检查对象上做文章，尽量绕开问题。这样的检查时常流于形式，无法发现公众反映强烈的问题。在市民旁听过程中，已经有市民向贵阳市人大常委会提出要加强市民对执法检查的参与。[1]2000年10月15日，贵阳市人大常委会第24次会议作出了《贵阳市人民代表大会常务委员会关于加强执法检查的决

---

[1]. 达凤莲：《旁听之后》，见李长兴主编：《二十春秋人大路》，贵州：贵州教育出版社2002年版，第389页。

定》，其中第三条提出："执法检查项目……（或）向社会公开征求意见后提出。"2000年12月6日，人大常委会办公厅发布了征集2001年执法检查项目的公告，在接下来的两天里，在贵阳市主要新闻媒体上发布消息，并把37项待选项目登报，供市民参考。在10天的时间里，共接到500多个电话，收到147封来信，接受48人来访。经过认真归纳，最后确定市民意见相对集中的消费者权益保护、食品卫生管理、房地产管理、环境卫生、消防等问题作为2001年的检查对象。检查方式采取了不事前通知、明察与暗访相结合的方式，对发现的问题当场处罚。[1] 让市民参与检查项目的确定，使检查的目标更具有针对性，力度更大，不仅及时发现并解决了一些市民最为关心的问题，比如在米粉加工中添加"吊白块"，而且也督促了有关执法部门提高自己的执法水平，一定程度上减少了某些执法人员与被管理者在检查中的"串通一气"。[2]

除了上述几种做法外，贵阳市人大常委会还在信访工作、代表持证检查等许多方面进行了有益的探索。这些探索相互衔接、互相促进，为人大更有效地实现自己的权力和职能提供了合理的渠道和多样的方式，不仅使贵阳市人大常委会的工作年年有"新意"、时时有活力，吸引了社会的关注，替广大市民切实解决了许多实际问题，为加强人大工作创造了良好的社会氛围，而且也得到了上级有关部门的肯定，为进一步开展工作打下了坚实的基础。

四、公民参与和创新的制度化

从观念到措施，再到制度化，从而实现其可持续性是任何一项创新的生命周期。在中国，地方是最富有创新动力的层次，因为它处于国家与社会的交接面上，直接面对社会经济变革以及制度转型带来的诸多新问题。而旧体

---

1. 常迪娜、贺讯、王均珠：《人大执法检查欢迎市民参与》，载《贵阳日报》，2001年3月23日，第12版。
2. 尹长东：《除了监督更应服务》，载《贵阳商报》，2001年3月23日，第13版。

制、旧思路和旧方法无法为地方提供解决这些紧迫问题的指南，它们必须进行创新。根据自身实际情况创造新方法或者把从其他地方学到的方法进行创造性应用就成了地方的两种基本创新方式。

贵阳市"市民旁听人大常委会会议并发言"从一种想法到落实为一项具体措施得到了许多因素的支持。这些因素包括：（1）人大常委会换届后，新领导人对改进工作的新思路；（2）贵阳市人大常委会领导人员组成的合理结构；（3）市委副书记兼任人大常委会主任的领导结构；（4）人大常委会工作人员长期形成的学习习惯；（5）人大常委会权力具体落实的巨大制度空间等。

就贵阳市"市民旁听人大常委会会议并发言"的做法来说，它是一种学习型的创新。这体现在两个方面：一是该做法来自贵阳市人大常委会向大连、武汉等地的学习，并在学习的基础上进行了创新；二是在该制度的实行过程中，相关各方都获得了学习的机会并从中获得了收益。在市民旁听制度实行之后，贵阳市人大常委会还在立法公示、公民参与执法检查等方面进行了探索。这些探索相互联系互相支撑，使贵阳市人大常委会的各项工作具有了联动性，形成了创新过程中的规模效应。

总之，参与各方的获益，其他措施的支持，是市民旁听制度保持可持续性的条件。而积极开拓公民参与的有效渠道，让公民在参与中理解人大工作、支持人大工作，则是这些条件中的根本。

（原载俞可平主编：《地方政府创新与善治：案例研究》，北京：社会科学文献出版社2003年版）

深圳市南山区月亮湾片区"人大代表联络工作站"*

陈　文（深圳大学当代中国政治研究所）
黄卫平（深圳大学当代中国政治研究所）
汪永成（深圳大学管理学院）

　　随着经济市场化改革的深入推进和市场开放化程度的逐步提高，我国的社会结构及其政治和行政生态发生了深刻变动，城市基层的社区形态也正在经历一个复杂的转换过程，这主要表现在新兴利益群体的出现、房屋产权制度改革的推行、社区主体构成的多元化、基层组织管理方式的变革、社区居民观念意识的变化诸方面，深圳市南山区月亮湾片区也经历了在这一宏观背景下社区形态的演变和发展逻辑。

　　在一定意义上，"政治体系之所以是现代的，是因为它们依靠于独特的、难以逆转的社会经济变化的结果。这种变化从多方面影响了政治体系。总的来说，这些变化既大大提高了为解决新问题而协调社会行动的需要，又大大

---

* 原标题为《"组织（机构）吸纳"的现实运作——以深圳市南山区月亮湾片区"人大代表工作站"为例》，本文略有删节。

增加了社会成员扩大政治参与和广泛政治要求的可能性"[1]。社区居民利益来源的日益市场化，房产利益关系的契约性和商品化，以及公民的权利维护意识、民主法治观念和平等竞争精神的觉醒，促使居民自发参与社区公共事务的积极性日益提升，权益维护行动逐渐增多，且开始表征出一定程度的群体性和组织化色彩。因此，顺应当今社区变迁的特点和趋势，充分利用和挖掘现行体系中的民主因素和制度空间，将民间的权益诉求纳入到现行体制框架内有序释放，并从制度层面及国家治理的高度建立健全适应性与主动性兼备、立体化和多元化并存的民意吸纳机制就显得尤为必要。

深圳市南山区月亮湾片区"人大代表联络工作站"的实践探索，在一定程度上为解决社区矛盾和冲突、收集和整合民意、搭建民众与公共权力系统的沟通和交流平台，以及协调城市基层各方利益主体之间的关系等方面发挥了积极作用，南山区人大及南山街道办准予该工作站正式挂牌和开展日常工作，并给予了其一定的活动空间和资金支持，这实际上采取了一种较为有效的"组织（机构）吸纳"的体制吸纳方式，将正处在组织化过程之中的、暂时又没有正式编制和明确法律地位的群众性组织纳入到了现行政制的管理范围之内。本文试图结合"人大代表联络工作站"的形成原因与现实运作，从民间权益诉求的增长与公共权力系统吸纳民意的双向维度，对"组织（机构）吸纳"这一体制吸纳形式进行探讨和分析。

一、发生背景：社区形态的转型与业主的权益行动

改革开放之后，随着城市化进程的加快以及住房商品化和市场化改革的深入，我国城市基层社会正处于深刻变化和转型之中，不同利益群体间的矛

---

1. [美] 加布里埃尔·A. 阿尔蒙德、小 G. 宾厄姆·鲍威尔：《比较政治学：体系、过程和政策》，曹沛霖等译，上海：上海译文出版社1987年版，第230—231页。

盾与冲突客观存在，居民的权益维护行动频发，"人大代表联络工作站"也正是在这一宏观背景下出现的新兴现象，实际上是多方利益主体在解决片区矛盾和公共问题过程中的博弈产物，在一定意义上体现出业主权益维护意识的觉醒与自治需求日益增长的现实逻辑。

在实行住房体制改革之前，我国城市社区居民的住房是国家和企事业单位按照社会福利形式，以低租金或无租金的方式分配给居民的，不但房屋产权归属国家和企事业单位所有，而且小区管理诸方面都是由单位的房管部门或政府的相关部门来负责，此种住宅分配和管理方式具有极强的行政管理和单位体制色彩，由于利益的依附性并受传统意识形态的限制，居民的活动方式与范围较大程度上受到传统单位体制的束缚与制约。

但是，随着住房商品化和市场化改革的推行，住房产权制度发生了深刻变化，业主与房地产开发商及物业管理公司之间表现出一种市场交易关系，住宅房产开始成为社区业主的一种私有财产形式，传统计划体制下的单位居民逐渐演变为拥有私有房产权的业主，居民住房利益来源日益市场化和商品化，这将在根本上对传统的社区管理模式起到解构和弱化作用。改革开放之初，月亮湾片区是作为工业用地来规划的，由南油集团负责开发和经营，当时居民数量较少，其住房主要是通过单位分配，2002 年南山区政府正式接管该片区，由于住房商品化改革的推行，房地产开发持续升温，片区内相继兴建了月亮湾花园、月亮湾山庄、太子山庄、南山花园、山海翠庐、山水情、观峰阁、丰泽园、青青山庄、太子苑等 12 个商品房住宅小区，共有 5 万多居民，业主群体逐渐成为片区的重要主体，这在一定程度上对片区构成及其社区管理模式产生了深刻影响。

业主群体的出现只是城市基层社会发生变动的一方面，而更为深刻的变化发轫在基层社会形态和社区管理模式的嬗变过程之中，主要体现为传统计划体制中的"单位社区"正在向"商品房社区"全面转型，月亮湾片区的发展轨迹也折射出基层社会的此种变动逻辑，经历了商品房社区与工业区相混合的城区形态的变化过程。在一定意义上,"社区与单位组织的最基本差别是:前者是'居住单位',而后者则是一个'生产单位'。更为重要的,这种'居住单位'是人们自由选择的结果,是基于一定的产权、契约和利益关系而形成的,是一种权利的空间;而传统的'单位组织'作为'生产单位',是权力与计划安排的结果,是基于一定的制度、组织和使命而形成的,是一种权力空间"[1]。与传统计划体制下的集权式单位管理体制相异,商品房社区在根本上是由拥有私有房产权的业主自由聚居而成的,由于利益的一致性和同构性,他们一般对社区公共问题持有相同或相似的看法和观点,由于住宅区固有的集聚特点以及利益的一致性,业主开始具备一定的集体行动能力,这在一定意义上也正是促使"人大代表联络工作站"得以产生的民间动力。

商品房社区的出现一方面导致社区形态发生了重要变化,同时又促使业主群体的权益诉求日益增长。由于业主的房产利益脱离了"单位体制"下的分房机制,主要是依据市场规则通过契约形式而获得,因此他们对关乎其切身利益的社区问题一般比较关心,其活动的形式也相对自由,这也正是居民进行权利维护行动的内在诱因。对大多数业主而言,房产可能是倾其所有积蓄甚至透支未来而得到的最大一宗财产,因此,业主有着较强烈的维护其权益的诉求,加之社区是家庭成员日常生活的主要场所,希望和争取良好的居住环境也就成为居民的共同心愿,谋求相应的社区自治权利亦为必然之势。月亮湾片区居民对房产保值增值的关心,以及对环保、治安、交通等公共问题的长期关注,并积极参与社区公共事务管理的事实,也反映出业主权益诉求增长的现实演绎。

同时,业主自发的组织化联合趋向日益明显。值得注意的是,由于受体制不完善、法制不健全等原因的影响,业主的合法权益往往需要一个"合法化"的过程方可能实现,费尽周折的艰难维权过程促使其开始注意到联动和

---

1. 林尚立:《社区:中国政治建设的战略性空间》,载《毛泽东邓小平理论研究》,2002年第2期,第45页。

组织化的必要，特别是在其居住利益遭受具有高度组织化的开发商、政府相关部门、企业等方面的侵害时，自发成立业主委员会已经成为业主维护自身合法权益的强烈诉求，业主委员会开始成为社区管理活动中的重要博弈者，彼此支持、共同宣泄、联合行动和组织化色彩初见端倪。仅就月亮湾片区而言，13个商品房住宅区中大部分相继成立了业主委员会，"人大代表联络工作站"的13名联络员中有4人为住宅小区业主委员会的主任，2人为业主委员会秘书，这在一定程度上既反映出城市新兴群体权利意识的觉醒，社区中草根民主因素开始萌发，又折射出新兴社会组织或机构形态正在组织化过程之中。

伴随着新兴利益群体的出现及其权益诉求的增长，社区矛盾和问题客观存在，居民合法权益受损促使其开始自觉诉诸现实的维权行动。随着"一些非公有制企业、社会团体和民办机构在街道社区落户，离退休人员、待业人员、外地务工人员大量进入社区，社区成了各类矛盾反映比较敏感的汇聚地"[1]。类似的矛盾和问题也发生在月亮湾片区，环保、治安、交通、物业管理等一直以来就是居民最为关心的问题，居民与工厂之间的争议客观存在，群体间的利益矛盾和纠葛由来已久，片区部分居民曾几次自发进行抵制，并出现了一些过激行为。2002年5月，在获悉原位于西丽的垃圾发电厂将迁址月亮湾片区时，大多数居民的反对意见较强烈，有的业主打算集体到政府上访，有的欲在选址地静坐，有的还拉起抗议横幅进行抗议，对抗情绪和现场气氛十分紧张。社区形态的转型及其所伴随着的各种矛盾和问题，加之新兴利益群体的较为强劲的维权行动，必然会给传统的高度行政化的社区管理模式提出现实挑战，在根本意义上将对基层党和政府的执政和行政方式提出了更高标准，这在一定程度上也要求公共权力系统提供官方动力，对民间权益诉求予以积极回应，从而争取将民间的权益诉求和民主冲动纳入现行体制框架内来有序释放。

---

1. 江泽民：《江泽民文选》第三卷，北京：人民出版社2006年版，第21页。

二、现实运作:"人大代表联络员"与"人大代表联络工作站"的出现

"迁址事件"的发生一方面反映出之前民意沟通渠道的不够畅通,利益群体之间的协商平台暂未建立;另一方面也折射出多方利益主体间的复杂博弈关系,作为政府首先关注的是要保持社会稳定,居民关心的主要是居住权益的实现,而企业主要是从实现经济效益的角度来考虑问题。因此,协调各主体之间的关系以避免事态的恶化、维护社会稳定就成为公共权力机关的首要任务,同时也需要建立社区多方主体参与的长效协商机制,从而在一定程度上为"人大代表联络员"方式的实行及"人大代表联络工作站"的设立提供了官方动力,现将其运作方式及其策略试作阐述。

(一)官方精英的推动

从一定意义上而言,国家现代过程中,"在一个政治体系中,无论存在什么样的政策推动力,都往往集中于政治行政领导部门"[1]。而"政治行政领导通常执行重要的体系功能……在执行功能过程中也具有决定性的意义"[2]。由于我国独特的政制安排及其相应的政治和行政文化的长期积淀与传承,加之现行公共权力系统在社会转型期对社会稳定的强调与注重,政治行政部门及其领导在改革过程中往往具有决定性意义,其思考问题的角度与行事方式对于基层民主的发展路径与向度也有着重要影响。

---

1. [美]加布里埃尔·A. 阿尔蒙德、小 G. 宾厄姆·鲍威尔:《比较政治学:体系、过程和政策》,曹沛霖等译,上海:上海译文出版社 1987 年版,第 309 页。
2. 同上,第 307—308 页。

从形成的全过程来看,"人大代表联络员"的出现,以及"人大代表联络工作站"的设立都离不开官方精英的驱动。

首先,南山区政府及南山街道办领导对"迁址事件"高度重视。事件发生后,对公共权力系统而言,怎样恰当介入和妥善解决这一事件当时确实颇为棘手,一方面居民的激动情绪急需安稳,与居民进行沟通迫在眉睫;另一方面垃圾焚烧厂的迁址是为了缓和深圳垃圾清理的繁重环保压力,而且这一计划已经通过了政府的批准,因此放弃该计划也不现实。事件发生后,南山区政府及南山街道办高度重视,安排了主要领导专门负责应对和处理,以街道办党工委书记、办事处主任张联辉为代表的基层领导多次深入社区与居民直接沟通。

其次,片区内的一些人大代表在促成这一事件的顺利解决过程中发挥了积极的疏通和引导作用。南山街道办基于对这一事件的敏感性和复杂性的考虑,于是立即发动片区内的一些人大代表深入到社区进行实地调研,在详细了解情况后,通过人大渠道向市政府反映了月亮湾片区存在的现实问题和矛盾,引起了市领导及相关部门的高度重视,从而为此事件的妥善处理提供了更高层次官方精英的推动力。

再次,基层党和政府在协调各利益相关方的意见和态度上发挥了积极的组织和调和作用。在南山街道办的主持下召开了由居民、业主委员会负责人、政府相关部门领导、企业代表等多方参与的协调会,大家就解决"迁址事件"进行了热烈讨论,在片区内享有较高威信的敖建南提议组织一个居民代表团到其他地方考察垃圾焚烧发电厂对环境的影响及其解决措施,最后政府和企业接受了这一建议。2002年11月,南山区政府组织了一个由居民代表、人大代表、政协委员组成的代表团到韩国、日本、澳门的垃圾焚烧发电厂进行了实地考察,考察结果显示,只要按照相关标准建设的垃圾焚烧发电厂并不会污染环境,后来在保证居民参与环保监督的前提下,电厂最终顺利开工。一定程度上,南山街道办组织的此次协调会具有转折性意义,在各方利益主体之间逐渐营造了互信和协商氛围，同时为日后建立以"人大代表联络员"为基础的片区联席会议机制起到了启迪作用。

最后，以张联辉为代表的基层官方精英在创新民意沟通渠道和形式方面发挥了主导作用。"迁址事件"等社区矛盾的出现，致使南山区政府及南山街道办开始认识到月亮湾片区存在问题的日益错综复杂性，若不能建立起党和政府与居民的有效沟通渠道，以及多方利益主体间的经常性意见交换机制，势必会影响社区的稳定与和谐。时任南山街道办党工委书记、办事处主任的张联辉为代表的官方精英，萌发了在社区招募政治上靠得住、思想上愿合作、民意上有威信及活动上有能力的热心人士担当"人大代表联络员"的想法，于是，在他看来"至少不会把事搞砸"，在片区享有较高声誉、行事较理性和稳妥的敖建南便进入了他的视野，"月亮湾人大代表联络工作站"作为原来就已经设置在街道办的人大代表工作室的延伸而开始浮出水面。

（二）社区活动精英的参与

在国家现代化和民主化进程中，"当一个社会经历了经济和技术变化，当它获得了与这些变化过程相关的态度时，就会出现导向更高程度利益表达的倾向和行动手段。极有可能产生的结果就是参与和分配问题的出现"[1]。一方面，民众参与公共事务的动力逐渐累积和增长，参与的积极性也将随之提升。另一方面，这种参与必然是在特定的政治体系中进行的，利益群体之间不可避免存在各种利益矛盾甚至冲突，因此，进行协商民主基础上的相互妥协对于实现彼此的合法利益以及国家进行有序民主化就显得至关重要。在亨廷顿看来，妥协一般是通过有条件的温和交易而得以实现的，他指出："在多数实

---

1. ［美］加布里埃尔·A. 阿尔蒙德、小 G. 宾厄姆·鲍威尔：《比较政治学：体系、过程和政策》，曹沛霖等译，上海：上海译文出版社 1987 年版，第 232 页。

现民主化的国家,最重要的妥协或许是所谓的'民主交易',即在参与与节制之间的交易。"[1]而在这种参与和节制的平衡过程中,各方利益群体中的精英往往有着独特作用,在交易与谈判时他们扮演着较为关键的博弈者角色,其见解和个性对于引领民众参与公共生活的方式、协调各方利益关系常常有着重要影响甚至具有决定性意义。

在月亮湾的基层民主实践中,一批既懂政策方针及体制运作又具有较高活动能力的社区活动精英发挥了重要的沟通和代言作用,并具有较高的组织和博弈能量,他们的积极和理性参与对促成"人大代表联络员"方式的出现发挥了重要作用。

第一,从"人大代表联络员"的构成来看,他们中的大多数是在片区居民中享有较高威望的活动精英和意见领袖,他们或是业主委员会的主要负责人,或是长期热衷于社区公共事务的热心人士,都是"说话算得了数的"人物,具备较强的组织和号召能力,在片区里拥有较广泛的民意支持和群众基础。

第二,多年的维权经历和经验促使敖建南等一批社区活动精英逐渐认识到,极端和激烈的对抗方式往往难以促成事情的圆满解决,因此转而寻求理性和协商方式进行利益表达与权利维护。2001年6月,当时就在小区内享有较高知名度的敖建南曾以南山区国土局错误登记房产使用年限为由,将其告上了法庭,费尽周折,最后终于胜诉,迫使其变更了《房地产证》及权属资料,并象征性地获赔复印资料费用1元,虽然官司赢了,但他为此付出的时间及精力成本颇大,而且因为此事与国土局的关系也搞僵了。因此,在"迁址事件"中敖建南开始主张以理性和温和的方式与各方进行交涉,以争取事情的协商解决,他在考察回来之后还将所见所闻制作成了12块展板,在社区里巡回展出,向居民宣讲和解释,在一定程度上缓和了居民的激烈情绪,最

---

[1]. [美]亨廷顿:《第三波——20世纪后期民主化浪潮》,刘军宁译,上海:上海三联书店1998年版,第207页。

终促成了此事件得以较顺利的解决。

第三，主要的联络员大多数是原国有企业的离岗、下岗和退休员工，或是退休后从内地来深圳生活的党政机关、文教事业单位的干部，他们受到了党组织多年的熏陶和教育，对现行政制有较强的心理认同和留恋，对政治体系的运行方式有着较深刻的理解，同时对体制的运作规则和党纪国法比较熟悉，相对一般居民而言更具备理性和温和领导社区居民有序维权的动机和能力，如敖建南、李志芳、刘振祯等都是在国有企业或是在党政部门工作多年的老共产党员，这在一定程度上也为其被推荐为"人大代表联络员"提供了政治上和意识形态上的信赖感。

（三）人大制度的发展空间

制度的供给及其可操作性对于基层民主的发展具有决定性意义，在一定程度上，人民代表大会制度的政体规定及其发展空间，为促使"人大代表联络员"新现象的出现，以及促成日后"人大代表联络工作站"的成立，提供了一定的制度供给和活动空隙。

其一，在现行政治体系中，人民代表大会制度是我国的根本政治制度，宪法中有关人民行使国家权力的制度性规定，为公民自发参与社会公共事务提供了法理依据和制度空间。

其二，人大制度文本中的诸多民主因素被公民逐渐发掘并激活。在制度设计层面，人民代表大会制度的应然价值体现为，其是公民依照法律规定、通过各种途径和形式管理国家事务及社会事务的重要制度通道。但在长期以来的实践中，一些人大代表被当成了"橡皮图章"，只是在开人大会议时形式化地举举手，没有真正发挥好人大代表应有的作用，"哑巴代表"、"零议案代表"、"挂名代表"客观存在。如今，由于利益的日益多元、民众民主法制观念的觉醒，诸多公民开始主动发掘并尝试运用这一重要的制度资源，其中蕴

涵的诸多民主因素被逐渐激活，并转化为自觉运用这一制度的现实参与行动。

其三，当今我国的政治环境相对而言逐步开放和宽松，执政党不断倡导"发展社会主义民主"，"依法治国，建设社会主义法治国家"，指出"坚持和完善人民代表大会制度，保证各级人民代表大会都由民主选举产生、对人民负责、受人民监督，支持人民通过人民代表大会行使国家权力"[1]，突出强调了人民代表大会制度在实现我国人民民主进程中的重要意义，并将"民主法治"作为"构建社会主义和谐社会"的首要内涵，从而在一定程度上启迪了人民群众自发参与管理社会公共事务的积极性。

其四，片区内一些人大代表的及时介入，以及在"迁址事件"中的深入调查和积极斡旋，促使事件得到了较为理想的解决，在实践中显现出人大代表在沟通民意方面的独特作用，这在一定程度上唤起了居民对人大代表的信赖与倚重。

其五，在月亮湾片区的基层民主实践探索中，越来越多的居民发现人大渠道是表达权利诉求的有效途径，人大制度中的民主因素及其可运用空间逐渐被居民发掘和激活，如敖建南在"迁址事件"后，深有感触地认为："与人大代表打交道后我发现，他们看问题很准，所关注的问题也容易引起相关部门的关注，这个渠道确实可以有效反映社情民意，促进有关问题的解决。"[2]并希望将此种民意反映渠道通过现实的运作而加以持续，萌生出了在居民中挑选联络员来帮助人大代表代理日常调研、反映社情民意等工作的初步想法。

由于官方精英的及时推动与社区精英的积极参与，以及一些人大代表的及时介入，人大制度的体制资源开始被激活，设置"人大代表联络员"的想法应运而生。"迁址事件"之后，2002年底，在南山街道办党工委的指导下，月亮湾片区"人大代表联络工作站"作为南山街道办人大代表工作室的延伸

---

1. 《中共中央关于加强党的执政能力建设的决定》，北京：人民出版社2004年版，第15页。
2. 赵灵敏：《月亮湾里维权精英的嬗变》，载《南风窗》，2006年4月25日，第39页。

在该片区开始进入试运行,以敖建南等为代表的5名热心人士担当了"人大代表联络员",其主要工作是代理人大代表履行日常的社区民情调研、收集和反映社区民意、撰写提案等职能,并积极领导群众以合理、合法的方式,就住宅片区的一些公共事务与有关方面进行协调和沟通,这在一定程度上体现出公共权力系统通过吸收社区活动精英,利用其扎根城市基层又具有广泛民意基础的优势,进而发挥了有效疏导和整合民意的积极意义。

三、吸纳举措:公共权力系统的积极应对

"人大代表联络员"这一形式事实上"试运行"3年后,至2005年4月25日,由13名联络员组成的深圳市第一个社区"人大代表联络工作站"在月亮湾片区正式挂牌成立。该站在新型社区的居民、党和政府相关部门、人大代表及片区企业等利益相关主体之间构建了一个沟通意见、协商对话、协调关系的多方参与平台,既有利于人大代表履行法定职责,又有利于政府通过人大渠道了解和反映社情民意,同时为居民参与社区公共事务的自治管理提供了通道,从而为公共权力系统通过体制吸纳的方式有序释放民间诉求、整合基层社会力量、化解社会不稳定因素、构建和谐社区提供了新思路,其中所蕴涵的体制吸纳举措对于渐进推进基层民主建设及其创新社区管理模式具有积极意义。

(一)政治上的一定宽容

一方面,在应对突发的"迁址事件"的过程中,为全面了解和有效疏导民众的权益诉求,南山区政府和南山街道办坚持了一种较为善意和稳妥的积极态度,并没有直接对社区活动精英及其居民进行行政强制力的干预与震慑,而是通过发动人大代表深入社区了解实际情况的积极举措,并注意吸收居民

代表参与其中，从而为客观反映居民的需求动态和活动方式，以及缓和居民的激烈抵抗情绪起到了积极的化解和疏导作用。另一方面，"迁址事件"平息之后，为求从根本上减少和解决片区内的矛盾和问题，南山区党和政府部门及人大对张联辉为代表的个别领导倡导招募社区"人大代表联络员"、对设置"人大代表联络工作站"的创新想法予以了默许，从而在观念与体制方面提供了一定的宽容空间，月亮湾片区"人大代表联络工作站"挂牌成立的事实，以及 2005 年 6 月深圳市人大常委会相关领导到工作站调研后对该站工作的肯定，并打算将这种经验向各级人大汇报并力争向更大范围推广的意向，从另一侧面反映了政治上的适当宽容对于基层社会管理机制创新所具有的独特作用。

（二）人员上的有效整合

在"人大代表联络工作站"的生成过程中，南山街道办实际上把挖掘政治上可靠且有合作精神的社区活动精英作为了整合民意的重要手段，在召开各种社区问题讨论会时专门邀请各社区的主要负责人参加，并对他们的意见和建议予以重视，如在"迁址事件"发生后召开的协调会上，当敖建南提议到其他地方考察垃圾发电厂时，政府满足了其合理要求，从而为这一事件的顺利解决提供了契机。同时，将各社区的活动精英召集在一起，并将其纳入体制管理范围之内也是整合民意的重要形式，如在"人大代表联络工作站"的 13 名联络员中，吸纳了 4 位业主委员会主任、2 位业主委员会秘书、4 位小区管理处的主要负责人，以及附近两所学校的主要领导。另外，因在片区中享有较高声誉并具备较强行动能力，敖建南被推荐为担当荔湾社区居委会副主任。这一系列对社区活动精英进行招募与整合的举措，一定程度上体现了通过收纳社区精英进而整合社区民情的内在逻辑，客观上是通过吸纳诸如业主委员会等新兴社会组织或机构主要成员的方式来引导民众，从而为调解、疏通和整合民意提供了便捷,同时有利于提高居民参与社区自我管理的积极性。

(三) 体制上的积极吸纳

"人大代表联络工作站"最初由普通公民所发起,由于较好地发挥了群众自治的功能,在社区治理和协调各种利益关系方面发挥了作用,有效地成为联系选民与人大代表的桥梁、纽带,实际上成为人大代表的助手和秘书,在一定程度上弥补了当今人大代表一般为兼职并没有固定办公场所、实际上无法充分和及时代表自己选区选民利益的传统制度设计的缺陷,从而赢得了公共权力系统的承认与吸纳。同时,"人大代表联络工作站"定期向街道办和区人大汇报工作,理性地向市区两级人大、政府反映社情民意,所撰写和收集的提案必须要经过人大代表的签名,这在一定意义上,南山街道办和南山区人大实际上采取了"组织(机构)吸纳"的方式加以引导和管理,较好地利用了现行体制内的制度空间,有效地将民间自发的组织机构纳入到现行体制,运用人大这一体制通道较有效地将公共权力末梢延伸到了基层社会,也反映出党组织在变动的基层社会中扩大群众基础的特定实现方式。

(四) 资源上的适当支持

为进一步完善"人大代表联络员"机制,促进"人大代表联络工作站"工作的开展,南山街道办为其提供了专门的办公场地。另外,虽然工作站的日常运作经费主要由联络员自己筹集,但区人大与街道办在专题调研、工作会议等方面也给予了一定的经费支持。同时,在日常处理社区公共事务或举办联席会议时,政府的相关部门一般会派专人参加。人大代表对工作站的相关工作也非常支持,如在2003年,当联络员集体向人大代表反映了居民要求整治月亮湾片区脏、乱、差的愿望后,张联辉、谭镜佳、胡林茂、姚正武等代表获悉后就此事进行了专门调研,并向区人大常委会和市长李鸿忠提交了关于加大力度整治月亮湾脏、乱、差的建议,得到了市区两级政府的重视与支持,从而在月亮湾片区打响了全市"梳理行动"、整治乱搭建、净化市容环境的第一炮。仅在 2004 年,"人大代表联络工作站"协助人大代表共为居民解决热点难点问题 50 多宗,敖建南也因在社区建设的积极作为于 2005 年获深圳市委、市政府颁发的"深圳市创建文明城市先进个人"奖,这在一定程度上也反映出公共权力系统对"人大代表联络工作站"工作的肯定与激励。

结 语

现阶段,随着经济市场化改革的深入推进和市场开放化程度的逐步提高,我国的社会结构及其政治和行政生态发生了深刻变动,我国的改革发展实践正处在高风险的关键时期,社会利益关系更为复杂,新矛盾新问题层出不穷。城市住房体制商品化和市场化改革的深入,导致城市基层社会的构成要素正在经历一个复杂的转换过程,社区形态也发生了深刻变化,基于房产私有权之上的业主群体逐渐成为现代社区的主体,各种新兴利益群体的出现对传统单位体制下的社区管理模式起到了一定的解构和弱化作用,居民的自治需求日益增长并开始转化为维护权益的社会行动。在有序推进国家现代化的进程中,"如果社会要成为一个共同体的话,那么每个集团的力量应通过政治体制而发挥,而政治体制则对这种力量进行调节、缓和并引导,以便使一种社会力量的支配地位与其他许多社会力量协同一致"[1]。因此,为提高我国政治体制的社会适应性和有效性,有必要从制度层面及国家治理的高度建立健全适

---

1. [美] 塞缪尔·P. 亨廷顿:《变动社会的政治秩序》,张岱云、聂振伟译,上海:上海译文出版社 1989 年版,第 10—11 页。

应性与主动性兼备、立体化和多元化并存的民意吸纳机制，切实挖掘体制内的民主因素和制度空间，激活并用好现行法律和政策范围内体制资源，切实推进民主政治发展，以尽可能将民间的参政需求和民主冲动纳入到现行体制框架内来有序释放，进而提高党的执政能力，构建社会主义和谐社会。深圳市南山区月亮湾片区"人大代表联络工作站"的设立及"人大代表联络员"制度的实行，一方面，客观上体现出业主的权益诉求日益增长的逻辑，另一方面，南山街道办及南山区人大对居民的社区自治要求和自发倡导的联系人大代表方式予以了肯定和承认，实际上采取了"组织（机构）吸纳"的体制吸纳方式，公共权力系统采取了较为主动的积极姿态，但这种方式具有较强的精英参与色彩，与真正的公民社会组织还存在一定差距，尚处于探索阶段，制度化和程序化程度仍然有待完善和提高，其发展的空间和前景也必定要受到特殊境况下产生的"组织（机构）吸纳"现实运作的相关条件的影响与制约，力求从体制上坚持、延续并完善这种体制吸纳模式是需要进一步探讨的关键问题，从总体上而言，月亮湾片区"人大代表联络工作站"的实践探索找准了人大制度与现行政制运行过程的契合点，通过官方精英的推动、社区活动精英的积极参与，利用人大这一制度平台创新了基层社会的管理模式，有利于扩大执政党的群众基础、促进和谐社会的建构。

（原载《云南行政学院学报》，2007年第2期）

准政府身份：工会工资集体协商的"罪与罚"？
——基于浙江温岭的个案研究

龙宁丽
（中央编译局世界发展战略研究部）

一、工资集体协商：在理想与现实之间

集体协商堪称 20 世纪最重要的经济和社会制度革新。随着历史的演变，从对国家财富重新进行公平分配的最初定位[1]，到在行业自治框架内维持和促进行业稳定[2]的角色嬗变，集体协商面临着新一轮的审视。支持者认为，集体协商是一种能够部分修复自由劳动力市场之缺陷的装置，尤其是当劳动力市场供大于求、雇主之间在雇佣过程中缺乏实质性竞争的情况下，通过将特定生产单位中的员工组织起来，以于己有利的解决方式来约束雇主的行为，同时，集体协商也是员工参与到工作条件中行使自我决定权的一种民主过程。[3]

---

1. Robert P. Duvin, the Duty to Bargain: Law in Search of Policy, *Columbia Law Review*, Vol. 64, No. 2, Feb. 1964, p. 248.
2. Address by NLRB Member Fanning, Ninth Annual Institute on Labor Law, Oct. 19, 1962, in 51 L. R. R. M. 87, 93 (1963).
3. Alan Hyde, Democracy in Collective Bargain, *The Yale Law Journal*, Volume 93, No. 5, April 1984, p. 794.

相反的观点表示，雇佣关系是一种次等关系，[1]作为雇佣双方的争端解决机制，集体协商是劳资双方之间的零和博弈，冀图由此来改变企业的性质或是显著影响劳资双方利润分配的比例是极不现实的，[2]无论工会成员的纪律性和忠诚度如何，雇主在产品市场中的处境给员工工资目标设置了一道天然的天花板，[3]此外，经济民主也不是协商的首要目的，透过协商达成工资增长、工资环境改善、福利待遇增加等才是首要价值追求，一句话，集体协商已经无法为解决当代工业关系中的问题贡献力量了。[4]

无论争论结果如何，集体协商的确承担了社会中其他手段所难以实现的基本功能。作为全世界人力资本最充裕的国家，中国对集体协商重要性的认识在官方文件中不断得到强调。刚刚闭幕的中共十八大报告明确指出："深化企业和机关事业单位工资制度改革，推行企业工资集体协商制度，保护劳动所得。"早在2000年，国家劳动和社会保障部就颁布了《工资集体协商试行办法》。2011年，中华全国总工会提出计划用三年时间，依法在建立工会的企业中普遍开展以工资集体协商为核心的企业集体协商制度，明确在2013年底，已建工会企业工资集体协商制度覆盖率要达到80%以上。[5]在地方层面，2008年1月1日起实施的《河北省企业职工工资集体协商条例》、2010年9月1日起实施的《天津市企业工资集体协商条例》、2012年5月1日起实施的《云南省企业工资集体协商条例》和《湖南省企业工资集体协商条例》等，以行政规章的形式对集体协商这一极富弹性的劳资关系政策调节工具进行了

---

1. Ralph K. Winter, Collective Bargaining and Competition: The Application of Antitrust Standards to Union Activities, *The Yale Law Journal*, Vol. 73, No. 1, Nov 1963, p. 24.
2. Michael C. Harper, Reconciling Collective Bargaining with Employee Supervision of Management, *University of Pennsylvania Law Review*, Vol. 137, Nov. 1988, No. 1, p. 13.
3. Dunlop, Wage Determination Under Trade Unions, 1944, pp. 74 - 94.
4. Ralph K. Winter, Collective Bargaining and Competition: The Application of Antitrust Standards to Union Activities, *The Yale Law Journal*, Vol. 73, No. 1, Nov 1963, pp. 21 - 23, p. 69.
5. 王全宝：《全国总工会：工资集体协商期待立法》，载《中国新闻周刊》，2011年1月20日，http://finance.sina.com.cn/g/20110120/14129285201.shtml。

规范。

与文件高度重视形成落差的是实际执行情况。工资集体协商的推行在我国一直处于艰难境地,诸多原因导致一些地区的工资集体协商流于形式。[1] 不仅绝大部分工资合约仍然由资方单独决定,而且在开展集体协商的企业中,雇员的权益也没有得到充分体现,70%左右的工资合约按照当地政府发布的最低工资标准签订,工资集体合同的覆盖率仍然偏低。[2] 遑论集体协商的负面看法,一种根本性的质疑论调是,被彻底吸纳到政府体制内部、表现出浓厚法团主义特征的中国工会,承载政府和职工的双重受托责任,面对经济精英不断被吸纳到国家体制内并转换为政治精英的事实,能否真正忠实地履行《工会法》中所声称的"会员和职工利益的代表"职责?换言之,在工会角色不独立的当下,中国劳资双方工资共决机制是一种乌托邦式的理想,还是一种假性共决?

二、案例的选择:寻求工资集体协商的"最佳实践"

对上述命题进行验证的简单有效办法是,找到工资集体协商"最佳实践"的案例。从逻辑论证的需要出发,本文的样本选取没有采纳随机分层抽样等操作方式,而是致力于寻找具有"最佳实践"品质的典型案例。

本文选取浙江温岭市工资集体协商为研究样本。选取该样本的最初考虑,缘于温岭市工资集体协商项目荣获第六届中国地方政府创新奖入围奖,中国地方政府创新奖的获奖项目是"中国地方政府优良实践的一个高度浓缩和极

---

1. 信卫平:《构建工资集体协商的社会基础——基于一线劳动者的视角》,载《经济社会体制比较》,2010年第5期,第22页。
2. 任小平、许晓军:《劳资博弈:工资合约中的制度救济与工会行为》,载《学术研究》,2009年第2期,第81页。

度代表性的样本"[1]。第一，中国政府创新奖的整个评选流程[2]科学规范、客观公正，以"看得见"的方式从程序正义上最大限度地保证从申报项目中选出优秀项目[3]。第二，中国地方政府创新奖历经12年积淀，在学术界和实务界产生了持久广泛的影响力和品牌效应[4]，中国独特的官场文化哲学以及政府参与竞争所普遍存有的"输不起"心态，迫使参评机关要将有竞争力或者至少在本地范围内有实力的优秀项目拿出来申报。基于上述两点判断，温岭市工资集体协商项目在当年213个党政机关申报项目的激烈角逐中荣获入围奖，可被初步视为具有"优良实践"品质。

研究过程中对项目内容的深入了解，进一步坚定了将温岭市工资集体协商项目当做典型案例进行"麻雀式解剖"的信心。第一，工会在促进会员参与、维护所代表群体权益方面推出的创新，容易产生于劳动力输出和输入大省，尤其是其中市场经济发达、政府创新意识强烈的地区。浙江民营经济在全国居于领先地位，劳动密集型产业发达，是劳动力输入大省，为工会开展

---

1. 何增科：《中国政府创新的趋势分析——基于五届"中国地方政府创新奖"获奖项目的定量研究》，载《北京行政学院学报》，2011年第1期，第1页。
2. 根据政府创新奖组委会正式公布的《评选手册》，整个评选流程分为五步：（1）项目申报，采取自愿申报或推荐申报；（2）项目初选，在申报截止后，由政府创新奖课题组成员根据申报条件对项目进行资格审查和初选；（3）全国专家委员会选拔，课题组对通过初选的项目进行分类，提交给全国专家委员会委员选拔，由专家委员严格按照创新程度、参与程度、效益程度、重要程度、节约程度、推广程度六条标准进行评选，根据分数高低和得票多少，选出入围项目；（4）网上公示和入围项目实地评估，经过一周的网上公示和社会监督，组委会派出调查评估小组，了解入围项目的真实性并进行评价，写出评估报告；（5）最终选拔与颁奖，在选拔会议上，全国选拔委员会委员在听取入围项目代表的项目陈述和回答问题后，进行投票，按照得票多少选出10个优胜奖和若干入围奖。
3. 评选流程设计上，各投票环节的参与者互不交叉，每位投票者有且只有一次参与机会，杜绝了多轮参与中可能出现的操纵选举、徇私舞弊和腐败等不公正现象；各投票环节中，均充分发挥了先"背靠背"选举和后"面对面"协商两种方式，既能够克服选举过程中的信息不足等弊端，又避免了单一协商过程中少数意见无法得到尊重的不足；评选方式多样，对项目评审先进行书面文字材料评审，再开展实地考察评估，最后由项目代表现场答辩，结构设计能够"取众人之长，补一家之短"；此外，全国专家委员会和全国选拔委员会的结构充分考虑了学科领域、地域分布、性别结构、个人声誉和影响力等因素，其人员构成有着广泛的社会代表性基础。
4. 中国政府创新奖启动于2000年，是我国历史上第一个由学术机构独立举办、按照科学的评估程序和评选标准对政府创新行为进行客观评估的民间奖项，历经6届12年的评选及案例积累，截至2012年共有1913个省级以下的地方政府创新项目申报，有139个项目进入入围名单，最终共有60个项目获得优胜奖，其余79个项目获得入围奖。根据历届数据统计分析，申报项目在地域上完全覆盖了全国31个省、自治区和直辖市，在组织类别上涵盖了党的机构、人大、行政机关、工青妇群团组织各类，从层级上贯穿了省市县乡村各个层面。

维权行动提供了土壤。民营经济是自然人的经济，体现着人的本性、思想和精神，浙江民间普遍存有的自立自强精神、开放意识，与民营经济高度契合兼容，是民营经济发展的强大资源优势。[1] 浸润于这种商业文明中的地方政府通常更开明，更有开拓进取精神，也会更高频次地推出顺应当地地脉、人脉的改革创新实践。对中国地方政府创新奖申报项目的统计显示：在1913个申报项目中，浙江省的申报数量在政治改革、行政改革、公共服务、社会管理4个方面均占据前列，反映出当地政府创新活跃的特点[2]；在139个入围项目中，浙江省共有23个，占比16.5%，政府创新的质量上乘；139个入围项目中共有4个工会项目，分别是浙江省义乌市总工会"工会社会化维权模式"、广东省揭阳市总工会"民间社团建工会"、四川省总工会"省级工会联动维护农民工权益机制"和浙江省温岭市"工资集体协商制度"，其中浙江省占据半壁江山。

第二，温岭地区民主意识强烈，创新氛围浓厚，为开展工资集体协商打下了基础。温岭市"民主恳谈"和"参与式预算改革"在当地和全国影响十分广泛，一定程度上折射出温岭地区的行政生态状况。两个项目曾分别荣获第二届和第五届中国地方政府创新奖，获奖的示范效应也对工会工作产生一定的促动。早在2000年，温岭市就出台《关于在非公有制企业开展"民主恳谈"活动的意见》，将"民主恳谈"活动引入企业，成为工会开展行业工资集体协商的雏形。

第三，温岭市工资集体协商项目在体制内所受到的肯定，一定程度上佐证了项目的优秀度。在中国行政体制下，资源稀缺的约束条件造成了体制决策"抓两头"的有趣现象，一头抓典型、抓先进，通过改革样板的带动进而在区域和全国范围内推广，另一头抓落后，从政策和资源上重点向落后地区

---

1. 陈章华：《浙江民营经济发达的深层原因解析》，载《商场现代化》，2008年第6期，第224页。
2. 何增科：《中国政府创新的趋势分析——基于五届"中国地方政府创新奖"获奖项目的定量研究》，载《北京行政学院学报》，2011年第1期，第1页。

倾斜。条件好的地方，有足够的动力争当体制认可的先进和典型，这种做法不仅能给地方在上级注意力和利益的资源分配中占据更大份额提供可能性，而且也意味着官员在职位晋升的政治锦标赛[1]中有了更多的政绩筹码去竞争。根据温岭市工会提供的申报材料，工资集体协商制度受到了国务院总理、浙江省委省政府的批示，全国总工会也曾专门召开工作经验交流会，对温岭市工资集体协商的做法进行宣传推广，这些都是体制上层对温岭工资集体协商成效的肯定。

三、分析框架：谁得到什么？

拉斯韦尔曾在代表作《政治学》中用"谁得到什么"[2]对政治进行分析。简要地看，"谁得到什么"是对以利益相关方界定为起点的分配主体加上以价值为分配对象的抽象。拉斯韦尔指出，政治就是对权势和权势人物的研究，而所谓的权势人物，就是在可以取得的价值（如尊重、安全和收入）中获取最多的那些人。本文不期套用拉斯韦尔以权势人物为对象、研究精英如何获取和维护特殊利益的思路，但将延续拉斯韦尔行为主义学派的研究风格，用"谁得到什么"的框架对政治现实中实际观察到的行为进行剖析。"谁得到什么"属于横截面式的静态解析，关注谁在结果层面得到了何种价值，在具体分析中，本文将引入时间变量，以克服静态分析的不足。

首先界定分析框架中的"谁"。为了操作的简便和直观，本文从狭义角度界定工资集体协商的利益相关方。西方学者研究工资决定机制中的协商因素时，常采用一个由两大利益相关方构成的讨价还价博弈模型——谈判桌的一

---

1. 周黎安：《晋升博弈中政府官员的激励与合作——兼论我国地方保护主义和重复建设问题长期存在的原因》，载《经济研究》，2004年第6期，第33页。
2. ［美］拉斯韦尔：《政治学——谁得到什么？何时和如何得到？》，杨昌裕译，北京：商务印书馆2005年版，第2页。

方是单个工人，或者是通过工会得到代表的工会会员及非会员，另一方则是一个或多个处于联合或竞争状态的雇主[1]，政府作为一个中间方，通常并不直接参与或干涉谈判。但在中国，单就工会而言，"简单地将所有的利益相关者看成一个整体来进行实证研究与应用推广，几乎无法得出令人信服的结论"[2]。一方面，中国工会系统的官僚等级结构和网状结构相叠加的混合特征，决定了不能将工会系统作为单个的整体来对待。《工会法》第十二条规定：县级以上地方建立地方各级总工会，明确了工会仿照行政层级设置的等级制结构；企业、事业单位、机关有会员二十五人以上的，可以建立基层工会委员会，会员不足二十五人的，选举组织员一人，组织会员开展活动，明确了以基本生产单位为基础的基层工会网状结构。不同的组织建设原则决定了，依靠行政建制的工会与基于基本生产单位建制的工会在身份定位上存在差异，前者作为政府群团组织，是国家政治生活的直接参与者，不可避免地要承担为政府利益代言的责任，具有一定的"准政府"性质。另一方面，共存于基本生产单位中的雇主和基层工会双方，并不全是对立博弈关系，后者不仅缺乏合法罢工权的法律保护——"罢工是落实并支持集体协商原则的一种重要经济手段"[3]，而且还因产权所有制类型等因素受到前者对其权利和独立性的不断侵蚀。因此，分析中国语境下的工资集体协商制度，狭义上的利益相关方应包括三方，一个或多个处于联合或竞争状态的雇主，雇员或者以基本生产单位为基础组建的基层工会委员会（产业工会），以及基于行政层级建制具有"准政府"色彩的地方总工会。

分析框架中的"什么"实质要求对价值的外延进行回应。按照客体对主

---

1. Anat Levy and Lloyd S. Shapley, Individual and Collective Wage Bargaining, *International Economic Review*, Vol. 38, No. 4, November 1997, p. 969.
2. 陈宏辉：《利益相关者管理：企业伦理管理的时代要求》，载《经济问题探索》，2003年第2期，第68页。
3. Craig Bechert, 'Better Than a Strike': Protecting New Forms of Collective Work Stoppages under the National Labor Relations Act, *The University of Chicago Law Review*, Vol. 61, No. 2, Spring 1994, p. 352.

体所表现出来的有用性和积极意义来定义价值，那么对价值的界定很大程度上取决于主体的认知感受，这决定了价值的外延十分广泛，金钱、权力、声望、忠诚、职务晋升、稳定、团结等都属于价值的范畴。本文的理论假设偏向于公共选择理论中的理性经济人假设——政治场域中活动的各类主体既是公共选择者，又是交易主体，从追求各自价值最大化的动力出发讨价还价，并在复杂的交换过程中实现利益均衡。在下文中，将重点对雇主（联合起来的雇主）、雇员和基层工会委员会（产业工会）、地方总工会从工资集体协商中获得的价值进行分析。

四、案例分析：温岭市工资集体协商制度的生成与扩散

（一）工资集体协商的生成

温岭市工资集体协商起源于新河镇长屿羊毛衫行业。20 世纪 90 年代，温岭羊毛衫行业迅速发展成拥有企业 116 家、职工 1.2 万人、年产值近 10 亿元的块状产业。羊毛衫行业生产具有特殊性：每年 4 月开工生产到 12 月，销售旺季过后，中间 1—4 月停产，工人增加工资的要求如果未满足，通常选择在 9 月份生产旺季停工。劳动力短缺迫使企业以高工资招揽工人，彼此挖对方技术骨干，工人跳槽频繁，企业用工出现无序竞争。为解决羊毛衫行业劳资纠纷频繁引发的集体停工和上访事件，2003 年 8 月，由温岭市总工会牵头，成立了新河镇长屿羊毛衫行业工会，与行业协会签订了《羊毛衫行业工资（工价）协商协议书》，并决定每年开展一次行业工资集体协商，统一工价。2004 年，新河镇长屿羊毛衫行业工会与行业协会开展了第二轮职工工资（工价）协商谈判。7 月至 9 月，行业工会多次召开了全行业工资（工价）民主恳谈会。为体现公开性和代表性，行业工会从重点与非重点、本地与外地职工、熟练工与一般职工中推选出 78 名职工代表参加。

在恳谈会上，行业工会将拟定的工价标准公布出来，由职工代表深入讨论，提出意见。在吸纳职工代表合理意见的基础上，以无记名投票方式对工价表进行民主测评，再将汇总的工价表测评结果及有关意见及时反馈给行业协会，由行业协会组织 116 家企业的企业主进行讨论。然后确定一个基准价，并由行业工会送达企业主及职工，分别征求意见，特别是在一线职工中征求意见。这一过程共经历了 8 次协商，召开了 12 此会议，发放工价征求意见表 800 余份，基准工价先后进行了 3 次调整。最终，依据《劳动法》，经可行性测算，确定了《2004 年新河镇长屿羊毛衫行业编制羊毛衫工价表》。

1. 雇主。2002 年由企业主自发成立的长屿羊毛衫协会，发起初衷是试图在工价上达成默契，避免企业间为互相挖角而哄抬工价，解决"老板与老板之间的矛盾"。由于缺乏对职工工资权益的照顾和考虑，即使在中国劳动力充裕、强资本弱劳动的市场格局下，劳方在特定生产阶段"用脚投票"的行动直接导致企业主之间签订的契约流于形式。在这种情况下，克服无序竞争状态、维护个体利益和行业整体发展秩序成为企业主支持工资集体协商的最直接动力。集体协商合同从来就不是缔约自由的完美例证[1]，对缔约自由的约束又内生出限制竞争的效果[2]，尽管饱受争议，但也必须承认，在劳工政策众多相互冲突、难以相容的价值目标中，对竞争的限制客观上带来了行业稳定。2003 年开展工资集体协商后，通过工资协商制定合理的工资（工价）标准，解决了企业工资报酬过低而带来的"招工难"问题，职工在同行业内任何一家企业都能享受同等的工资待遇，企业内部的劳动关系稳定，企业生产经营活动秩序得到保障，用工无须竞争状态基本消失，发展环境得

---

1. Harry H. Wellington, Freedom of Contract and the Collective Bargaining Agreement, *University of Pennsylvania Law Review*, Vol. 112, No. 4, Feb. 1964, pp. 467 - 468.
2. Ralph K. Winter, Collective Bargaining and Competition: The Application of Antitrust Standards to Union Activities, *The Yale Law Journal*, Vol. 73, No. 1, Nov 1963, pp. 21 - 23.

到了优化。

2. 雇员。雇佣关系是劳动者社会交往中发生的最重要的经济关系，个体藉此获取改善个人生活境况的各种资源，除了部分精英型的劳动者具备与雇主进行劳动议价的能力外，绝大多数资质技能条件一般的个体的经济需求在组织中缺乏直接回应。在趋利避害的理性算计下，雇员通常采取消极手段争取个体利益。羊毛衫行业一到生产旺季，工人跳槽频繁，企业以各种方式阻挠工人离开，拖欠工资或扣下保证金成为企业的常用手段。面对更高工资出价，工人或集体罢工，要求所在工厂提高工资，或选择跳槽，再借助劳动部门向原有工厂索要被拖欠工资，如此循环往复，工厂生产受到影响，工人损失收入，甚至丢掉工资。对于雇员而言，认同并支持工资集体协商的前提乃是通过这一谈判机制实现工资增长、工资环境改善、福利待遇增加等目标。2003 年，新河镇长屿羊毛衫行业工资协商以明确工价为重点谈判内容。工价不明确是引发劳资矛盾的重要因素，划分工序工种、确定行业计件工资单价是制定工资标准的前提，直接决定了劳动者的劳动是否被算计在创造价值的范畴内，劳动者能否据此取得相应劳动报酬。2003 年，新河镇长屿羊毛衫行业工资协商涉及羊毛衫编制加工中 5 大工种、59 道工序；2004 年行业工资集体协商后，羊毛衫行业工序细化为 6 大工种、65 道工序，工价进行了相应调整，经过此次协商，企业职工总体工资水平在原有基础上提升 5%—10%。

3. 地方总工会。解决因工资纠纷引发的上访罢工事件、维护社会稳定是温岭市总工会推动行业工资集体协商的最初动力。随着社会经济成分、组织形式、就业方式、利益关系和分配方式的日益多样化，企业主为了追求经营利润的最大化，往往产生抑制工资增长、压低人工成本、损害劳动者权益的倾向，导致劳动争议甚至引发职工罢工怠工和集体上访等群体性事件，严重影响企业和社会的稳定。数据显示，2000 年和 2002 年温岭市的劳动争议案件同比增长明显，分别达到 71% 和 69%（见表 4），2002 年温岭市新河镇羊毛衫行业职工上访量占全镇接访量的45%。[1]

表4　1994—2003年全国、浙江与温岭劳动争议案件总体增长对比情况

年度	案件总数			年增长百分比（%）		
	全国	浙江	温岭	全国	浙江	温岭
1994	19098	1422		—	—	
1995	33030	2824		72.95	98.59	
1996	47951	3193		45.17	13.06	
1997	71524	4674	424	49.16	46.38	
1998	93649	8144	476	30.93	74.24	12.26
1999	120191	14531	683	28.34	78.42	43.49
2000	135206	21494	1169	12.49	51.04	71.16
2001	155000	27023	1279	14.6	25.72	9.41
2002	185000	28344	2162	19.1	4.2	69.04
2003	226000	34386	2712	22.8	21.1	25.44

资料来源：林建敏：《推广行业工资集体协商制度 构建和谐民营经济劳资关系》，载《温岭日报》，2007年12月17日，第4版

开展工资集体协商试点工作后，新河镇羊毛衫行业2003年因劳资纠纷引发的上访案件同比减少70%，并且2007年以来基本实现工资纠纷案件"零"投诉。另一组数据对比显示，2002年至2004年，已开展工资集体协商的羊毛衫行业的劳动争议案件比同期未开展的鞋业的劳动争议案件，在劳资纠纷案件数量、涉及人数和追回工资金额上均处于低水平（见表5），有力验证了工资集体协商制度与维护稳定之间的因果关系，并间接支持地方总工会"先维稳再维权"的论断。

1.《温岭市工资集体协商制度申报附加材料》，2011年8月26日。

表5 温岭市人事劳动社会保障局处理已开展工资集体协商的羊毛衫行业与
同期未开展的鞋业的劳动争议案件比较

年度	羊毛衫行业劳资纠纷情况			鞋业劳资纠纷情况		
	件数	涉及人数	追回工资（元）	件数	涉及人数	追回工资（元）
2001				17	43	30318
2002	3	67	154700	30	97	67762
2003	1	13	43269	58	211	278798
2004	1	4	3872	51	192	355814

资料来源：林建敏：《推广行业工资集体协商制度 构建和谐民营经济劳资关系》，载《温岭日报》，2007年12月17日，第4版

（二）工资集体协商的扩散

制度一经形成就会产生运作惯性，顺应现实需求产生的羊毛衫行业工资集体协商制度因解决了各直接利益相关方的问题，在创新的可持续性上保持了良好记录，自2003年以来已连续进行了9轮协商，羊毛衫行业职工工资增幅达12%—18%，职工月均工资2500—3000元。

由于羊毛衫行业所取得的良好效果及示范效应，工资集体协商被上升为政府的工作制度进行区域推广。工资集体协商的本质是收入分配决定权改革，市场经济条件下，工资集体协商力求在雇主追求利润最大化、员工追求收入最大化的理性博弈中寻找均衡点，直接影响到企业的成本支出规模。在非公有制经济中，担心因削弱企业分配自主权而挤占企业利润，进而损害企业的市场竞争力，是企业主抵制工资集体协商的主要考虑。在工资集体协商制度的创新扩散中，面临同样问题、改革意识强的地方能够主动学习和模仿创新，而那些需求不明显、创新动力不足的地方则需要政府的介入和干预。

以"准政府"身份出现的地方总工会在工资集体协商的推广中起了关键作用，表现在：

第一,健全和完善工资集体协商制度。

1. 行业工资集体协商的主体。(1)明确协商主体。行业工资集体协商的双方主体是行业内广大职工和全体企业主。温岭市将行业工会和行业协会分别作为代表行业内广大职工和全体企业主的组织力量,把组建行业工会和行业协会作为推进行业工资集体协商制度的前提和基础,行业工会和行业协会依法就行业内部工资分配制度、工资分配形式、工资收入水平等事项进行平等协商,在协商一致的基础上签订工资协议。(2)协商主体资格的取得。明确协商主体并不等同于协商主体资格可以自动取得,协商主体资格必须经过授权才能取得:行业工会可通过召开行业职工代表大会或职工大会作出决议,授权行业工会开展工资集体协商,或依行业工会职责开展工资协商;行业协会通过制定行业协会章程或企业主大会授权行业协会开展行业工资集体协商的职责。

2. 行业工资集体协商的主要内容。包括:(1)工资标准和分配形式、工资协议的期限及工资分配制度。如以计件方式支付工资的,要明确工序及工价。(2)劳动获取的奖金、津贴、补贴标准及分配办法。(3)工资支付办法。(4)变更、解除工资协议的程序。(5)工资协议的终止条件。(6)工资协议的违约责任。(7)双方认为应当协商约定的其他事项。

3. 行业工资集体协商的程序。

(1)提出协商要约。协商双方任何一方均可以提出开展行业工资集体协商的要求,并有书面的协商要约书,协商要约书写明协商时间、地点、内容等。另一方在接到协商要约书后,于20天内予以书面答复,并同意与提出方进行集体协商。

(2)协商前的准备。行业工资集体协商开始前,协商双方做好协商准备工作:一是推选协商代表。职工的协商代表和企业主的协商代表人数应对等,协商代表人数视行业规模由协商双方商定。由行业协会会长和行业工会主席担任协商双方的首席代表,其他协商代表按照代表性和专业性要求,在各方内部推选产生，也可以书面委托行业外专业人士作为本方协商代表，但委托人数不得超过本方代表数的1/3。二是协商双方相互提供与工资协商有关的真实资料，同时要保守企业的商业秘密。三是企业对劳动定额进行科学测算，出版确定行业工资（工价）标准的意见，接受本方人员对工资集体协商有关问题的咨询，为行业工资集体协商做好准备。

（3）召开协商代表会议。协商代表会议是行业工资集体协商的重要环节，协商双方代表都应参加。协商双方首席代表在行业工资集体协商期间轮流担任会议执行主席，其职责是负责行业工资集体协商有关组织协调工作，并对协商过程中发生的问题提出处理建议。协商双方享有平等的建议权、否决权和陈述权。当协商一方代表意见出现不一致，本方首席代表应按照少数服从多数原则，达成统一意见。若协商双方难以达成一致意见，会议执行主体应提出休会，择日再召开。休会期间，双方代表围绕争议的内容，征求企业主和职工的意见，提出解决争议的建议，为下次协商会议达成一致意见作出努力。

（4）制定工资协议。协商代表会议达成一致意见后，协商双方共同起草行业工资协议，协议的主要内容包括：工资协议的期限、工资分配制度、工资支付标准和方式、工资协议变更和补充的程序、工资协议终止的条件以及工资协议违约责任等。同时制定工资（工价）表，作为工资协议的附件。工资协议经协商双方代表审查无异议，由协商双方首席代表草签。

（5）工资协议的表决。协商双方代表商定并经双方首席代表草签的工资协议，分别提交行业企业主代表或企业主大会和行业职工代表或职工大会讨论表决。双方分别对第一轮协商结果进行讨论，充分征求意见，并在此基础上由双方协商代表开展第二轮协商，通过多轮协商直至达成共识。双方代表大会讨论表决通过后，由协商双方首席代表正式签字盖章，并在7日内由行业协会将工资协议一式三份及说明送当地劳动保障行政部门备案。

（6）工资协议的生效。当地劳动保障行政部门在收到工资协议15日内，对工资集体协商双方的代表资格、工资协议的条款内容和签订程序等进行审核。经审查对工资协议无异议，可向协商双方送达《工资协议审查意见书》，工资协议即行生效。劳动保障行政部门对工资协议有修改意见，可将修改意见在《工资协议审查意见书》中通知协商双方。双方就修改意见及时协商并修改工资协议，重新送劳动保障行政部门审查备案。如15日后协商双方未收到劳动保障行政部门的《工资协议审查意见书》，视为已经劳动保障行政部门同意，该工资协议即行生效。协商双方应于工资协议生效后5日内向本行业企业主和职工公布。

（7）工资集体协商一般情况下一年进行一次。双方均可在原协议期满前60日内提出下一轮协商意向书，开展新一轮工资协商。

4. 行业工资集体协商协议的监督落实。行业内协商双方应共同建立工资协议监督调处组织机构和工作机制，督促协商双方遵守工资协议，受理行业内职工投诉，及时调处争议矛盾。劳动监察机构要加强督查力度，定期或不定期检查企业工资协议执行落实情况，对违反工资协议的企业要加大处罚力度；及时受理职工投诉，要把工资协议作为工资引发的劳动争议仲裁的重要依据，切实保障职工的合法权益。工会组织要健全完善威权机制，主动调处劳动争议，及时提供法律援助，努力维护职工的合法权益。

第二，抓好基层工会组织建设和能力建设。协商双方力量均等是工资集体协商取得成效的重要前提。奥尔森（Olson）在《集体行动的逻辑》中指出，社会中分散的个人很难采取一致的集体行动，在利益表达中常居于不利地位。在劳资双方组建利益代言人的集体行动中，总体人数较少的企业主受减少信息不对称、降低市场交易成本的动机驱使，容易自发产生组建行业协会的行为，而资源匮乏、信息不充分、能力意识薄弱、人数众多且分散的广大职工，则很难自发产生组建行业工会的行动。把职工组织起来，增强工会谈判能力，是实现协商双方力量均等的当务之急。

1. 组织建设。考虑到行业协会和行业工会组建过程中的不均衡状态，温岭市出台政策文件明确规定：职工人数达到1000人以上的行业，原则上都要建立行业协会和行业工会。行业工会的组织结构是：上接受镇（街道）总工会的领导，下指导所属企业工会，横向与行业协会协作。行业工会的组建思路是：以区域行业为范围，行业协会为基础，龙头骨干企业为助理，地方党政重视支持，镇（街道）工会牵头协调，摸清行业情况，做通企业工作，筹备、召开行业职代会，选举成立行业工会委员会。目前，温岭市已经组建23家行业工会。

2. 能力建设。即使企业主不反对组建行业工会，行业工会的协商能力仍然面临会员受教育程度低、组织经验不足、谈判能力欠缺等挑战，因此，需要通过规则制定、政策宣讲、谈判技巧培训、信息分享、直接指导等多种形式开展能力建设。以行业工会委员会成立过程中筹备、召开行业职代会的做法为例，温岭市出台政策规定：以职工人数、企业多少、企业大小、行业情况确定职代会代表人数和行业工会领导班子成员人数及候选人；行业工会主席由行业内龙头企业工会主席担任，委员由行业内的骨干企业工会干部担任；如果在刚成立时，行业内无绝对的龙头企业或无组织能力很强的企业工会主席，可由镇（街道）总工会委派一名领导作为行业工会主席的候选人参加选举，待步入正轨后，再放手给企业；行业工会设在镇（街道）总工会或一重点骨干企业。

第三，讲究策略，在创新扩散过程中进行二次创新，因地制宜开展工资集体协商。温岭市总工会针对不同规模、不同性质、不同产业、不同特点的行业，积极争取企业主支持，分类开展工资集体协商实践：在产业规模较大或在块状经济区域内的企业，实行行业工资集体协商；工种工序复杂，企业数量繁多，很难在行业内部形成统一工价的，选择规模较大、职工人数较多、管理较为规范、工会力量较强的企业，实行企业内部协商；在中小企业比较集中的村镇，实行区域工资集体协商。截至2011年，有2085家单建工会企业单独开展工资集体协商；23个行业工会与行业协会开展了行业工资集体协商；16个镇

(街道）全部开展了区域型工资集体协商，覆盖7139家企业和42.3万职工。

将"谁得到什么"的分析框架应用于工资集体协商制度的扩散，在缺乏对创新扩散的动态过程介入的情况下，温岭市提供的面板数据一定程度上说明了各利益相关方的利益实现程度。直接的物质利益是协商的焦点。对企业主而言，用工秩序稳定，摆脱劳资纠纷的困扰，将精力更多集中于企业的生产经营，特别是在劳动力供小于求的"民工荒"时期，抑制了行业内部工资出价的无序竞争，维护了企业利益。对雇员而言，合法权益得到维护，温岭市企业职工平均工资年均增长约10%，全市企业职工平均工资普工达到2000—3000元，技术工达到3500—5000元，有些行业、企业除了保证职工工资正常增长外，还在工资协议中明确规定职工带薪休假制度、加班工资标准、劳保福利待遇等。对地方政府而言，劳资纠纷矛盾数量明显下降，自2007年以来，羊毛衫行业实现了劳资纠纷零投诉，水泵、轴承、工量刃具等行业也已基本实现零投诉。

除了上述利益以外，对雇员而言，另一个重要的附加品是工资集体协商机制中所实现的经济民主权利。大多数企业的内部管理是寡头式的。道格拉斯·拉米斯指出，"经济发展在其自身领域内是一种不民主的统治形式"[1]，并由此提出在许多工作场所包括各种企业与社团中尽可能地实行直接民主与自治的激进口号。罗伯特·达尔提出，自治企业可以成为现行权威式决策企业模式的替代选择，加强政治平等与民主，减少源于所有权与决策控制方面的不平等。[2] 无论自治企业的可行性如何，不可否认，提高个体对自身生活的自主控制权不仅需要政府的权威，而且有赖于在经济生产组织中设立一种有助于民主决策的制度。工资集体协商作为一种补充性而非替代性的经济制度结构，使具有相似经济角色的雇员将各自的经济权力汇聚到一起，进而在劳工

---

1. ［美］道格拉斯·拉米斯：《激进民主》，刘元琪译，北京：中国人民大学出版社2002年版，第42页。
2. Robert A. Dahl, *A Preface to Economic Democracy*. Cambridge: Polity Press, 1985, p. 4.

关系中获得更大的发言权,[1]它作为在工商业领域的规则制定中赋予雇员发言权的一种方式,价值等同于公民在制定统治自己的法律过程中有发言权。[2]退一步看,在市场机制调节、企业自主分配、职工民主参与、政府监控指导的企业工资分配机制下,即使直接的物质利益诉求无法透过工资集体协商得到全部满足,雇员经济民主权利的行使也在客观上促进了与雇主之间的沟通交流,有利于形成利益共同体的身份认同,共同抵抗经济风险。温岭站羊毛衫行业 2003 年以来 10 次、泽国镇水泵行业 2004 年以来 8 次、泽国镇轴承行业 2005 年以来 7 次的工资集体协商结果充分说明了这点。

五、中国工资集体协商:政府"在场"的改革逻辑

基于上述分析,本部分针对上文提出的命题作出如下判断:第一,在地方总工会角色不独立的前提下,中国劳资双方工资共决机制既不是一个乌托邦理想,也并非假性共决机制,温岭市工资集体协商的个案证明了中国工资集体协商的"优良实践"不仅富有成效,而且能被成功推广,参加工资集体协商的各方均能获得期望的价值。第二,与西方工会角色独立的做法相反,中国工资集体协商取得成效的必要条件恰恰是以"准政府"角色出现的地方总工会的介入,本文称之为政府"在场"的改革逻辑。在行业工会与行业协会力量不对等、行业工会缺乏自组织传统和资源、企业主对组建行业工会及开展工资集体协商的抵触等情况下,贯彻政府意图、以"准政府"身份出现的地方总工会,在工资集体协商的产生以及推广过程中发挥了不可替代的基础性作用。套用西方工会独立的协商模型来审视中国的工资集体协商,是一种纠结于意识形态层面的规范化判断,不利于对实践效果的客观体认,终将

---

1. Hugh Armstrong Clegg, *Industrial Democracy and Nationalization*, Oxford Basil Blackwell, 1951, p. 121.
2. Ruth Weyand, Rule in Collective Bargaining, *Columbia Law Review*, Vol. 45, No. 4, Jul., 1945, p. 564.

导致食洋不化，削足适履，贻笑大方。

浙江温岭工资集体协商是一个个案，从中得出的政府"在场"的论断却对于理解中国社会领域的改革逻辑具有普遍意义和深远价值。中国的国家与社会关系本质上是一种建构式的国家法团主义，组织数量的限定性、组织结构的层级性、组织领导机构的精英性、组织功能的中介性、与国家关系的合作性等是其典型特征，组织化功能团体被吸纳到政府体制内、把社会利益集中且有序地传递到国家决策系统中的"行政吸纳社会"[1]的运行逻辑，预设了社会"整体性"和"独立性"的碎裂。对于不属于政府序列但又被纳入国家政治生活中的工青妇等群团组织而言，所推动的社会领域创新同样要被纳入国家法团主义的视域中，遵循政府"在场"的改革逻辑：体制的支持是改革创新得以顺利实施的稀缺政治资源，同时，以"准政府"的身份出场也是抵抗强势一方、为弱势群体进行有效利益代言的客观需求。温岭市的个案证明，现阶段地方总工会的"准政府"身份是其组织、发展和联合企业工会委员会（行业工会）、抵抗单个或联合的雇主的有利条件，从这个视角出发，要解决其他地区工资集体协商流于形式的做法，首先要加以利用的资源优势就是地方总工会的"准政府"身份。

（原载《黑龙江社会科学》，2013 年第 7 期）

---

1. 康晓光、韩恒、卢宪英：《行政吸纳社会——当代中国大陆国家与社会关系研究》，新加坡：世界科技出版公司 2010 年版，第 285 页。

女性政治参与：湖南"妇女参与村级治理"的创新和实践

冉 冉

（中国人民大学国际关系学院）

随着人类社会文明程度的提高和女性主义研究的兴起，女性的政治参与问题在国内外受到越来越多的关注。在中国农村实行的村民自治制度是社会主义民主政治的主要表现形式之一，是农村居民政治参与的主要渠道。村民自治是指村民依法通过民主选举、民主决策、民主管理和民主监督的形式，实行自我教育、自我管理和自我服务。《中华人民共和国村民委员会组织法》对农村妇女参与村庄治理提出了明确的要求："村民委员会成员中，妇女应当有适当的名额。"然而，如何在实践中保障妇女的政治参与权利，发挥她们在农村治理中的"半边天"作用，是摆在各级政府和专家学者面前的一道难题。

湖南省妇联于2001年联合发起的"妇女参与村级治理"项目，为我们讨论、研究和解决这一问题提供了一个鲜活的实证样本。该项目通过政策、方法等层面的创新，通过提高农村妇女参与能力、强调性别意识等方法，促进了农村妇女参与农村选举、决策、管理，参与农村经济社会发展的整体水平。2005年12月，这个项目因其广泛的影响程度、深远的现实意义和推广价值而获得了由中央编译局比较政治与经济研究中心、中央党校世界政党比较研究中心与北京大学中国政府创新研究中心联合发起的第三届"中国地方政府创新奖"的优胜奖。作为中国地方政府创新奖励与研究计划的一个组成部分,日前,笔者赴湖南长沙、浏阳、湘潭等地农村进行了为期一周的调研,分别对项目的发起人和受益人进行了深入访谈,搜集了相关的文献资料,本文将以女性的政治参与为视角,从理论和现实两个纬度对此次田野调查作一个系统的梳理和总结。

一、湖南"妇女参与村级治理"的实践

首先,笔者将从创新的背景、内容、成效、经验、存在的问题五个层面对湖南"妇女参与村级治理"的创新实践,作一个全景式的描述与分析。

(一) 背 景

事实上,讨论创新的背景,也就是回答这样一个问题,即为什么要进行该项创新,创新的动因是什么?因为,一般而言,创新行为总是对外在或内在压力的一种回应。在调研中我们发现,湖南省妇联发起"妇女参与村级治理"项目的主要背景是:

(1) 女性在农村生产生活中的作用越来越重要。

湖南是以农业为主的省份,全省总人口 6562.05 万人,其中农业人口 4609.84 万人,占总人口的 70.24%,女性占农业人口的一半以上。随着市场经济的发展和城乡流动的加强,大量农村男性劳动力进城务工,妇女留守家庭,女性在农村生产和生活中发挥着越来越重要的作用,撑起了农村建设的大半边天,形成了"农业的女性化"的特殊景象。

(2) 女性在农村政治生活中的地位不高。

虽然女性在农村经济建设中的实际作用越来越突出,涌现了大量的"女

能手"、"女致富标兵"等；但是，她们在农村政治生活中的地位还是非常有限，尤其是在参与村庄选举和治理方面。这主要表现为：妇女在村委会成员中的比例较男性低，且正职少，主干少，一般以从事妇女主任、计划生育干部工作的居多，难以在村庄重大问题的决策中发挥主导作用，妇女参与村级治理的影响相当有限。由于缺乏有力的利益代言人，农村女性的各种权益经常受到忽视或是损害，如土地权利、分享集体收益权利、选举权利等。

由此可见，女性在农村经济建设中的重要作用和贡献与其在农村政治生活中的地位存在一定的落差。她们在村民自治中的地位、影响与其对村庄的贡献是不相称的。妇联组织作为代表和维护妇女权益、促进男女平等的社会群众组织，有责任采取一定的应对措施，来有效地改善这种境况，这就是湖南省妇联发起和推动"妇女参与村级治理"项目的主要背景。在这个背景下，湖南省妇联抓住了村委会换届选举的机会，以提高村委会女性成员比例为突破口，探索了一套"推动政策、创新机制、宣传倡导、教育培训"的工作模式。成为在全国范围内最早实施"农村妇女参与村级治理"项目的省份，也是实施规模最大的省份。

（二）内 容

六年来，湖南省妇联在促进"妇女参与村级治理"项目中的主要创新做法是：

（1）制度创新

2000 年，湖南省在修订《村委会选举办法》时，对村委会妇女成员名额问题进行了硬性规定："村委会成员中至少有一名女性"。比《村民委员会组织法》中规定的"保证村委会班子中有适当女性当选"有了质的提高。随后，湖南省妇联与湖南省民政厅又对此进行了政策补充，在 2001 年第五届、2005 年第六届村委会换届前，联合下发《关于在村委会换届中保证村委会班子中

民主管理
Democratic Management

有适当女性成员的意见》、《关于确保妇女在村委会换届选举中当选的有关问题的通知》等文件。制定了更为详尽的措施明确规定换届选举中确保女性当选村委会成员比例的原则要求：如选举中不得歧视女性，选举前的候选人提名须有女性，女性采用简单多数法当选，正式选举中没有女性当选后单独补选，或者在缺额时设职位增选，直到选出女性委员为止。[1] 与《村委会组织法》和湖南省的相关法规相比，该文件具备更强的可操作性和约束力，为提高女村委的比例提供了制度保障。

（2）组织创新

在政策创新的基础上，湖南省妇联又进行了组织和机构的创新，保障以上政策的有效实施。首先，妇联组织参与到了村委会换届选举的工作当中。在进行村委会换届选举时，同级妇联组织参与村委会换届选举领导机构。"从第五届换届选举开始，全省各级妇联都新加入了同级村委会选举领导小组，进入领导决策层。在选举过程中全面参与，全程督查"。"在第五次换届选举中，各地的妇联干部成为一道亮丽的风景线，2600多个乡镇以上妇联主席进入同级村委会换届选举的领导班子，她们广泛动员女能人、妇女骨干参加选举，号召农村妇女积极投票，选举后，还对已完成选举工作的村委中没有女性成员的进行了补选，全省共督促补选女村委200多个。"[2]

其次，湖南省组织部、湖南省民政厅和湖南省妇联建立了三方联动的长效工作机制，借助联系制度、督查等工作方式，共同促进妇女参与村级治理的宣传、教育、培训和督查。2004年，这三家机构联合在长沙开福区湘粤村进行了村委会换届选举现场直播的试点，这在全国范围内也是第一次。

（3）方法创新

一个创新项目的成功实施，除了需要良好的制度基础、有力的组织保障、

---

1. 内部资料：《关于省妇联"农村妇女参与村级治理"获"中国地方政府创新奖"的汇报》电子版，第3页。
2. 资料来源于 http://rednet.cn/。

形成支持创新的舆论氛围、改变传统观念之外，使项目受益人愿意、能够积极参与到创新中并从中受益也是必不可少的。为此，湖南省妇联从项目的开始阶段就十分重视以宣传、培训等手段改变人们的落后观念，提高妇女参与政事的能力，推动"妇女参与村级治理"的有效实施。

首先，通过全方位的宣传，来营造妇女参与村级治理的社会氛围。他们"利用湖南传媒优势，在立体宣传网络的基础上，突出典型带动效应"。在全省开展"走近女村官"征文活动，择优编辑出版了《群星灿烂一把手》一书，宣传56名优秀女村官。在《今日女报》开辟"走近女村官"专栏，湖南妇女网站开辟"群星灿烂一把手"专栏，在《湖南日报》上宣传介绍女村官的先进事迹，印发宣传资料6000册；"在浏阳开展妇女参与村级治理为主要内容的地方戏曲创作活动，编写剧本发至全县各文化站。春节、三八期间，自编自演的以枨冲镇坡湾村村主任张美华为原型的花鼓戏《村长是个堂客们》，在农村集镇演出20多场，12000多名观众观看，还被选送进京参加汇报演出"。[1]

其次，开展多种形式的培训，增强妇女参与村级治理的能力。县乡民政、妇联部门在对新当选的村委会成员进行培训时，保证新当选的女村委会成员要参加培训，让她们尽快掌握村务管理、决策和监督等方面的方法和能力。"2001年以来，湖南省妇联在培训对象上，改变以往仅仅培训基层妇联干部的习惯培训模式，开展了省市县乡领导、村委会男性成员等多形式、多层面的培训；在培训内容上，针对不同类型的培训班设置了不同的课程；在培训方式上，采取现场观摩、互动式交流等模式，还争取国际项目的培训，先后去印度、荷兰、德国参加培训和考察。目前，不仅全省4.9万名女村委普遍接受了1次以上的培训，还举办其他类型的培训班29期，培训3000多人次"。"宁乡县2003年10月份举办2期妇女骨干培训班，在接受培训的100名妇女

---

1. 内部资料：《湖南省妇联推动"农村妇女参与村级治理"工作新模式陈述报告》，第2页。

骨干中，有15名新担任了村小组长。城郊乡参加培训的5名妇女中有4人在村支两委换届选举试点中竞选为村委委员，还有12人在带头科技致富、发展养殖、种植业中取得较大的成绩"。[1]

（三）成　效

"妇女参与村级治理"项目实施5年来，取得了明显的成绩。首先，大大提高了村委会中女性成员的比例。2002年，"湖南省第五次村委会换届选举共47471个村民委员会，有女村委49903人，平均每个村有女委员1.05人，占总数的29.3%，较上届增长4.1%。2005年湖南省第六届村委会换届选举，女村委占村委会委员总数的30.1%，比同期全国平均水平16%高出将近一倍"。[2]

其次，女性参与农村治理的热情和能力有所提高。据抽样调查，第五届换届选举中女选民直接投票率达到90%以上，如长沙市开福区2004年5月在村委会换届直选中，全区21022个女选民，参选率达95.4%。另外，通过参与选举、管理、决策及各种能力培训，湖南省农村妇女学科学、学技术、学政策法规的主动性、创造性有很大改观。经过培训，农村妇女积累了村级治理的知识，增长了科技致富本领，提高了自身素质和能力，参与村庄治理的自信心也有很大提高。长沙市的一次问卷调查显示，86%的女村主任认为自己完全能胜任本职工作。[3] 正如当地村民说的那样："女的能管事，管了票子管章子，管了小家管大家。"

再次，农村妇女的自组织能力有所加强。各种途径的宣传和培训为农村妇女之间的沟通和交流搭建了良好的平台。各种类型的农村妇女组织逐渐增

---

1. 内部资料：《湖南省妇联推动"农村妇女参与村级治理"工作新模式陈述报告》，第3页。
2. 内部资料：《关于省妇联"农村妇女参与村级治理"获"中国地方政府创新奖"的汇报》电子版，第5页。
3. 内部资料：《湖南省妇联推动"农村妇女参与村级治理"工作新模式陈述报告》，第3页。

多,如"女农民专业合作协会"、"女能手协会"、"女子禁赌队"、"女子计划生育宣传队"、"女子腰鼓队"等,这些组织在发展农村经济、活跃农村文化生活、维护基层社会和谐稳定中扮演着重要的角色。

最后,在一定程度上有利于扭转落后的性别观念。中国农村地区长期存在着以"男尊女卑"、"男主外,女主内"等观点为代表的重男轻女思想。这种落后的性别观念,严重影响了社会的文明与和谐。湖南省妇联通过"妇女参与村级治理"的项目,树立了一批优秀的"女村官"、"女能人"典型,这种典型的示范作用有利于激发更多的女性参与到村级治理中来,有利于男女平等观念的深化,从而在一定程度上转变人们落后的性别意识。

值得特别指出的是,湖南"妇女参与村级治理"项目还得到了民政部、全国妇联等上级组织的肯定。湖南经验被写入《中国执行〈北京宣言〉、〈行动纲领〉和第 23 届妇女问题特别联大报告》中,提交给联合国和 2005 年 3 月联合国经社理事会妇地司召开的第 49 届会议。在 2005 年 8 月纪念世妇会"北京+10"会议上,湖南省妇联应邀作关于农村妇女参政的发言。该项目还得到了一些国际组织的关注,2002 年,获得了福特基金会 23 万美元的项目支持,2004 年 7 月,又获得了中国—欧盟村务管理培训项目 100 万元的项目资金,专门用于培训。到目前为止,全国已有 10 多个省市、400 多人次来湖南交流考察。

(四)经　验

成功的创新案例不应是"沙漠中的绿舟",它必须具备一定程度的可复制性和可推广性。因此,总结和分享创新的经验,有利于从整体上推动社会的进步。从以上湖南省"妇女参与村级治理"的背景、内容和成效来看,我们可以将其经验总结为以下几点:(1)在创新过程中重视实地调查研究及理论对实践的指导作用,与学术界建立密切的联系,广泛听取专家学者的意见和建议。积极组织和参加国内外的理论研讨会。(2) 注重借鉴国外的先进理念和经验。选派优秀的项目组成员赴德国、芬兰等国家考察、学习女性政治参与的模式和经验。(3) 注重政府部门间的合作、协调。打破部门间的限制，建立有效的部门沟通机制，充分利用"妇女儿童工作委员会"等现有的制度平台，来整合部门力量。(4) 重视发挥国际组织、社会资本的积极作用。福特基金会等国际非政府组织从理念和物质上都对该项目给予了一定的支持。(5) 值得一提的是，湖南省妇联十分重视专家型官员的培养和选拔，这一点是笔者在调研过程中与当地妇联干部的接触中切身感受到的，在他们身上表现出强烈的创新意识。

（五）问　题

经过几年的发展，湖南在"妇女参与村级治理"问题上已经积累了一定的经验。然而，如何发现目前存在的问题和不足，找到进一步发展的动力和方法也是我们必须思考的。目前有待进一步完善的问题主要是：(1) 从政治参与结构来看，女性任村委会主任职务的数量太少，村委会女性成员大多从事计划生育等边缘工作，职务安排有一种职务性别化的取向；村庄两委干部职数的减少，为保障女性的比例带来一定困难。(2) 从政治参与质量来看，"女性参与村级治理"项目落实情况的区域差别较大，在那些经济条件相对较好、村民男女平等观念相对较强的地方，实施得较为顺畅。另外，地方政府领导人尤其是"一把手"的重视程度也在一定意义上决定了项目的实施状况。(3) 从政治参与的方式上看，应该努力引导妇女的主动型政治参与，防止以政治动员的方式来促进项目的实施；真正视农村女性为政治参与的主体，而不是把她们作为政治动员和政治教育的对象。这些问题的解决一方面有待宏观层面制度环境的变迁，如将女委员的比例规定纳入立法体系，性别观念的逐渐提升等。另一方面也需要女性在经济上、心理上自立、自强能力的提高，因为参与的热情和能力是同等重要的。妇女能力的提高需要有效的组织，妇联应该作为广大妇女群众和党、政府之间的桥梁，代表女性的利益和观点更加积极地影响政府的决策过程。

二、女性政治参与的现状分析

以政治学的概念框架来分析，湖南省妇联"妇女参与村级治理"项目是政治参与的典型案例。其特殊之处在于参与的主体为女性。事实上，近年来随着女性研究的发展和女性主义理论的传播，女性的政治参与问题一直被学术界所关注。以上面的案例为基础，笔者在这部分将简要分析女性政治参与的现状。

（一）女性与政治参与

政治参与是现代民主制度赖以存在的基础，也是民主政治的精髓所在。正如戴维·赫尔德在《民主的模式》一书中所说的："当公民享有一系列允许他们要求民主参与并把民主参与视为一种权利的时候，民主才是名副其实的民主。"[1] 关于什么是政治参与有很多不同的表述方式，《布莱克维尔政治学百科全书》把政治参与定义为："参与制定、通过或贯彻公共政策的行动，这一宽泛的定义适用于从事这类行动的任何人，无论他是当选的政治家、政府官员或是普通公民，只要他是在政治制度内以任何方式参加政策的形式过程"[2]。一般而言，政治参与是指：普通公民通过各种方式或渠道，试图直接或间接影响公共政策的制定与执行的政治行为。从类型上看，它不但包括制度性的、

---

1. ［英］戴维·赫尔德：《民主的模式》，燕继荣译，北京：中央编译出版社1998年版，前言。
2. ［英］戴维·米勒等：《布莱克维尔政治学百科全书》，邓正来译，北京：中国政法大学出版社1992年版，第204页。

合法的政治参与，如选举等；也包括非制度性、非法的参与，如暴力抗争和行贿等行为。[1] 本文所指的政治参与是公民个人合法、有序的制度性参与。

政治参与是衡量一个国家民主发育程度的主要标尺。达尔在《多头政体》一书中将政治参与和竞争视为判断一个政治制度是否民主的主要标准。[2] 健全的民主制度应该保障每个公民的民主权利，无论宗教、宗族和性别，都为他们创造公平的参与机会。

女性的社会地位和参与政治、经济、文化生活程度的高低是衡量一个国家文明与进步水平的重要标识。因此，通过制定各种制度和激励机制来保障女性在政治参与过程中的权利，提高她们的参与能力，也是民主制度的重要内容之一。充分地实现妇女的政治参与，受益的不仅仅是妇女，而是整个社会。

（二）女性政治参与的中国模式

1949年新中国成立以来，中国作为社会主义国家，在女性政治参与方面发展出了独特的模式。改革开放以前，女性的政治参与主要是在自上而下的国家行政力量主导下进行的，一种被动型的卷入式参与。[3] 虽然在妇女参政方面取得了很大的成绩，但主要是以党和政府行政命令的方式进行的。当时的干部制度主要是以委任制为主，即政治权力的合法性源自上级，干部的升迁取决于上级部门和领导的决定。因此，妇女参政的模式是自上而下的。如何选拔、培养妇女，何时选拔，选拔哪些女性，放在哪个岗位，都由上级组织

---

1. 中国大百科全书出版社编辑部：《中国大百科全书·政治学卷》，北京：中国大百科全书出版社1992年版，第302页。
2. [美]罗伯特·达尔：《多头政体》，谭君久、刘惠译，北京：商务印书馆2003年版，第8—9页。
3. 政治参与可以分为两种基本类型：一是主动的、自觉的参与，如公民的选举、投票等行为；二是被动的、卷入式的参与，如"文革"时期的政治动员、群众运动等。

来决定和安排，体现了党和政府的意志。服从组织的决定与安排是这一时期女性政治参与的最大特点。

与发达国家在20世纪五六十年代对妇女参政的消极态度形成鲜明对比的是，中国政府在推进妇女参政方面采取了性别保障措施，妇联是实施这一政策的主力军。性别比例政策对于推动女性的政治参与产生了实质性的影响。因为在重男轻女思想根深蒂固的社会中，只有实行强硬的性别比例政策才能保障女性走上政治舞台。这一方法后来也不断被一些发达国家所借鉴。

虽然这一阶段的妇女参政数量明显提升，但表现出了参与结构不合理即居于权力核心地位的凤毛麟角而大多位于权力的边缘地带、缺乏参政能力等问题；以至于有学者认为这是性别保护政策会导致拔苗助长的结果。改革开放以后，随着政治民主化程度的提高，公民民主参与的机会有所提升，女性政治参与开始从"权力参与"向"民主参与"发展。

女性政治参与包含"权力参与"和"民主参与"两个相互关联的层面。"权力参与"是指妇女进入国家及公共事务的各个管理阶层，掌握一定的决策与公共管理权力；"民主参与"是指妇女作为权利主体，行使民主选举、建议等权利。民主参与的主要形式是制度性的选举。在农村实行的村民自治为女性的民主参与提供了制度性的渠道。经过20年来的实践，村民自治制度作为中国基层民主的切入口，成就是有目共睹的。然而，从女性政治参与的角度出发，我们发现，女性参与村民自治的制度环境存在"紧张"：即正式的制度规则与非正式的风俗、习惯、观念等"潜规则"存在张力。

"制度是一个社会的游戏规则，更规范地说，它们是决定人们的相互关系的一系列约束。制度是由非正式约束（道德的约束、禁忌、习惯、传统和行为准则）和正式的法规（宪法、法令、产权）组成的"[1]。由这些规则所形成

---

1. [美]道格拉斯·C.诺斯：《经济史中的结构与变迁》，陈郁、罗华平译，上海：上海三联书店、上海人民出版社1994年版，第3页。

的制度环境，无时无刻不影响、规范着人们的行为。在中国，正式的制度环境主要由宪法、普通法律、行政法规和党的政策组成。目前，约束和规范女性参与村级治理的主要宏观制度包括：

《中华人民共和国宪法》（1982）第四十八条规定：中华人民共和国妇女在政治的、经济的、文化的、社会的和家庭的生活等各方面享有同男子平等的权利。国家保护妇女的权利和利益，实行男女同工同酬，培养和选拔妇女干部。《妇女权益保障法》（1992）第十条规定：妇女享有与男子平等的选举权与被选举权。全国人民代表大会和各级地方人民代表大会的代表中，应当有适当数量的妇女代表，并逐步提高妇女代表的比例。《村民委员会组织法》（1998）第九条规定：村民委员会由主任、副主任和委员共3—7人组成。村民委员会成员中，妇女应当有适当的名额。《中国妇女发展纲要（2001—2010）》中指出：村民委员会、居民委员会成员中女性要占一定比例；在民主选举过程中，鼓励妇女行使选举权和被选举权，积极参与选举，提高妇女民主参与的程度和比例。民政部下发的《关于努力保证农村妇女在村委会中有适当名额的意见》规定：要进一步提高对农村妇女当选村委会成员重要性的认识。采取措施，确保《村委会组织法》关于"村委会成员中，妇女应当有适当的名额"的法律规定落到实处。中央办公厅、国务院办公厅联合下发的《进一步做好村民委员会换届选举工作的通知》也明确规定要保证妇女在村民委员会选举中的合法权益，使女性在村民委员会成员中占有适当名额。

构成制度的行为规则既包括成文的规范，也包括不成文的规范；既有得到权威机关认可并要求强制服从的法律制度，也包括未经任何权威机构发布但潜在地制约人们行为的非正式规则，也就是人们通常所称的"潜规则"。[1]这些"潜规则"主要是指长期存在于人们内心的观念、习惯、风俗、惯例和

---

1. 俞可平：《中国公民社会：概念、分类与制度环境》，载《中国社会科学》，2006年第1期，第3页。

行为方式。通常，社会对女性的主要角色定位是"相夫教子"。"女子无才便是德"，"学得好不如嫁得好"等观念实质性地影响了人们的行为模式，为女性的民主参与设置了不小的障碍。据2002年3月华中师范大学农村问题研究中心在全国19个省市自治区进行的农村妇女参与村民自治状况的问卷调查显示：农村妇女的政治认识呈现出低层次水平。相当一部分农村妇女不了解村委会选举程序，不知道法律赋予自己何种权利，当然就更谈不上运用法律武器维护自身的权益。79.8%的被调查者不知道《村民委员会组织法》，不知道自己在村委会选举中享有何种权利，当权利受到侵害时就难以行使和维护自己的合法权益。农村妇女高涨的参政热情和一定程度的政治信任感难能可贵，然而她们的权力意识淡薄，政治效能感差，在政治参与中对政府有较强的依赖性，同时又有一定的盲从性。改变农村妇女在村委会选举中处于政治边缘化的状态，提升村委会选举的质量，还相当程度上取决于党和政府的重视与推动。[1]

"规则"与"潜规则"之间的冲突，即制度的张力，为女性的民主参与制造了不小的障碍。问题的解决需要政府在其中扮演主导性的角色。湖南妇联"妇女参与村级治理"项目的实施经验也表明，只有政府和领导人的高度重视，女性民主参与才能取得更大的进步。这也是为什么目前我国女性民主参与地区发展很不平衡的一个重要原因。在这方面，一些国际经验或许能够为我们提供有益的参考和建议。

（三）女性政治参与的国际经验

目前，联合国是国际社会推进女性政治参与的重要力量，它专门成立了

---

[1] 张凤华：《农村妇女在村委会选举中的参与意识分析》，载《华中师范大学学报（人文社科版）》，2002年第6期，第62页。

提高妇女地位委员会，该组织每年都要调查各国妇女参政比例的情况，并进行排名。这标志着妇女参政的数量和比例，已经超越了国家界限，被纳入整个人类社会发展的战略和视野中。一些国家设立了妇女发展目标，采取性别比例保障制度，以国家干预的方式提升妇女的平等参政地位。[1] 国外的一些做法主要是：（1）制定促进妇女参政的法律，在法律层面保障她们的参与权利。同时，设立专门的监察机构以保障法律的有效执行。早在1988年，挪威就修订了《男女平等法》，将政府和市政委任委员会中的性别比例明确写进该法。一些国家在1995年世界妇女大会之后修订宪法，明确将候选人男女比例纳入法律条文。这些举动将增加妇女的参政比例纳入了法治的轨道。有法可依，拥有制度保障。（2）实行比例保障制度和保留席位制度。目前世界上有17个国家在政府机构、国民议会和政党等决策机构中采取性别保障制度。（3）政府与各类民间组织密切合作，共同推动妇女进入决策领域，并为她们之间的交流搭建平台。例如，阿根廷的妇女平等基金会设计了每月一次的"妇女代表和代表妇女"早餐会系列活动，邀请所有国家级妇女代表和布宜诺斯艾利斯市所有议员出席，就共同关注的问题进行对话和讨论。（4）通过教育与培训，提高妇女的参政能力。教育和培训有助于提高妇女的自信心和参政能力，成为积极的公民。伊朗为妇女开办讲演和领导才能方面的培训；喀麦隆、科特迪瓦和几内亚在竞选期间举办女候选人培训班。英国北爱尔兰的尤斯塔人民学院开设了一系列提高女性领导才能的培训课程，向受训者传授如何提高领导技巧、领导艺术。美国和立陶宛的非政府组织联合为少女建立了"妇女企业领导人营地"，从小培养她们的参与热情和个人领导才能。[2]

应该说，湖南省妇联推动的"妇女参与村级治理"项目正是发生在女性

---

[1]. 李小江、朱虹、董秀玉主编：《平等与发展》，北京：生活·读书·新知三联书店1997年版，第62页。
[2]. 吴菁：《国际妇女参政的政策和措施》，载《妇女研究论丛》，2001年第S1期，第51—57页。

政治参与的国际国内背景之下的,其目的在于迎合和回应这种全球趋势。同时,该项目的发展也受制于女性政治参与的现状,因此,创新的进一步深化有待相关制度环境的优化和改善。

(原载俞可平主编:《中国地方政府创新案例研究报告(2005—2006)》,北京:北京大学出版社 2006 年版)

参与式社区治理与社区服务项目化管理
——北京大兴清源模式案例分析[*]

宋庆华等
(北京大兴清源街道与社区参与行动服务中心)

一、传统社区服务体系的困境

  中国历来有大政府、全能政府的传统。在计划经济时代,政府职能几乎无所不包。这种"全能政府"的做法在本应是居民自治性组织的社区居委会工作中也有所表现。随着单位制的终结,原本由单位管理的诸多事务被转移到居委会。如,2006年出台的《国务院关于加强和改进社区服务工作的意见》[1]认为社区服务应包括就业服务、离退休人员社会化管理、低保救助、计划生育、文化建设、社区安全服务等。在《意见》中提到"政府有关部门不得将应由自身承担的行政性工作摊派给社区组织",但是在实际操作中,社区居委会仍承接了很多行政性的工作。据了解,在社区工作中,其中90%的任

---

[*] 本文由社区参与行动服务中心主任宋庆华,项目执行人王瑞卿、李旭芳、李旭、赵旭合作撰写。
1. 国发〔2006〕14号文件。

务都是政府派下来的,这就导致居委会工作人员很少有时间和精力关注社区的公共事务。[1]民政部曾在全国开展了"全国社区建设试验区工程",出现了"上海模式"、"沈阳模式"、"盐田模式"等社区治理的创新模式,但是"其创新的方向大多数是以政府为主导的,把政府的职能更多延伸到社区层面"。[2]

随着经济的发展,社会结构越来越复杂,社会问题不断出现,下岗职工、"4050"人员、农民工等相对弱势群体出现并被边缘化,人口流动带来社区异质性增强,进而出现利益主体多元化等问题。这些问题单纯依赖自上而下的政府主导型的发展模式已经不能很好地解决。传统状况下,每个社区都在执行不同政府部门的指令,而不同社区做着相同或相似工作的情况也越来越暴露出其局限性与弊端。

中国城市基层治理改革面临着一个非常关键的方向性调整,即基层治理结构的调整。2009年,北京市社工委社区建设处处长孙志祥提出,社区建设要由管理转向治理,实现主体多元化、过程互动化、结构扁平化、目标内生化。让社区多元利益群体自我组织起来,形成自我帮助、自我管理的自下而上的服务体系是作为城市基层治理主体——街道办事处面临的现实选择。探索适合中国国情的、以政府推动和社区自治相结合的社区发展制度和与之相适应的社区发展治理模式,成为越来越多理论和实践工作者的共识。和谐社会框架下的现代城市治理模式及相关理论如何有效地在社区实践,也是当前我国城市社区发展过程中迫切需要解决的问题。

2007年开始,北京市大兴区清源街道办事处与社区参与行动服务中心(以下简称社区参与行动)开始合作。其共同开展的"参与式社区服务模式与社区服务项目化管理"项目在一定程度上探索了一条解决上述困境的途径。这个项目旨在淡化政府行政指令,提高社区居民参与社区发展的意愿与能力,

---

1. 于燕燕:《社区:自治与和谐》,北京:中国人事出版社2009年版,第55页。
2. 贾西津等:《中国公民参与——案例与模式》,北京:社会科学文献出版社2008年版,第80页。

倡导政府加强对社区弱势人群服务项目的资金投入。

二、北京市大兴区清源街道和社区参与行动介绍

北京市大兴区清源街道成立于 2001 年 11 月，下有 28 个社区居委会（2007 年开始合作时为 23 个），辖区人口近 13 万。28 个社区中，既有北京市最早的商品房社区，也有高档别墅社区，还有破产企业职工构成的社区和外来居民聚居的平房社区。清源街道社区服务中心成立于 2003 年，为满足居民社区服务的需求，实现了市区街居社区管理软件四级联网，开通了街道社区服务热线，开展了家政、保洁等十大类社区服务项目。然而，面对需求多样、结构复杂的现状，社区服务中心看到，由政府提供统一模式的社区服务并不能有效地满足社区居民的需求。

社区参与行动是一个促进城市社区参与式治理的民办非企业单位，成立于 2002 年 12 月，旨在帮助中国城市社区建立和提高社区参与能力，推动持续性的社区参与式治理，促进和谐社区的建立，其理念是相信每一个人都有能力为创建一个公平、公正、充满活力的社会贡献力量。主要的工作领域有：（1）向城市社区提供社区参与的方法、信息、咨询和培训；（2）开展中国城市社区参与式治理试点的行动研究；（3）传递社会创新理念和实践；（4）收集城市治理案例和出版物出版；（5）在政府、专家学者、NGO 和城市社区间建立沟通、交流与合作的平台；（6）培育社区自组织发展。

三、参与式社区治理与社区服务项目化管理的开展

（一）参与式社区治理与社区服务项目化管理的内容

参与式社区治理旨在推动社区协商民主制度的建设，而这个目标是通过

建立以需求为导向的社区服务为契机的，因此，参与式社区服务项目化管理是社区参与式治理的载体，是对街道政府传统工作的一种改革与创新。

参与式方法产生于对传统发展方式的反思。传统发展理念以经济发展为目标，没有把发展的主体——人和社会作为目标，发展的结果是穷人依然贫困，贫困社区仍然落后。参与式方法使政治经济权利向有利于弱势群体的方向调整，让弱势人群分析他们所处的真实状况，在决策中参与，并在整个变革过程中发挥作用。

"参与式社区治理与社区服务项目化管理"中开展的社区服务围绕社区需求与资源开展。项目中的目标群体不仅仅是服务的受益者，也是项目决策、实施、管理、监督和利益分享等过程的参与者。因此，该项目依托社区内部资源，满足社区需求，基本实现了发展社区和培育社区自治组织的目标。

（二）参与式社区治理与社区服务项目化管理的具体操作

大兴区清源街道与社区参与行动合作开展的"参与式社区治理与社区服务项目化管理"项目在操作环节上主要包括两个方面的内容，即能力建设培训与社区服务项目化管理。这两方面的内容彼此联系，互相促进。

1. 能力建设培训

北京市大兴区清源街道与社区参与行动于2007年签署的合作协议中，首先达成共识的就是能力建设。能力建设包括几个内容：第一是分析社区现状，第二是发现问题和找到社区需求，第三是撰写社区服务项目申请，第四是项目实施计划的确定和项目执行人的选定，最后是如何实施社区服务项目。

首先，清源街道社区服务中心与社区参与行动一起对23个社区居委会工作人员进行了为期两天的"参与式社区服务能力建设培训"。培训中，社区居委会工作人员分析了社区服务现状，认为现有的社区服务都是社区活动，这是参与式社区服务项目与项目化管理要重点解决的一个问题。培训使社区居委会工作人员普遍理解了参与式社区服务的意义以及社区的可持续性。[1]

其次，基于利益相关方作为主体应参与到项目决策、实施、监督与利益分享全过程的理念，社区服务项目的主体之一社区居民也应成为项目的设计者和实施者。然而，受中国传统做法的影响，社区居民习惯了政府来解决问题，自己不承担责任和提供服务。为改变这一状况，还设计了"能人工作坊"，即对社区中的"非正式领袖"和一些社区居民积极分子开展培训，发展具有执行力和影响力的社区服务项目团队。这些培训一开始没有得到居民的理解和认同，然而，随着培训的深入，居民们纷纷感慨，这才是我们要的社区和社区服务。

清源街道康隆园社区居民郭荣退休后从黑龙江哈尔滨来到大兴康隆园居住，现在是康隆园社区项目"绿岛生活馆"的负责人之一，他讲述了他参加培训的转变：

"正当我休闲自得过小日子时，居委会通知我参加服务中心举办的社区能人工作坊培训。我在东北没有接触过社区工作，我的第一想法就是借着机会增长知识，开阔眼界。当我听了宋庆华老师[2]第一堂课的时候，感到很失望，我就觉得她讲的主要是居民如何参与社区活动，我想社区是由居委会来管的，居委会来搞活动的，我一个居民怎么能参与这样的活动呢？如何以居民为主、社区居委会为辅的开展居民参与的各类各项活动，更让我迷茫了。而且要达到什么？要进一步达到居民自治，我想这怎么可能？而且这应该是居委会的事，不是我们居民的事，并且特别是宋庆华老师讲到了，美国、德国等其他一些国家的社区管理建设的先进理念的时候，我认为在现在的中国是根本办不到的。所以对不起，下午我就不辞而别了，没再继续听下去。

1. 引自《关于大兴区清源街道实施参与式社区服务项目第一阶段合作协议书》。
2. 社区参与行动创办人及现任主任。

"可是好奇心又让我欲罢不能,我想反正在家没有事,既然答应了居委会去参加了,那么不如再听下去,结果这一听下去,真的让我割舍不了。宋老师把我带进了崭新的天地,她让我知道了社区建设和发展的真正主力军是我们居民,她教给我们如何利用开放空间[1]这种新的会议方式来征求居民的意见,真正了解居民的需要与扩展社区项目的工作方法和解决需求,她给我打开了居民参与社区事务的激情钥匙,同时也给了我们做社区工作的勇气和智慧。

"通过学习我认识到社区能人工作坊的培训不仅可以开阔视野,增长知识,而且也能学习到做社区工作的技巧和方法,宋老师让我们意识到了,自己不仅是社区居民,更重要的是社区活动的参与者和组织者。"

能力建设的重要性被合作各方在各种场合反复提及。清源街道办事处主任冯波曾提到:"通过开展培训、组织参观、座谈会等活动,强化了社区工作的基础知识、工作技能,提高了社区工作者召开会议以及解决问题的能力。"社区参与行动主任宋庆华也指出,居民中社区服务项目执行负责人和核心团队的出现,居委会解决问题的能力提高,是重视能力建设所产生的结果。

2. 社区服务项目化管理

2007年8月至9月底,清源街道社区服务中心与社区参与行动合作开展了社区座谈、需求调查、能力建设培训等工作。2007年9月底至11月底,进入社区服务项目确定、实施阶段。这一阶段确定了社区服务项目化管理的目标及项目的实施,并在项目实施过程中进一步培训了项目实施人员的项目管理能力。

---

[1] 笔者注,开放空间是一种参与式讨论会,参与者提出自己感兴趣的话题、共同讨论、并制订行动计划等。具体可见社区参与行动相关资料。

社区服务项目化管理的操作过程和步骤在下图中可以看到：

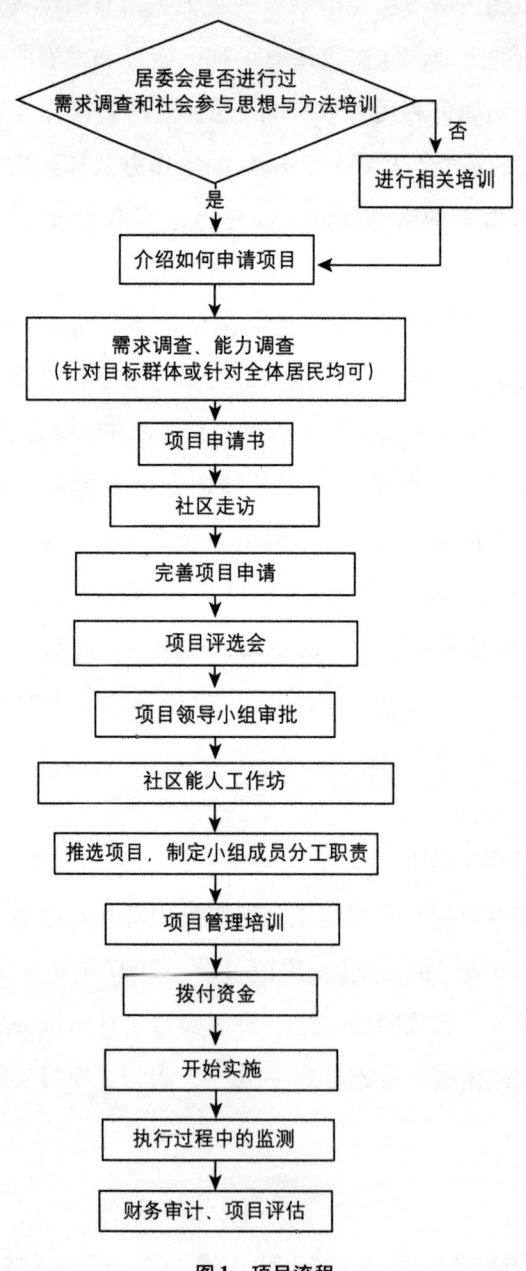

图1 项目流程

在社区服务项目的起始阶段，清源街道社区服务中心工作人员与社区参与行动工作人员一起发放了需求调查反馈表、项目申请书及社区服务项目指南等。在社区层面，开展需求调查、确定社区服务项目、撰写项目申请书等，都是居委会工作人员和社区居民共同完成。各社区确定社区服务项目后，清源街道社区服务中心与社区参与行动共同举办项目评选会，并制定了评选结果汇总表。项目被批准之后，各社区服务项目需确定项目执行小组名单，并签署项目小组成员职责合同。在项目结束时，项目执行小组要完成执行报告表、财务审计表和评估报告等。从这一过程可见，社区服务项目化管理已基本实现了制度化与规范化。

具体到社区服务项目来说，在2007年的项目中，清源街道一共确定了4个社区服务项目作为试点，分别是：金华里社区的"新居民之家"项目，郁花园社区的"社区文化活动中心"项目，金惠园二里的"e家亲服务社"项目，兴华园社区"儿童创意及表现空间"项目。这4个社区特点鲜明，各有不同。

金华里社区是清源街道唯一的平房区，外来人口众多，占社区总人口的一半以上。"新居民之家"项目通过对社区新居民进行需求调查，确定了"爱心超市"和"小小乐园"两项内容。此项目由新居民自我组织、自我服务、自我管理。"爱心超市"向学校、社区募捐衣物和生活用品，经清洁消毒后低价出售给新居民；"小小乐园"提供儿童看护服务。在项目开展过程中，项目执行人员发现新居民对裁裤边、修拉链、烫洗衣服等也很需求，因此，"爱心超市"又相应地增加了这些内容。

郁花园社区是北京最早的商品房小区，居民来自全国各地，相互之间不认识，也很少沟通。然而，在需求调查中发现有不少居民喜爱文艺活动，于是社区成立了郁花园文化艺术中心。中心里容纳了十多支社区文化团队，有舞蹈、唱歌、书画等。这些团队的负责人构成了文化艺术中心理事会，理事会对文化艺术中心的管理负责。

金惠园二里社区以独栋别墅为主，社区居民经济条件好，对于社区服务的

依赖性也相对较弱。然而,开展居民需求调查后,社区居委会发现社区的家政服务员比较多,需要请家政服务员的业主也很多,而社区内现有的家政服务员基本上没受过专业培训。因此,确立了"e家亲服务社"项目。该项目帮助家政服务员建立了自己的理事会,协调联系各方资源为家政服务员提供培训学习,增加家政服务员被雇用的机会,也提高了社区居民对家政服务员的满意度。

兴华园社区居民年龄结构较年轻,孩子比较多,因此,社区确立了关注青少年社区教育的项目。这个项目开展了一系列寓教于乐的活动,目的是引导未成年人增强创新意识和实践能力。

以需求为导向,依据社区特色确定社区服务项目,使社区服务项目既体现了社区特色又有针对性地满足了社区居民的需求,因此,能够广泛动员社区居民参与其中并为之作出贡献。最终,这一做法形成了多赢的局面。

在2007年项目实施的基础上,2008年,"参与式治理与社区服务项目化管理"更追求规范化。清源街道社区服务中心与社区参与行动商议后决定,通过开展项目评审会确定社区服务中心支持的社区服务项目。即,凡申请项目的社区需提交规定格式的项目申请书,阐述该项目的目的、计划、指标、实施主体及预算等。清源街道社区服务中心组织召开项目评审会,每个社区邀请居委会工作人员和参与项目设计实施的居民共同参加。在评审会上,每个申请项目社区公开介绍自己的项目,并接受其他社区居民、居委会工作人员、街道领导及参会专家的提问。之后,所有参会者对各个社区项目的公益性、可行性和可持续性分别投票,工作人员按照事先约定的不同权重对各个项目的公益性、可行性和可持续性获得的票数进行加权计算,最后将每个项目的这三项得分相加,得出该项目的最终得分,并排名。在排名的基础上,综合街道领导及与会专家的意见,最后确定清源街道社区服务中心资助实施的社区服务项目。

社区服务项目确认获资助实施后,由居民为主体的项目执行小组确认各自的分工、职责,并制定规则,最终推动项目的实施。这个阶段,社区参与行动继续跟踪项目,并提供项目执行管理方面的培训。

（三）参与式治理机制

在"参与式社区治理与社区服务项目化管理"的实施中，清源街道社区服务中心与社区参与行动共同制定了与之相适应的参与式治理机制，包括组织架构与制度文件。其中，组织架构是指：(1) 指导机构，由清源街道办事处、社区参与行动双方领导组成的领导小组组成，是"参与式社区治理与社区服务项目化管理"工作的指导机构；(2) 项目协调组，由清源街道社区服务中心工作人员和社区参与行动工作人员组成，是日常工作机构；(3) 项目实施机构，由居委会工作人员、居民代表、志愿者组成，是项目执行小组；(4) 项目监审组，由清源街道纪检部门、人大、财政所、财务室组成，用于规范项目评选和审核项目资金使用。组织架构的具体运作、相互之间的关系及在项目实施中的作用见下图：

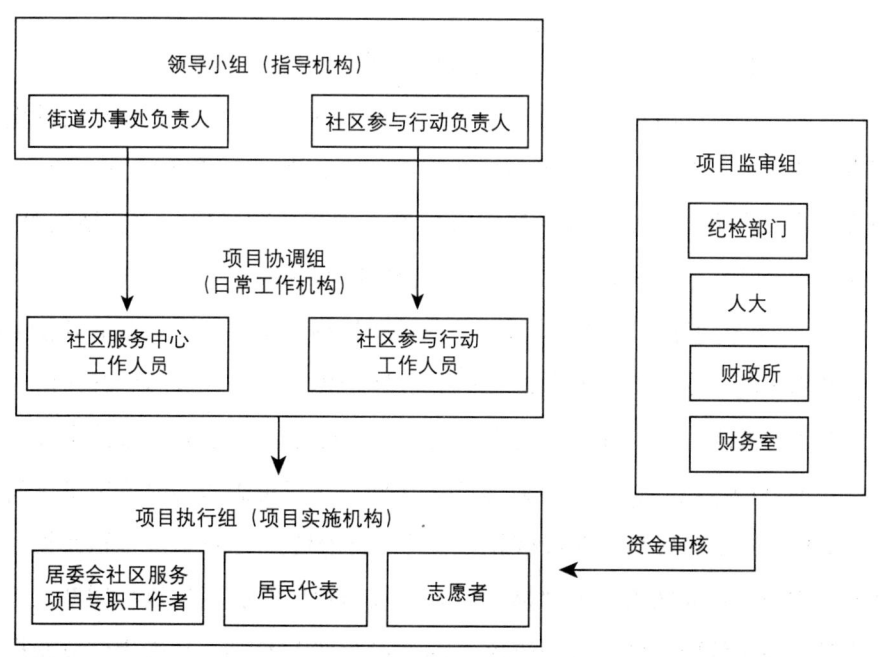

图2 组织架构

为了确保项目的顺利开展，清源街道社区服务中心还制定了一系列制度文件，如项目管理办法、例会制度、协商机制等，并统一了社区服务项目的运作程序。从分析社区特点、开展需求调查开始到项目的申请、审批、实施、监督等每个环节都制定了相应的工作程序，制作了标准的工作记录卡。从2008年起，社区居委会还专门设置了社区服务项目专职工作者，负责发现社区需求、申请社区服务项目。

项目实施半年后，领导小组专门研究制定了《大兴区清源街道办事处关于社区服务项目化管理的实施办法》。《办法》对各种组织的职责及项目的申报、审核、实施、评估、监督、终止、资金使用等都作了明确的要求。《办法》从制度上保证了参与式社区服务项目的发展。

（四）多元主体的参与

"参与式社区治理与社区服务项目化管理"的实施，打通了多元主体参与社区事务的渠道。治理最强调的就是多元主体的参与，而社区服务项目化管理有效地实现了多元主体的参与。如下图所示，在社区服务项目化管理中，形成了清源街道办事处、清源街道社区服务中心、社区居委会、辖区单位、民间组织和社区居民多元互动、合作治理社区的新格局。

在"参与式社区治理与社区服务项目化管理"中，各主体都有其扮演的角色和承担的工作。具体内容是：（1）社区居民：有效地参与到社区服务项目的决策、管理、实施和利益分享等过程中，通过社区服务项目的实施形成社区里的自治组织；（2）社区居委会：协调社区居民需求与政府要求之间的矛盾，但要保证社区居民对社区服务项目的自治权；（3）清源街道及街道社区服务中心：从社区事务中"撤出"并授权给社区服务项目执行团队，为社区服务项目化管理提供资金和资源；（4）社区参与行动：与街道结成合作伙伴关系，社区服务提供专业化的咨询和技术支持。

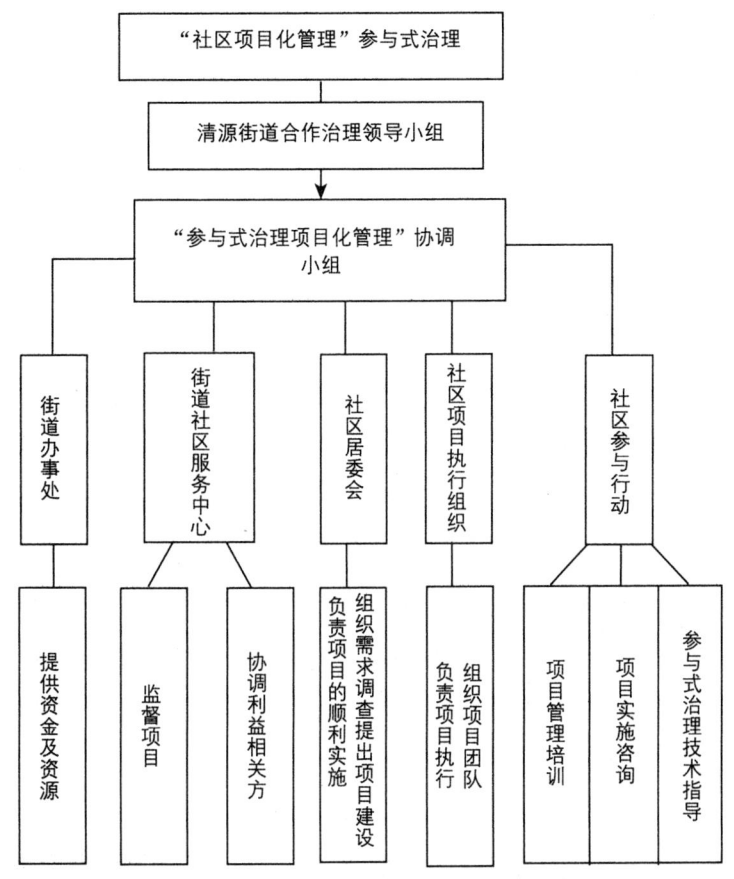

图3 社区项目化管理分工格局

这一分工使各主体的角色更加清晰，责任更加明确。社区居民开始接受合作的概念，他们不再仅仅是被服务的对象，也可以成为提供服务的主体，一起做事和分享工作成果使他们成了能够发现需求、组织居民实施项目的项目执行人。而居委会成了项目所需资源的协调人，从习惯的当"政府的腿"学会当"百姓的头"，回归社区居委会的身份。

在2009年7月召开的"参与式社区治理与社区服务——大兴清源模式研讨会"上，一位居民在发言中两次用到了"我的什么什么我做主"这样一个时下在年轻人中流行的句式。上海大学社会发展研究中心的顾骏教授对此评

民主管理
Democratic Management

论道:"这么一句话背后体现了一个理念,这个理念应该成为我们社区建设和社区服务的指导性理念。社区的根本是什么?社区不是地域,不是一堆事情,不是几个人,社区是一种方法,一种动员当地资源解决自己问题的方法。这种方法怎么才能用起来?我们过去一直有很大的困惑,觉得好像社区建设现在还是忙来忙去,政府的事情老百姓不参与,居民没有积极性。所以,如何调动居民积极性成为我们社区建设中的一个难题。我想大家熟悉社区建设的都会觉得里面(居民发言的案例——引注)干的这些活,好像没有什么新意,这个活我们全国各地到处都在干。作为典型,它们的意义到底在哪里?我想可能不在他们做了什么,而在他们怎么做?关键在于'我的社区我做主'。'我的社区我做主'让我想到了一个生活小现象,就是一个人背上痒痒,自己又挠不到,这时候请别人帮忙,可是别人再怎么帮忙,最后自己能挠到的话,还是自己挠到的最舒服。'我的社区我做主'就是我的社区痒痒在哪里我自己明白,我自己来挠。参与式社区服务项目化管理就是我的社区有什么需求,我最清楚,我清楚的需求我自己来满足。这样一个自己动用资源满足自己需求的做法,给了我们社区服务一个内生的动力。"[1]

四、参与式社区治理与社区服务项目化管理取得的成效

清源街道与社区参与行动合作开展"参与式社区治理与社区服务项目化管理"已有三年左右的时间,今天回过头来看,这项工作取得了很大的成效。

(一)社区居委会工作人员工作态度和工作方式发生转变

兴华园社区居委会主任在项目分享会上如是说:"兴华园社区是一个5000

---

1. 顾骏:2009年7月28日于清源街道"参与式社区治理与社区服务——大兴清源模式研讨会"上的发言。

户的大社区,现已入住 4000 多户,人口过万。社区居民结构分为回迁上楼的农民、市区搬迁户、本地购房户、外省市户籍在此地购房户。复杂的居住环境,督促我们必须改变固有的工作模式,探索符合居民意愿的社区工作方式。"从 2005 年开始,社区就开始注重加强青少年教育,但当时基本上是居委会想给孩子们搞活动,把活动设计好了就把孩子找来,完全是被动参与。成立"儿童工作坊"社区服务项目以后,运用参与式的理念指导项目,项目活动完全是孩子们自己讨论、自己设计、自己执行,演变成小手拉大手,互帮、互促,共同进步。参与式社区服务使社区居委会由居民找上门来被动服务,转变成上门听取居民意见,主动服务。更主要的是社区居民也真正地参与到社区服务的实施及决策,而不仅仅是接受被动服务。这样一来不仅服务效果明显,而且节约了成本。居民有更多的机会接触社区,了解社区。渐渐的这种参与式的方式被运用到了社区居委会的述职报告,以及居民代表大会中,参与式的工作方法使得社区居民更愿意和社区居委会说出他们的心里话,居委会在居民心目中位置也更加牢固,增进了社区居民与社区居委会的互动。

(二) 参与的深层化和社区自我组织的成立推动社区自治

在"参与式社区治理与社区服务项目管理"的推动中,居民对社区事务的参与形式和参与程度发生了很大变化。社区居民不再是单纯参加社区活动,而是真正地自主参与社区事务的决策。社区自治组织正在发展,发掘社区领袖,社区组织核心团队的形成有助于持续性工作的开展,定期的工作例会使社区组织不断完善。以社区服务项目为载体,每个项目均成立了项目协调小组,有着明确的职责分工,如总负责人、财务负责人等。通过定期例会与座谈,无论是居委会层面还是社区居民都得到了协商民主的训练,项目协调小组逐步朝社区自治组织方向发展。

郁花园二里社区的居民提出了要自己建立环境保护的项目,从决策开始,社区居民领袖就在其中起着重要作用。滨河北里社区的健身器材也是志愿者自筹资金、自己购买的。滨河北里社区的巴立丹书记提出，把社区组织变成一个筐，居委会的工作就是发展社区组织，想办法把"筐"变大、变多、变得更能装，由社区组织开展社区服务工作。

（三）社区服务供给的新方式

通过"参与式社区治理与社区服务项目化管理"的实施，我们看到，社区所需要的服务，越来越以需求为导向由社区组织提供。例如在金华里社区，新居民洗衣熨烫的需求由"新居民之家"提供；在滨河西里南区社区，照顾老人的需求由"社区参与行动（帮老助困）服务队"提供。这种针对社区特定需求由社区内生组织提供服务的方式有着自己的优势。

常见的社会服务供给有市场供给、政府供给以及外部组织供给等。由于市场的逐利性质，必然造成无"利"可图的事没有人去做，而且会排挤一部分弱势群体享受服务，造成社会的不公。政府提供公共物品不会出现这样的状况，但是政府提供的服务难以对细微的需求区别作出差别化的调整，而且会出现"搭便车"现象，因此在一些需要差别对待的领域效率不高。另外，政府提供服务还面临着自己提供服务自己评估的尴尬境地。而由外部组织直接提供社区公共服务也存在一些弊端，如对于社区的了解不足，受项目期影响不能长期为社区提供服务等。一位在社区工作多年的社区工作者谈到这一点时曾说："现在很多的社会组织在社区工作时走入了一个误区，往往是到社区去做项目，事实上，这些社会组织应该做的是社区的服务项目而不是到社区做服务项目。"

相对于此，社区内生组织在社区提供服务项目的优势就显现出来了：（1）成本更低，如，清源街道的项目经费多数在万元左右，部分项目每年预算只有几千元；（2）针对性更好，项目依据对社区的需求与资源调查而制定，更能满足社区需求,并有针对性地向弱势群体倾斜;(3) 能持续地开展项目活动,因为社区内生组织扎根于社区,主要成员都是社区居民;(4) 把资源留在社区,相对于政府部门和商业部门而言,社区可以自由支配的资源相对较少,而通过社区自组织提供社区服务的话,就可以实现将资源留在社区并向社区弱势群体倾斜的目标。

(四) 社区基层民主协商制度的初步建立

参与式社区治理的内容是以需求为导向的社区服务为基础的协商民主制度建设,通过社区服务项目的实施,居民和社区工作者有了开会讨论的自觉,在社区居民不断参与社区服务项目的设计、调查、申报、参加评选会的过程中不断学习理性地发表自己的观点、为社区事务贡献力量,逐步提高参与能力以及参与社区事务的意识,形成了参与式民主协商制度。"有问题就要开会","发现这个问题走不动了,出现了矛盾,开会商量一下",这些都是对民主协商的一种训练。滨河东里"189 民商联合会"项目开展至今,取得了不错的效果。这个项目的主要背景是在这个社区有 189 个商户,商户之间、商户与居民之间存在着不同程度的冲突,如餐馆噪音、商户垃圾乱放、营业时间过晚扰民等。根据这些问题居委会提出要建立一个居委会、居民与商户自治管理的联合会项目。项目目标是辖区内商业街中 189 家商户协商自治。项目前期,通过走访方式拟定了联合会成员名单,并开展了筹备座谈会,社区居民和商户在座谈会上一起商讨,制定出项目的工作流程图、绘制商业街的分片示意图等,确定由居民与商户共同组成的理事会成员,制定组织框架图,设计联合会 logo,制定项目工作计划及联合会章程等。在项目开展之初各利益相关方参与决策讨论,在日后开展的项目活动中,商家、居民都贡献想法并积极参与到实施管理的过程。项目实施后,商户加强了与社区的联系并了解到社区一些弱势群体需要帮助,商户们决定建立互助行动,让社区居民受益。

民主管理
Democratic Management

在项目年度分享会上,滨河东里社区居委会主任说:"在189项目推进的过程中,我们可喜地发现,参与人群——居民和商户的参与热情不断提升,从最初抱着试一试的态度参加意见征集活动,到现在主动联系社区居委会要求参与189项目服务工作,我们看到社区内部力量参与社区自治的强烈愿望,以上这些都是在民主协商机制的基础上达成的。"这也如商户代表所说:"正是在这种协商制度的基础上,我们才能有机会坐在一起来多认识一些人,这样一来我们也才有机会和社区的人交流沟通,听听大家的想法。"

民主协商制度的形成使得政府部门认识到了居民参与社区事务的优势,通过三年左右的项目工作,清源街道逐步把更多决策社区事务的权利赋予了社区居民。

五、参与式社区治理与社区服务项目化管理中政府工作的创新

在"参与式社区治理与社区服务项目化管理"中,政府实现了从提供服务、为民办事到提供资源、助民办事的转变。这一转变表现在以下方面:

(一) 街道办事处相关部门职能的转变

清源街道社区服务中心作为街道办事处的派出部门,在项目实施中实现了从管理到服务的角色转变。作为"参与式社区治理与社区服务项目化管理"的执行部门之一,社区服务中心承担着项目化管理的项目设计咨询辅导、项目监督以及项目资金使用的审计等工作。社区服务中心真正承担了为社区居委会、社区组织提供社区服务协调和指导服务的角色。

在每年的社区服务项目评选中,邀请社区服务项目的申请方展示项目,并由社区居民、社区居委会、社区服务中心、街道部门以及社区参与行动共

同参与评选，确定社区项目。之后，由街道办事处财政拨款支持社区服务项目，社区居民执行，并由街道办事处相关部门监督资金的使用和评估项目各个阶段的完成情况，街道办事处真正成了"裁判员"。为了更好地发挥"裁判员"的作用，街道办事处有关部门深入社区了解民情，为有效解决民生问题探索了一条可操作的途径，并在制度层面实现了创新，避免了政府通过社区途径做事、行政权力向社区扩张从而导致政府体制再度膨胀和基层民主建设压抑的风险。[1]

传统上，政府对于社会组织采取"不承认"、"不干预"、"不取缔"的态度。[2]这种思想是"全能政府"的一种体现。但是，拒绝抵制社会组织是不可能的，卡罗琳·M.库珀在《中国非政府组织的发展与地方治理》中论证并强调了社会组织在地方治理中扮演角色的必然性。于燕燕则从社区自治角度提出了社会事务交由社会组织承接的建议。[3]但是这种合作如何展开，一直缺乏有成效的实践。大兴区清源街道与社区参与行动的合作是一次成功的政府与社会组织合作实践的探索。双方不仅合作开展"参与式社区治理与社区服务项目化管理"工作，还从建立治理机制为主要特征，建立了一系列的合作制度，如开放空间民主协商机制、领导小组联席会议制度、以社区服务中心为核心的项目化管理协调制度等，显现出了有效的共同协商、角色分工明确的职能。另外，合作还建立了不同层面的沟通机制。

（二）政府财政设专项资金

清源街道社区服务中心所需资金由街道全额拨付，使社区服务中心可以

---

1. 贾西津等：《中国公民参与——案例与模式》，北京：社会科学文献出版社2008年版，第100页。
2. 康晓光、韩恒：《分类控制：当前中国大陆国家与社会关系研究》，载《社会学研究》，2005年第6期，第73—89页。
3. 于燕燕：《社区自治与政府职能转变》，转引自李妍焱：《关于促进NPO与政府建立合作关系的有效条件之探讨》，载《中国非营利评论》第五卷，第111页。

安心于项目的推动、审批与管理。街道还设立了社区服务项目专项资金，对社区服务项目进行资金支持。

清源街道办事处的资源在向社区分配时，传统的做法是在所有社区中平均分配。而在清源街道社区服务项目化管理的探索中，各社区根据本社区需求申请社区服务项目并得到政府资金支持，打破了原来社区吃"大锅饭"、资金平均分配的传统模式。资金按需求分配，并由于在项目审批时关注项目的公益性，使得更多的资金向社区弱势群体倾斜，以及为弱势群体服务的支持上，这是"关注民生"在社区的具体体现。政府对于社区项目资金投入不直接执行而是监督资金使用的做法，改变了以往社区服务中政府出资、政府使用、政府提供具体服务到政府审核的现象。

清源街道从街道层面将原来既要给社区布置社区服务内容又要提供资金支持的双重身份转变成为让社区提出申请、街道批准后提供财政支持的社区服务管理新模式，从原来政府部门的服务投入导向转变为现在的资金投入导向，逐步实现街道办事处、社区居委会与社区居民合作治理社区的新局面。

六、问题与思考

"参与式社区治理与社区服务项目化管理"由地方政府与民间公益组织合作推动，利用参与式方法开展社区建设工作，动员各种社会力量开展社区建设，开创了地方政府参与式社区服务工作的新局面。相对于中国自上而下政府行政工作方式而言，这种自上而下与自下而上相结合的工作方式是一种有效的创新实践。这种模式将给社区建设带来源源不断的活力，真正解决社区实际需求与问题。这种创新模式的推广将会极大地促进中国基层民主的发展和地方政府治理改革。然而，我们也要看到目前这种模式的推广中可能遇到的障碍：

1. "全能政府"观念的制约。参与式发展还只是个案，缺乏较高层面的制度化规范。社区治理中传统的责权分离的体制,政府工作人员不让渡本该属于社区的权力,对于"全能政府"的认同等对参与式治理的推广都是阻碍。

2. 多方合作空间的脆弱性。多方合作中谁是最主要的推动者?其中各方是否平等?谁能有效地保护这个多方合作的空间?这些问题目前并没有相应的法律保护,还需要进一步探索。

3. 需要较多的时间成本。不管是政府官员还是社区居委会工作人员以及居民,普遍缺乏对参与式治理理念的理解,在一些解决社区问题的公共讨论会议上,居民们不习惯发表自己的建议,不会妥协,缺乏协商利益平衡的公民意识。这些都需要通过较长时间的能力建设和实践练习才能改善。政府很多时候表现出能够接受方法,但缺乏足够的耐心。

4. 财政支持系统存在缺陷。街道一级政府仅能支配有限的资金,参与式治理在社区层面的实践缺乏足够的资金支持。另一方面,政府在向社会组织购买服务上还没有可行的制度安排,很多时候因为没有项目资金而不能够做有效的实践,这对推动参与式治理也是一种障碍。

(原载俞可平主编:《中国地方政府创新案例研究报告(2009—2010)》,北京:北京大学出版社2010年版)

多元共治：对灾后社区重建中参与式发展理论的反思
——以"5·12"地震灾后社区重建中的新家园计划为例

朱健刚　胡　明
（中山大学公益慈善研究中心）

　　环境灾难的应对正成为当今中国乃至全球日益关注的公共话题。从更长远的历史来看，每一个文明体系对大规模的环境灾难能否应对得当直接影响到其文明的延续和政权的兴衰。中国的救灾史长期以来依赖的是政权救济以及当地民间自身的赈灾行为。[1] 但是，在 2008 年汶川地震救灾过程中，这一救灾传统发生了新的转变；大量的 NGO 以及社会工作机构开始广泛介入灾区的紧急救援和重建过程。[2] 这一新的社会因素引起了广泛的关注。

　　因为国际发展机构的长期影响，参与式发展的话语和工具在中国推动社区发展的 NGO 中占据主导位置，[3] 并被广泛带入了 NGO 在地震灾区的社区重建

---

1. 邓拓：《中国救荒史》，北京：北京出版社 1998 年版。
2. 根据我们的统计，在 2008 年 5—8 月期间，约 300 多个 NGO 参与了地震灾区的紧急救援。一些组织在完成紧急救援后离开灾区，但目前仍有近 200 个 NGO 深度参与社区灾后重建。
3. 关于国际发展机构对中国 NGO 发展的影响，可参见王名［2007］的研究。

实践。根据这种发展话语，NGO 需要通过调动社区居民在社区重建事务中自下而上的、广泛的参与，即在"整个项目周期内的共同决策以及权力共享"[1]，最终实现社区主导的可持续发展。但是这类社区发展策略在灾后社区重建过程中能否有效？特别是在中国的基层社区情境中，它会发生怎样的变异？NGO 又如何应对，从而开发出适应本土的社区发展策略？通过对作者参与的社区实践案例分析，本文希望对此理论进行反思。

经典的参与式发展理论认为，社区欠发展的原因是居民未能成为社区发展的主体，社区本身的地方性知识与文化没有得到尊重。因此，发展的重要途径是赋权社区民众，推动社区权力结构自下而上的重构，最终实现社区的自治和居民主导的社区治理。[2] 它强调社区本身的文化是社区发展的关键动力并需要得到尊重；而只有对社区弱势群体的层层赋权，使得他们具有自我发展的自尊、信心和能力，才能够真正实现社区发展，并使得每个人都能从社区发展中受益，至少不会受害。[3]

经过 20 世纪 90 年代以来世界银行、联合国发展计划署和大量国际 NGO 的倡导，这种社区发展理论和相应的技术（如 Participatory Rural Appraisal，"参与式乡村快速评估法"）在西方发达国家为发展中国家提供经济援助的过程中有效地改进了援助项目的效果，一定程度上促进了后者的经济社会发展，并广泛应用到社区发展的相关领域。[4] 但是，当参与式发展迅速被发展领域奉为正统，另一方面它也显示了"排外、西方中心、并非人人平等"的特征。[5] 随着经济全球化的扩张和新兴工业国家的崛起，传统社区正在受到市场和民族国家渗入的深刻影响，并被连接到更为宽广和复杂的社会网络中。参与式

---

1. GTZ., Where there is no participation, Eschborn: Deutsche Gessells chaft fur Technische Zusammenarbeit, 1991, p. 4.
2. Chambers, R., *Whose Reality Counts? Putting the First Last*, London: Intermediate Technology Publications, 1997.
3. 杨小柳：《发展的历程：人类学的视角》，载《社会学研究》，2007 年第 4 期，第 32 页。
4. 周大鸣、秦红增：《参与发展：当代人类学对他者的关怀》，载《民族研究》，2003 年第 5 期，第 44—50 页。
5. Kapoor, Ilan, Participatory Development, Complicity and Desire, *Third World Quarterly*, Vol. 26, No. 8, 2005.

发展也必须调整自身以应对实践情境的变化。

事实上，由于中国社区情境所发生的基本变化，在国际援助与第三世界发展话语下开发的参与式发展理论蕴涵的一些基本假设已经令人质疑。这些假设包括：（1）这一理论所处理的典型社区是相对贫困的、边界封闭的传统社区，从而社区发展被想象成一个局限于社区内部的、孤立的社会过程。[1]（2）社区常常被理解为均质的、和谐的共同体，[2] 忽视了社区原有权力结构张力及其再生产的能力，并假设外部推动的参与不会造成和原有权力结构的冲突。[3]（3）这一理论还假设社区治理结构相对封闭和独立于国家，国家权力很少或无力介入社区发展过程，而发展机构作为伙伴和专家在社区发展过程中占据主导地位。

从 2008 年 7 月，我们的研究团队和另外三个 NGO 一起在一个在汶川大地震中严重受损的 B 社区开始建立志愿者工作站，进而建立了社会工作发展中心，以协助社区重建和发展。在开展灾后社区重建过程中，参与式发展思路常常被民间参与者作为当然的方法，而并没有对以上假设进行仔细的反思。但在这三年中，我们有机会深度介入和观察社区集体行动的结构与过程，并在此基础上反思传统的社区发展理论。我们发现在赋权于居民、从而提升其公共参与的能力这个意义上，参与式社区发展理论仍然是适用的。但是随着灾后重建的市场化、国家重建援助以及维持社会稳定等政策的深入，市场和国家正在直接而深刻地改变社区的传统结构和发展进程。从而，可持续的社区发展端赖于不同的社区治理参与者的权力平衡和协商合作。面对拥有政治权力的国家和经济权力的企业，社区中富有公民精神的居民和居民组织不可

---

1. Kesby, Mike, Retheorizing Empowerment - through - Participation as a Performance in Space: BeyondTyranny to Transformation, *Journal of Women in Culture and Society*, Vol. 30, No. 4, 2005.
2. Gujit, I. and M. K. Shah, *The Myth of Community: Gender Issues in Participatory Development*, London: Intermediate Technology Publications. 1998.
3. Crewe, Emma and Elizabeth Harrison, *Whose Development? An Ethnography of Aid*. London: Zed Books, 1998, p. 181.

能独立发展，而是需要和外部的社会工作者、NGO、媒体、社会公众连接形成强有力的第三方力量。只有形成强大的第三方，才能真正对社区内部的行动者形成赋权。不过，我们也指出，这种赋权既不应该是进一步激化社区中官与民的对抗，也不应该使居民更依附于地方政府，形成新的内部殖民过程；而是能够推动官民合作，建立多元开放的社区权力结构，实现多元共治的社区发展。

在本研究中，我们运用扩展个案研究方法来对这一案例进行描述和分析，并进而进行理论的反思。[1] 本文第一部分，描述我们参与社区重建与发展的行动过程；在此基础上于第二部分将我们的行动过程放到汶川地震后灾区重建的进程中考察，并讨论地方政治经济政策对于社区发展的影响；第三部分则是对社区发展过程中的几个关键力量——政府、企业和NGO——的角色分析，并考察他们如何影响社区重建过程；第四部分，通过对社区重建行动过程本身及其在时间和空间上的延伸考察，本文将尝试着在个案的基础上讨论参与式发展理论的意义及其局限，并进而提出以建立第三方为基础的多元共治的发展理论。

一、新家园计划：赋权行动与角色转换

2008年6月初，汶川大地震紧急救援工作刚刚结束。意识到受灾社区在恢复重建过程中的大量困难，几个民间公益机构凭借一些紧急救援中剩余的救灾物资和不到两万元的基金会赠款，决定继续投入灾后社区重建工作中去，成立了一个独立的民间援助行动计划——"新家园计划"。通过筛选，在其中一个NGO合作伙伴曾经开展过两年环境教育项目的L镇B小区开展工作。当年7月，5名外地志愿者在B小区建立了志愿者工作站。由此，社区重建正式

---

1. ［美］麦克·布洛维：《公共社会学》，沈原等译，北京：社会科学文献出版社2007年版。

启动，并一直运行至今。运行经历了三个阶段。

（一）第一阶段：志愿者服务站

成都市 L 镇 B 小区位于 L 镇的一个山头上，毗邻龙门山国家森林公园。汶川大地震前，该小区有 201 户 500 余名居民。小区兴起于 20 世纪 50 年代的 L 镇铜矿开发。彼时，因为铜矿资源丰富，政府在此建设了一个铜矿冶炼的国有企业。在 90 年代初这家企业达到鼎盛时期，但 90 年代末，因为矿源枯竭和经营不善，公司逐渐没落，直至 2002 年破产并解散。

大地震给 B 小区带来毁灭性打击。6 人在地震中遇难，90% 以上住房倒塌或严重损毁。社区供水系统受到严重损坏和污染，供电系统中断。由于铜矿破产，社区生活凋敝，当地居民对原单位充满抱怨。同时，由于原有的铜矿行政级别高于当地镇政府，破产后小区居民的户口也不在 L 镇，这使镇政府对这些破产后的小区居民的诉求常常束手无策，因此，居民也对当地政府有诸多不满。由于这些原因，B 小区在震前就是有名的"三不管"区域。当 NGO 进入的时候，当地政府就想把这块烫山芋转给志愿者，希望志愿者能够帮忙安抚当地居民的不满情绪。

可以看到，志愿者的介入正是要起到政府在应对灾难时的拾遗补阙作用。因为被定位为协助政府拾遗补阙，新家园计划从进入社区一开始就确定哪些事情不能做，例如，大家一致决定不介入涉及当地矛盾复杂的灾后房屋拆迁问题。同时因为资源有限和新家园计划的价值观，大家决定不直接做家庭救济，而是强调提供公共服务，并把自己当做一个和外部资源链接的平台，接受其他 NGO 给服务群体的资源。

工作站最初的工作是按照参与式发展的思路进行的。在熟悉社区过程中，先开展三个月左右的社区调查，进行社区需求评估。针对地震后学校停课、孩子无人照顾的情况，服务站请有专长的志愿者开设了绘画、英文和小组游戏等辅导课程；利用原有的 NGO 合作网络，工作站积极引入外部资源，建立了一个帐篷图书室；使用捐助者的赠款，搭建了帐篷茶馆，并购买了一台大屏幕电视，每天晚上播放电视节目。这些社区服务事实上建立了社区的公共空间，也建立了志愿者和社区居民之间的信任。工作站通过初级社区服务逐渐建立起与居民和社区干部的信任和关系网络，进而开发社区重建的工作策略。

（二）三方共管的社区活动中心

2008年10月份B社区搬入新建活动板房，志愿者工作站也得以随迁。随着社区居民的生活逐渐安顿下来，新家园计划基于社区需求，开始了新的工作策略，即逐渐将以志愿者为主提供社区服务改变为推动居民参与，共同服务于社区需要。新家园计划基于以往的参与式发展经验，很快确立了社区主导的发展计划，强调社区赋权，即让老百姓建立自己参与社区管理和表达的途径作为新家园计划的重点。主要的设计是三个方面，一是建立社区公共空间，根据社区需求建立一个集合社区浴室、茶室、图书室和网吧等为一体的社区中心，并交由社区内的居民志愿者管理。二是激活社区积极分子，组织社区艺术团。三是召开居民大会以及居委会、居民和志愿者三方一起参与的议事会。

在全村居民共同努力下，位于社区中心的两排闲置板房被改造成了一个具有综合功能的活动中心。活动中心包括清洁饮用水房、图书室、多媒体教室、老人活动室、公共浴室等。很快地，这里成了名副其实的社区中心，居民一天的生活都与这里息息相关：健身、取水、娱乐、阅读等。

在社区中心的发展过程中，越来越多的居民在工作站志愿者的鼓励下也做起了志愿者。并且，在工作站支持下居民也开始自发组织一些集体活动，居民自组织逐渐出现。[1] 有了居民积极参与和建立自发组织这个基础，我们开

---

1. 社区艺术团的成立是一个比较典型的例子。

始推动居民建立公共决策制度,先后建立了"小区居民大会"和"小区议事会"。居民大会每月召开一次,由全体居民自愿参加,主要对社区重大公共事务进行讨论和决策。例如,修建社区活动中心和活动中心各功能房使用的管理规章都是由居民大会制定和修改。议事会也是每月开会一次,主要有社区干部、居民代表、志愿者代表参加,讨论和执行由居民大会决定的公共事务。社区上山的小路破烂很久,重修道路正是在这样的议事会讨论过程中得到大家支持下共同出工完成。

在工作站的有力推动下,居民开始参与社区公共事务管理,社区公共服务得以显著改善。例如,社区活动中心的日常服务(主要是照看社区网吧、图书室、浴室等)已经完全由居民推举的2名社区志愿者管理,定时开放和关闭。随着居民自我管理能力的提升,志愿者的工作转变为倡议和动员、协调会议、监管财务、沟通矛盾等。这个时候,工作站也引入大学社工专业的实习生,一些社会工作的方法和技术也引入到社区,并和原有的NGO发展工作方法紧密地结合起来。

(三)走向本地化的社会工作发展中心

在最初的参与式发展理论指引下,新家园计划希望社区按照"工作站主导、工作站和社区协同治理、社区主导"三步走的项目设计,最终推动社区居民"自治",包括尝试将工作完全移交居民管理,鼓励和资助居民自我开展社区服务创新,影响居委会决策方式等。但是,在这个过程中,工作站开始遭遇一系列困难。

首先,志愿者不在场的情况下,居民的自发协调容易失败,或者没有行动力。2009年春节时工作站作了一个尝试:志愿者集体离开工作站休假,把工作完全移交给居民管理。结果发现社区中心只有茶馆正常运行;公共浴室和水房的开放都不准时,甚至有时不开放。

另外，新家园计划一直示范和倡导的社区事务公开决策、财务透明的原则也并不能得到居委会和镇政府的采纳，只能局限在工作站的事务范围内应用。随着政府事务庞杂以及工作重心的转移，政府和居委会干部越来越少有热情参加志愿者们组织的社区会议和集体活动。

更为重要的是，随着居民生活日渐常态化，以及政府主持的灾后重建工程启动，新家园计划作为社区外来者正在疏离社区居民的主要利益关注。2009年5月起，L镇政府开始启动住房重建项目。因为牵涉到B小区众多历史遗留问题，住房成为小区居民最为重要的关注议题，而住房的分配也成为小区居民与政府关系紧张的首要因素。小区居民起初希望工作站能够利用外界联系和与本地政府的合作关系，为他们争取更多利益。但是为了避免引起工作站与镇政府之间的矛盾，保障工作站的持续运作，新家园计划采取了不介入、不评论的立场。这使居民渐渐觉得新家园计划在这个最重要的事情上无法提供帮助，也就不再就住房问题与社工交流和讨论。相应地，随着在社区最为重要的公共事务上的缺位和无力，曾视之为社区走向自治重要步骤的居民大会和议事会也渐渐无法有效召集。

同样困难的是，在震后一周年左右，外界对灾区的关注热情渐渐消退，前往B社区服务的志愿者越来越少。新家园计划各发起机构也逐渐回到原有的工作轨道上，对新家园计划的关注也在减弱，原来的执行人也逐渐淡出。这使得新家园计划的社区主导发展策略开始很难按照原计划走到第三步"社区主导"。

2010年，为了适应新的环境，新家园计划调整工作策略。一方面，工作站仍然尽量回避社区关键矛盾，对小区拆迁和住房重建采取不介入姿态；另一方面，开始招募当地返乡青年加入工作团队，将早期的2名核心志愿者转为专职社区工作人员，并接收专业社工实习。以此为基础，通过政府关系，新家园计划在当地注册了一个社会工作发展中心，由当地青年做法人代表，并由职业的NGO工作人员和社工来协助管理活动中心。由于这段搬迁时期是政府高度敏感时期，工作站的目标是避过社区工作的高危期，将工作站迁入重建后的新社区，届时协助社区居民重建社区公共生活和恢复社区组织机能。[1]

目前，在这个方向上工作站进展顺利。为了帮助更多居民并建立更宽广的社区网络，社工发展中心在同一个街区的 T 社区设立了一个新的小型社区活动中心；居民仍然积极地参与工作站的活动，但开始更多地根据个人兴趣参与；工作站协助建立的社区制度虽然不如以前那样能够调动居民的积极性，但是还能正常运转。居民们希望工作站能够在社区搬迁后留下来，政府也表示届时愿意为工作站继续提供免费的办公场所。但即使是这样，社工发展中心也明确认识到自身能力的限度，社区重建还有漫长的道路要走。

二、社区重建的多元进程

灾难中的农村社区，往往被设想为一个相对封闭隔离的困难社区，但实际上，在灾后重建中，社区受到了外界各种力量更为复杂和多重的影响。在 L 镇，各省对口援建、城乡一体化过程以及社区化管理的引入都使得社区不再封闭。B 小区也同样如此，它的恢复重建并不是一个封闭的、单独的片段，而是在一个开放的系统中受到多个社会过程的强影响，新家园计划的加入只是其中一种影响而已。在此过程中，参与社区重建的 NGO 和社工机构也并非只是面对社区居民，而是要面对同时进入社区的各种社会力量和多元社会进程。

---

[1] 根据其他地震灾区重建的实践和本地政府的信息，我们已经知道现在的社区居民将通过抽签的方式分配住房，现有的邻里关系将会在很大程度上解散并重构，公共生活模式也将显著改变。从社会和文化的意义上看，那时社区的重建才真正开始。

（一）运动式的灾后重建

汶川地震从救援开始就被国家隐喻为一场"战役"。[1]这种关于社会事实的想象建构了救灾过程的基本特征：集中决策、资源密集投放、快速解决问题。2008年9月，中央政府发布《汶川地震灾后恢复重建总体规划》，宣告政府主导灾后重建系统的启动。由于2008年金融风暴和随后刺激经济的需要，中央政府决定投资10000亿元用于灾后恢复重建。2010年初，四川省政府决定将原定三年的重建计划压缩到两年。运动式的灾后重建对地震灾区民众和基层政府均产生深刻影响。

B小区原是国有企业的职工小区，土地及房屋产权均属于国有。2002年企业破产前，房屋所有权和房屋的土地使用权被企业低价卖给了职工。由于居民除了宅基地外并无其他土地和与土地相关的资源，而且居民也分享不到L镇获得的经济收入，因此，住房重建成为他们首要的、几乎唯一的利益关注。这也决定了居民将最大可能地维护和争取他们的住房利益。另一方面，在铜矿破产以后，大约有1/4的职工家庭外迁，将住房转卖给来此休假避暑的外地居民，这就形成了比较复杂的产权关系。因此，在与政府谈判时，B小区内部难以有效地统一意见。政府主导的运动式重建在此遭遇了困境。

地震后，政府组织的工程队伍推倒了小区约一半的危房，并开始在平整出来的土地上建筑板房安置居民。接着，国家公布了住房重建补助政策，规定城市居民每户可以得到25000元补助，并要求各地政府根据情况提供协助，使居民在三年内获得新的住房。[2]由于补助只相当于住房重建总成本的1/3—1/5，居

---

1. 在关于救援和重建的领导讲话、新闻报道等材料中"战役"成为高频词汇之一。参见 http://www.022net.com/2008/6-12/434117222765609.html。
2. 参见《四川省汶川地震灾后城镇住房重建工作方案》，川府发〔2008〕35号。

民开始等待政府的具体重建措施。与此同时，L镇政府开始紧张地开展灾后重建规划。2009年3月，B小区居民被告知：根据重建规划，他们将被全部迁移到街区临河的一片闲置滩地上，而小区土地将被用来建设一个农贸市场。政府决定L镇街区的住房重建方式为"统规统建"[1]，并提出居民获得新住房的条件。[2]

未经商量的安置计划和高额房价（相对于困窘的家庭经济状况）使恐慌和不信任迅速在居民中间蔓延。首先，很多人（特别是有老人的家庭）并不愿意迁离小区的平房，住进3—4层的楼房；其二，他们认为这个小区的土地临近街区，具有较高的商业价值。如果迁离到滩地上，应该免费获得新的住房。而政府则坚持所提出的条件。

与此同时，政府开始要求干部承担更多责任，并要求街区居委会和小区干部去做群众的"思想动员工作"。在政府安排下，社区干部开始了频繁的挨家挨户的走访，劝说居民接受政府提出的住房重建条件并签署相关文件等。一个婆婆这么描述她的经历：

> 她们（居委会干部和居民小组长）有时候参加正式动员。（她们从）镇政府开会回来（我）问他们啥事。他们都说不晓得，只晓得动员你们，喊你们填表[3]，要节约土地，要登记房子，房子要规划给国家腾土地。（HJQ访谈记录2009/7/29）

---

1. 根据《四川省汶川地震灾后城镇住房重建工作方案》，在城镇地区，住房重建方式包括统规统建、原址重建和外迁重建等方式。统规统建即由政府统筹组织建设安居住房和廉租住房。
2. 首先，凡申请政府统一建设住房的居民必须同意将国家补贴的25000元纳入L镇政府住房重建资金统一使用。第二，申请入住65平方米的楼房，居民以每平方米350元的价格购买；80平方米的楼房，65平方米以内的每平方米350元，超出65平方米的15平方米每平方米1500元。
3. 居民申请加入统规统建的程序是：（1）以相关证明申请损毁住房国家补助资金。（2）填写住房重建意愿选择书。（3）填写自愿申请土地置换自愿书。（4）填写自愿将补助资金纳入住房重建资金自愿书。（5）填写自愿拆除危房申请书。（6）主动申请缴纳住房重建补差资金。

同时，一个舆论开始在社区里面流传："灾后重建就是这两三年的事儿，因为中央政府重视。国家这么大，事情这么多，过了这个时间点，就没人管你了。"考虑到自己没有经济能力自主重建住房，土地也已经被"规划"，在政府系统的反复思想政治工作压力下，很多居民签了字。

第二个地震周年临近，尽管只有部分居民支持，L镇政府仍迅速启动了住房重建一期工程。但是一期建筑只有800多套，不足安置全部居民，而居民并不同意分批入住，政府规划的地震两周年居民入住新房的计划只能落空。因为周边多数乡镇和农村地区居民已经迁居新房，L镇面临着上级政府的进度压力和本地居民的舆论压力。

随后，政府继续动员居民参与"统规统建"，并告诉居民，"如果在截止日期前没有报名，以后就不管了"。但截至目前，B小区仍有40多户居民没签字。而政府第二期新建的住房显然也预留了足够的房子，以确保在地震第三个周年的时候具备搬迁全部灾民、完成重建任务的能力。拆迁"钉子户"和分配新住房的过程已经预埋了新一轮的冲突。

（二）城乡一体化

作为L镇灾后重建的重要政策基础和长期发展方向，"城乡一体化"政策借助灾后重建的时机得到迅速推进。[1]从这个意义上看，灾后重建更像是一个意外的社会事件，并在一定程度上被整合进乃至运用于推进主要的社会规划进程。

---

1. 2008年12月国家主席胡锦涛在成都视察抗震救灾时要求当地政府"用统筹城乡的思路和办法抓好抗震救灾的灾后重建工作"。一家报纸评论道（2009年6月9日），"拥有城乡统筹的基础、运用城乡统筹的办法、获得城乡统筹的效果、推动城乡统筹的深化——这是成都灾后重建的最大特点"。参见 http://theory.people.com.cn/GB/49154/49156/9441633.html。

民主管理
Democratic Management

成都市于2004开始推行"城乡一体化"[1]。这项区域发展策略的核心目的是在政府主导下加速城市化进程，主要措施是"三个集中"——工业向园区集中，耕地向规模经营集中，农民向城镇集中。2007年成都市成为"全国统筹城乡综合配套改革试验区"，进一步巩固了这一策略的主导性地位。

L镇有人口12000多人，农业人口占76%，属于P市"城乡一体化"计划的一般镇（即非重点支持对象）。由于境内有丰富的风景旅游资源，L镇的策略是集中发展旅游度假产业。但是在改造老街区以发展本地旅游业交通枢纽和居住与购物中心时，政府显然遇到巨大挑战。由于街区沿着江边分布，发展空间狭小，政府只能重新规划土地，建设4层左右的小高层楼房集中安置居民（地震前70%以上居民居住的是1层平房）和开辟商业区。但是L镇在P市属于相对偏远的区域，并未成为投资热点地区，土地转让的价值相对较低，因此居民并不愿意搬迁；而如果居民不愿搬迁，投资者也不会轻易投资。所以直到地震前，L镇的街区规划并未获得显著进展。

地震显然有效打破了这个发展计划的僵局。震后三个月内，因清理安全隐患和建设板房安置灾民的需要，政府组织工程队推倒了街区大约70%的住房和公共建筑，只有少量临街商铺和受损稍轻的住房留存。随后，政府平整了三片废墟地块，建设活动板房作为灾民安置区。由于土地合并，原有住房之间的地理边界消失了；同时，居民临时居住的活动板房由政府分配，且板房产权属于政府。事实上，迁移居民的首要障碍——房屋的物理存在——已经拆除。

2009年3月份，L镇政府提出了创建旅游名镇的灾后重建规划。根据这个规划，街区将作为核心开发区域，用于建设旅游商贸服务区。为了推进街区开发，政府提出"腾笼换鸟"计划：即开发一片原来闲置的河滩地，用于安置街区原有居民；同时，居民过去居住的街区土地则被置换出来用于招商

---

1. 成都市市委和政府2004年2月6日发布《关于统筹城乡经济社会发展推进城乡一体化的意见》。

引资，建设购物街、停车场等项目。

居民最初对这个计划表示强烈质疑，要求政府补偿土地置换的差价。一位居民认为：

> 这里是 L 镇最集中的一个地方。你把我们调到那上面（注：指河滩地）去，而且还不给我们补（土地价值）差价，肯定要补差的，对不对哦？春熙路（注：春熙路是成都市核心商业区）跟别的地方都有一个差价，是不是嘛？（HJQ 居民访谈 2009/08/29）

但政府强硬拒绝了补偿土地差价，理由是：目前街区土地并没有得到商业投资，无法制定补偿标准，政府也没有资金来提供差价补偿；同时，由于住房重建存在巨大的资金缺口，政府已经为居民建造新住房承担了大量银行贷款，如果提供差价补偿，住房重建将无法进行。最后，政府限期居民签署文件同意放弃原房产土地使用权，否则将失去在新安置小区获得住房的权利。

谈判过程显然对居民不利，因为：（1）他们已经失去了住房——作为居住权利的具体承载和维护这种权利的强有力的象征资本。（2）他们在板房中已经居住了两年，渴望迁入永久住房。（3）因为失业，多数居民陷入经济困境多年，无力承担从开发商处购买住房的资金压力；相比之下，政府重建住房的价格可能廉价许多。面对前途未卜的街区，居民多数选择了接受政府提出的搬迁条件。通过灾后重建计划，L 镇政府初步达到了整体迁移街区居民的目标。但是因为街口的一些商用危房仍然矗立，镇内旅游景区也需要数年才能恢复，街区改造计划依然充满不确定性。

（三）社会管理与社会稳定

B 小区也同时处于政府进行社会管理改革与创新的过程中。中国目前已经进入社会冲突高发期,[1] 而在汶川地震灾区，因为地震损失的责任问题和重建过程中的资源配置和管理问题，社会矛盾更为集中和突出。[2] 加强社会管理和维护稳定成为地方政府的核心关注之一。尽管相对于紧迫的灾后重建和经济增长导向的"城乡一体化"计划，社会管理主要是作为一个辅助性的社会进程。

L镇曾经有三个国有企业，并在2000年左右先后外迁或破产，[3] 失业职工及家属则留在本地并集中居住在街区。但是计划经济时代的社区管理体制留下了大量问题。首先，在国有企业和镇政府的管理之间存在制度接轨障碍。比如，不少街区居民户籍并不在L镇，而是在国企时代被调配到一个邻镇，但他们的财产和社会安全归属管理却在L镇。其二，破产职工的社会融合问题。铜矿破产前直属中国有色金属工业总公司，为处级企业。在长达30余年的计划经济时代，铜矿在与L镇（在行政划分上属于科级单位）的资源竞争中处于优势地位，企业职工也以"铜矿职工"的身份自豪。但是随着企业破产，他们失去工作，成为普通的甚至生活贫困的社区居民。巨大的身份落差和由此带来的心理落差使不少居民难以接受现状，也部分地导致了B小区居民与L镇政府的关系相对紧张。

2005年，街区居委会（包括党支部）成立，协助镇政府负责人口和社会经济的调查统计、公共卫生、政策传达等。但处于小区转型（由单位职工的生活小区转变为街道居民小区）时期的居委会夹在政府、国企退管处和居民的矛盾中间，难以有效开展工作。第二届居委会产生不久（2008年1月），汶川大地震爆发。政府显著加强了居委会功能，以回应灾后居民多

---

1. 于建嵘：《当前我国群体性事件的主要类型及其基本特征》，载《中国政法大学学报》，2009年第6期，第114—120页。
2. 参见绵阳市中级人民法院调查报告《"5·12"地震灾害社会矛盾》。http://fy.my.gov.cn/MYGOV/150651862012395520/20101217/540814.html。
3. 除了B社区的铜矿企业2002年破产，另外两家分别是蛇纹矿厂，职工最多时近1000人，2000年倒闭。另一机械厂于1999年离开L镇外迁。

样化和急迫的救灾需求，并疏导社区矛盾。这些工作包括建立所有居民的档案、协助政府调查和确认居民地震受损情况及需求、传达和沟通政府的重建政策、动员居民拆迁等。为了及时对社区管理事务作出回应，居委会委员现在必须按照全职工作的要求，每天 8 小时工作。同时，居委会的工作条件也得到大幅度改善。镇政府将居委会干部的补贴提高 50%—100% 作为工作激励，拨出了专门的办公场所（地震前为租用场地），并配备了多台电脑和其他办公设备。

各级政府也在从制度上加强社区组织的功能。2010 年初，为了提升社区层面的社会管理能力和配合"城乡一体化"发展战略的实施，成都市出台了《成都市村民议事会组织规则（试行）》及配套政策。这个政策给 L 镇街区带来的直接结果是社区议事会的成立。例如，B 小区产生了 8 位议事会成员。议事会并没有立即成为社区治理的决策组织，但是仍然改善了居民与政府的沟通。

另一方面，政府强化了灾区的社会稳定保障措施。2010 年 3 月，P 市推出了"131N"村级治理模式[1] 和"124"村级服务模式[2]，作为调解灾区社会矛盾和维护社会稳定的重要举措。同时，各地灾区进入住房重建和分配的关键时期，居民和政府之间也逐渐产生一些矛盾。[3] 为了防范"群体性事件"和控制冲突规模，自 2010 年春节，P 市政府开始每天派遣 1 名官员直接进驻每个小区"蹲点观察"。该官员由政府从各个部门中抽调产生，并轮流值班。轮值者的主要工作是发现社区是否有"不稳定情况"并直接向政府报告。

---

1. "131N"村级治理模式具体指的是"以村党组织为领导核心、3 个村民自治组织（注：指村委会、村民议事会、财务监督小组）为社会主体、集体经济组织为市场主体、其他组织共同参与"。
2. 据 L 镇街区党支部 G 书记描述，"124"村级服务模式指的是，"1 就是领导带班制度；2 就是 2 个走遍，政府领导要走遍村镇，居委会要走遍居民每户；4 就是 4 个掌握，就是要掌握本地的社情民意，居民生活状况，人口、经济、家庭情况等"。参见访谈笔记 HJQ2009/07/30。
3. 参见郭虹：《四川灾后重建中的社会问题》，http://www.ngocn.net/index.php?action-viewnews-itemid-79189-php-1。

事实上，常常被视为"不稳定因素"的 NGO，在灾区的发展中也经历了一个"兴盛—消退—再兴起"的过程。汶川大地震激发了中国社会空前的志愿服务热潮，[1] 志愿者被灾区居民视为除了解放军和上级政府之外的最重要的援助者。在 L 镇，志愿者甚至比解放军更早到达并开展紧急救援。所以当我们到达的时候，当地居民和政府已经对志愿者有了较高的社会认同，并热情接纳我们进入社区。

但是到了 2008 年 8 月前后，灾区居民迁入过渡板房，紧急需求逐渐缓解。同时，北京奥运会也高度强化了各级政府对社会稳定的关注。各地灾区政府开始清理志愿者组织，要求非正式注册的组织离开灾区。[2] 只是因为一个发起 NGO 的政府背景，我们在 B 小区的工作站才没有受到清理政策的影响。但是 L 镇的政府官员常常每周访问工作站，了解我们的志愿者来源和社区服务内容。

随着各地政府对于官方志愿者系统的引入[3] 和社会工作政策的广泛接受，志愿组织和 NGO 又逐渐开始在灾区恢复。例如，L 镇自 2006 年开始接收"大学生志愿服务西部计划"的志愿者，并于 2008 年实施志愿服务性质的"一村（社区）一名大学生"计划。另外两个 NGO 也开始进入 L 镇开展社区住房重建援助和暑期青少年教育。因为我们的工作获得了居委会和政府的高度信任，现在 L 镇官员很少访问工作站，并主动将我们介绍给本镇的其他社区，希望我们拓展工作范围。但是总体而言，社会稳定问题仍然是政府处理与 NGO 和社区组织关系的重要影响因素。

---

1. 国务院新闻办 2009 年 5 月发布《中国的减灾行动》白皮书，表示参与汶川地震灾区救援的国内外志愿者达到 300 万人。
2. 根据我们的调查，到 2009 年 5 月份左右，整个四川灾区的活跃的 NGO 和独立的志愿团体大约由地震初期的 300 多个减少到 50 个左右。
3. 这些官方志愿团体包括各地的共青团和党委部门接收的志愿团体，主要来自对口援助省市的高校、党团组织、国有企业、行业协会和事业单位等。根据我们的统计，到 2011 年初，灾区的志愿服务组织和 NGO 的数量已经恢复到 190 多个。

三、从社会过程到行动主体：社区重建中的政府、灾民与 NGO

在上述的多元重建过程中，我们在 B 小区看到事实上存在着多元的行动主体：镇政府、社区居民和作为 NGO 的新家园计划。虽然居委会干部自身也是受灾居民，但是在社区互动关系中他们主要扮演了政府政策中介人的角色。新家园计划所推动的社区治理模式的发展也正是由这三种主要力量的互动得以建构。[1]

（一）政府成为主导力量：规划控制与市场推动

在恢复重建、城市化和保持社会稳定三个相互交织的社会进程中，政府都居于主导地位。一方面，政府积极承担安置灾民、发展经济和提升社会服务的职责，另一方面也通过压制社会的发展来保持对于公共资源的绝对控制权力。而政府实施这种新威权主义政策的核心工具，一为"规划"，二为市场化。

首先，政府建立了一套具有立法效力的行政规划作为其行政权力的依据。在地震受灾地区，从中央到乡镇的各级政府机构均建立了灾后重建规划，全面规范本行政区在灾后重建事务方面的工作目标和实施方式。从内容上看，这些规划包括了国土资源利用计划、住房和公共服务设施布局、

---

1. 值得讨论的是，尽管有条件优厚的税收鼓励政策，在目前阶段为什么企业基本上没有对社区恢复重建过程产生直接影响？例如，在 L 镇，目前仅有某行政村引入了少量的商业投资，用于开发旅游业，其他社区均未有商业投资到位。而在整个汶川地震灾区，恢复生产的企业主要是得到国家资金扶持的大中型工业企业，而劳动密集为主的中小企业则恢复缓慢。我们认为，因抗风险能力较弱，中小企业更需要发展良好的基础设施、稳定的经济政策环境和较好的本地消费能力。相对于国家扶持企业具有的资金优势和地方政策支持优势，因地震而严重削弱的居民消费能力和受损的基础设施，以及具有高度不确定性的地方重建规划，都不利于中小企业在当前阶段的介入。

公共服务提供和政府与社区组织发展等。[1]并且，这些规划具有严格明确的等级，总体原则是低级规划单位根据上一级规划单位的规划制定本级规划，并且服从上一级规划。因此，灾后重建的规划过程也是资源配置权力的重新调整和向上集中过程。一旦获得批准，这些规划即属于该行政区的地方法规。[2]通过建立规划方案，政府将行政行为赋予了法律地位，从而要求受灾民众的服从。例如，当街区居民集体要求在街区原宅基地上重建住房时，L镇书记这样回复：

> 你说的不对，既然（我们住房重建的）前提是符合规划，规划就是L镇政府的场镇（注：指街区）规划……你们要原址重建，只要符合规划，政府绝不强求你们。（HJQ2009/07/30）

另一方面，作为规划所指向的主要对象，灾区民众在制定重建规划的准立法过程中却缺乏有效参与。作为规范规划行为的法律，《中华人民共和国城乡规划法》规定下级政府组织编制的总体规划由上级人民政府审批。[3]尽管《汶川地震灾后恢复重建条例》指出，"编制地震灾后恢复重建规划，应当吸收有关部门、专家参加，并充分听取地震灾区受灾群众的意见"。但是由于从规划方案出台到确认往往只有三个月左右，且多数情况下规划方案被简化为悬挂在公路边或者政府办公楼门口的巨幅鸟瞰图，民众难以真正参与规划过程。[4]

由此，政府主导下的汶川地震的灾后重建过程可以被视为一项规模巨大

---

1. 这些规划及其附属制度不仅仅是经济系统规划，也是社会文化与政治发展的规划。这表明：作为国家工具，"规划"被用于被国家判断为需要控制的一切事务。
2. 根据2007年《中华人民共和国城乡规划法》第七条"经依法批准的城乡规划，是城乡建设和规划管理的依据，未经法定程序不得修改"，以及第九条"任何单位和个人都应当遵守经依法批准并公布的城乡规划，服从规划管理"。
3. 参见2007年《中华人民共和国城乡规划法》第十五条和第十六条。
4. 在这个意义上，制定议程（包括讨论什么、怎么讨论、用多长时间讨论）的权力完全可以成为决策权的上位权力。

的规划工程。[1]它既是为了解决数量庞大的受灾民众重建生活和生产的需要，也是为了展示国家能力和宣扬民族国家的特性。

新威权主义政策的另一个工具是市场。规划实现了国家对资源权属的控制，市场则使资源得以变现为经济增长。在灾后重建的政策表述上，政府将市场作为筹集资金的重要渠道，提出"市场运作、社会参与"。在政策实践上，政府则积极运用各种市场化措施，这些市场化措施通常包括引入商业投资直接参与地方产业开发，为企业提供贴息贷款和税收减免待遇，交易耕地保护指标等。有些情况下，政府甚至直接充当市场经纪人。L镇政府在街区实施的"腾笼换鸟"策略就是一个比较典型的市场运作手法。按照政府测算，街区全部1538户居民重建住房的直接成本（即不包括土地出让费）大约为16000万元。而即使居民上缴每户2.5万国家财政补贴并缴纳1万—3万元自助费用，街区居民的住房重建仍然有大约1亿元资金短缺。L镇政府找到了一块滨河的国有荒滩地用于建设新住房，不需要支付土地出让费。接着，政府要求建筑商先行垫支建筑费用，并承诺以街区土地出让的收益偿还欠款。政府的下一计划是将居民全部迁入新住房，而新整理的街区土地可用于商业投资。[2]

市场作为工具的另一个表现是政府对市场的直接干预。例如，一份政府文件指出：

"市经委牵头制订计划和方案，做好钢材、水泥、砖瓦等主要建材的生产组织和供给保障工作，积极推行主要建材特供直销的方式。市建委牵头指导和协调灾区建渣的再生利用和新型墙材的生产。物价部门要采取有效措施，

---

1. J. 斯科特［2004］对于大型社会工程为什么容易受到国家的青睐作出了杰出的解释。虽然我们目前无法得知汶川灾后重建在未来10年左右可能的总体影响会是什么，而且从目前来看这个规划得到了受灾民众的较高的赞赏，斯科特提出的问题仍然值得决策者警觉。
2. 在农村地区，如果这种腾挪出来的建设土地不能用于商业开发，政府则由国土局按照15万元/亩的价格直接收购和储备，并通过耕地保护指标的交易获得套现。国土局支付的资金则可作为住房重建资金进入出让土地指标的社区账户。参见成委发〔2008〕27：《中共成都市委、成都市人民政府关于加快灾后城乡住房重建工作的实施意见》。

对建材价格实行有效管制,防止建材价格上涨。"[1]

通过对生产要素实施总体调控和使之在局部流通,国家成功地将两种属性不同的政策工具——规划和市场——结合到一起,在实现加强国家权力的同时追求经济增长。

(二) 社区居民:基于财产权的公民权责意识的建构

地震使大量居民失去了他们最重要的财产——住房,国家则扮演了首要的救助者。这使居民对国家充满了复杂的感情:一种集体主义国家观和市场价值观的混合与冲突。经济利益最大化仍然是居民首要的决策原则,但是公民权利和责任的意识则正在灾后重建过程的多方博弈中渐渐兴起。

在地震灾区,几乎所有的居民住房和附属财产都没有地震保险。国家虽然有名义上的救助责任,责任的限度却非常模糊。因此,得到国家救助后,多数居民的反应是"感谢国家",同时,不少居民自然地把地震后国家的帮助与"旧社会"对比,来表达他们的感激之情。[2]

另一些居民则认为国家有责任帮助他们重建住房,其逻辑是:国家实施社会主义制度,应该对居民灾后重建的所有方面负责。或者只是单纯地诉求政府解决他们的困难。

> 我们要求政府再向上反映一下,(给)这个困难破产企业在政策上照顾一下、倾斜一下,帮助大家解决实际困难。这些人怎么生活怎么办?房子还要交两万多,还要承担贷款。贷款是对的,但是贷款要还啊。现在他手上拿不出钱来,不贷款不交钱就拿不出房子。你(注:指政府)

---

[1]. 参见成委发〔2008〕27:《中共成都市委、成都市人民政府关于加快灾后城乡住房重建工作的实施意见》。
[2]. 这种表达方式在中老年居民中比较常见,但很难说这是因为他们亲自感受到差异,还是早年长期生活在计划经济和单位社会中所形成的一种惯性表达。

> 说要安居乐业，你要安居（我们）才能乐业。（HJQ2009/07/30）

另一方面，对于可能伤害到自身利益的政府行动，居民则积极抗争，以实现自身利益的最大化。例如，B小区的10多户居民拒绝加入政府的"统规统建"计划，并在旧房子的墙上醒目地刷上"私人财产，未经同意不得拆迁"等标语。[1] 而居住在街区核心位置（具有较高商业开发价值地段）的居民则要求政府同意分享未来的土地升值。市场观和集体主义明显地分裂了，尽管提出这些诉求的可能是同一位居民。

居民对旧房子的维护和政府拆除旧房子的努力推进甚至酿成了一场尖锐的冲突。[2] 一天夜晚，为了应付第二天的上级政府视察，L镇政府派出了两张铲车前往一个街角，打算悄悄推倒一些危房。但是铲车刚刚开始作业就被街区居民发现和围堵。第二天，居民推举了几位代表，直接与镇政府主要干部开始了关于新住房出资方案的谈判。一位代表表示：

> 业主的意见和政府的意见没有达成一致，就不能推这个房子，免得引起一些"不和谐"，免得弄得人（注：指居民）闹得太厉害，（对政府）也不好。老房子不住人就等它立在那里。将来条件好了，政府给我们这些困难破产职工倾斜。等两方面都能接受这个意见，大家同意推倒老房子，再推也可以。（HJQ2009/07/30）

从这段陈述中可以看出，居民承认政府在社区重建中的主导地位，并且有意示弱来换取自身利益的扩展；同时，居民也明确地提出了知情权和谈判

---

[1] 不加入政府住房重建计划的居民主要有两种。一是老人家庭，他们没有经济收入来缴纳住房资金，也不愿意承担住房贷款；二是有两套以上住房的居民，他们看重房屋土地的升值潜力，不愿意廉价出让给政府。

[2] 尽管这些房子已经成为危房，但是只要还有其物理存在，就能够成为房产权利的有力象征。所以，旧房子能否存在也成为居民能否顺利实现其住房权利诉求的关键，从而成为政府和居民争夺的焦点。

权。虽然谈判没有产生对居民更为有利的方案，但是 L 镇政府公开承认私拆危房是不当行为。

（三）NGO 与社工机构：积极而弱势

汶川地震灾后初期，一些 NGO 研究者曾期待灾后重建过程将极大促进中国公民社会的发展。但事实上，参与灾区重建的 NGO 只是在数量上有少量增长，而他们长期面临的制度性困境——注册、政治压力、筹款、人力资源——并没有显著改善。

"新家园计划"由 4 个本土 NGO 共同创建，但是它仍然是一个脆弱的草根组织。这由创建者自身的能力决定。

表 6 "新家园计划"的创建者

机构	驻地	工作领域	员工数量	志愿者数量	注册状况	平均年度预算（￥）	主要资金来源
I	广州	NGO 研究、培训和倡导	8	5—10	挂靠大学	130 万—170 万	基金会
R	成都	环境教育与青少年志愿服务	4	2—5	民办非企业	25 万—40 万	基金会
M	成都	儿童志愿服务	1	10—20	未注册	10 万—20 万	志愿者
Y	玉溪	发展工作者培训	4	0	民办非企业	60 万—80 万	基金会

4 个机构面临共同的资金紧张问题。因此"新家园计划"最初只是一个志愿组织，由每个机构视工作需要派出员工或志愿者组建工作团队。成员不在"新家园计划"中领取薪酬，且仅有少量行政经费。缺乏训练有素的全职员工这个困难显然影响了我们工作的稳定性和质量。[1]

---

1. 这种状况持续了一年。2009 年 6 月我们开始得到另一家基金会的行政经费资助。这使我们可以将 2 名已经经过良好训练的长期志愿者聘用为全职员工。社区工作站自此拥有全职工作者。

没有独立的法律地位是另外一个困难。为了便利于财务管理，4个NGO签署合作协议将所有项目财务事务委托给一个本地的伙伴R机构管理。这保障了"新家园计划"的合法性，但却在财务决策和管理上造成了复杂性。为了解决这个问题，一个伙伴机构利用他在P市的社会关系网络成功注册了一个民办非企业单位。[1]大家改组了管理架构，在机构合作的基础上组建了理事会，并在志愿者团队人员基础上组建了由专职员工为主的执行团队。这样在一定程度上解决了"新家园计划"的非法人尴尬处境。

不仅如此，政治压力一直都无形地存在，并逐渐使NGO习惯于自我审查。当我们刚刚进入B小区的时候，我们的工作原则之一是不介入房屋倒塌和人员伤亡的事故责任调查，以及不介入社区与L镇政府的冲突——但是可以帮助沟通和协调。对于参加工作站的志愿者，我们的"志愿服务守则"第一条就是："不得以机构名义进行任何违法活动，或从事任何政治、宗教活动及发表相关言论"。避免介入政治事务的目的是首先获得政府的信任：相信我们只是提供志愿服务而没有政治意图。但事实上，更为实用的目的则是使政府相信：我们来到社区可以协助政府工作，而不是制造麻烦。[2]

策略看起来获得了成功。L镇政府通常以愿意出席我们举办的社区活动表达对我们的信任和支持，并邀请我们将志愿服务扩展到本镇的其他社区。另外，渐进的社区发展策略也更容易获得政府的许可，并逐步影响政府行为。[3]

但是，另一方面，"新家园计划"则付出了居民信任度降低的代价。

---

[1] 事实证明，对很多NGO而言，注册仍然是一个艰巨的挑战。例如，同在成都市的另一个NGO曾经在汶川地震爆发初期发挥过重要作用，并被共青团授予"成都市抗震救灾优秀志愿者组织"称号。而且，它的创始人为国家事业单位的中层管理者。但是，这个组织花了两年时间申请注册，却因无法找到主管单位而最终失败。

[2] 这些"制造麻烦"包括加强了居民对政府工作的不满、引起媒体对政府工作过失或缺陷的关注、不支持或批评政府的措施等。通常这些麻烦制造者会被政府从辖区驱逐。传播政治观点和宗教的机构和个人则受到更为严厉的惩罚。

[3] 例如，我们在B小区推动的居民参与、决策公开、财务透明的工作方法获得了居民的高度支持。通过比较，居民提高了他们对政府行为标准的期待并使政府处于改进工作的压力中。

由于在过去的那个阶段，在社区中我们一直不正面触及社区居民与政府的关系，而居民最关心的话题是他们的住房问题。当我们避开或直接表明这个我们没有办法的时候，居民倒是也理解。但随着居民对当地政府重建的抱怨加重，在往后他们讨论这些事情的时候逐渐将我们避开在外。（MCF2011/03/07）

同时，在这个过程中我们也丧失了利用社区发展的关键时期（同时也是社区矛盾复杂的时期）协助居民建立和锤炼创新的社区治理机制的机会，而探索社区善治正是新家园计划来到 B 小区的核心目的。政治权力格局的限制与 NGO 的参与式发展理念相互冲突的困境再一次典型地展现出来。[1]

四、社区赋权：困境与超越

通过将我们的社区工作扩展到项目和社区所处于的主要社会进程之中，并进而探索建构社会进程的三个主要社会力量——国家、居民和 NGO——的性质，我们可以清晰地看到：社区发展项目的手法和效果是它所处的社会环境的产物，更是不同利益相关者在"发展"场域的游戏策略互动的产物。在当下的政治经济情境下，赋权理论在灾后社区重建中遭遇了一系列挑战。

首先，在社区重建中国家居于支配性地位，而 NGO 力量薄弱。在以往针对贫困封闭社区的参与式发展语境中，经济资源事实上成为社区权力结构的基础。发展机构常常给社区带来数量可观的经济资源，并因而成为社区资源的配置者——不仅是 NGO 所带入的资源而且也包括社区自有的部分资源；通过所掌握的资源，NGO 工作者也扮演了"专家"角色，并实际地主导社区发

---

[1]. 不过，从一个行动研究者的角度来看，政治同样是情景知识的重要构成部分。

展的计划和议程:"参与吧,这是命令!"[1]

但在 B 小区重建的过程中,"新家园计划"事实上经历了从有利环境到环境完全反转的巨大变化。震后初期,因灾区各地政府自身受到严重的损失,而其他地区的救援力量无法及时进入灾区,政府难以有效回应灾民急迫、多样化的需求。因而,NGO 和志愿组织在社区扮演了重要的援助者角色。当灾后重建计划启动时,随着国家在经济上和社区组织管理上的巨大投入,它也支配了社区发展的计划与进程。这种支配的基础,既来自于社区居民对于国家援助的迫切的、无法替代的需要,也来自于他们对国家性质与功能总体上的认同。[2] NGO 开始从策略上强调自身作为"以政府为主导的灾后重建系统的补充力量",发挥"拾遗补阙"的功能。

因此,传统的赋权策略因为失去了资源优势的支持而难以为继。国家自上而下的规划和资源市场化成为新的主导规则。

其二,破碎的、急速转型的社区使得强调渐进的赋权路径难以实现。参与式发展常常面对处于相对缓慢变化的传统型贫困社区,并假定他们需要的是逐步的改进。[3]因而,发展工作的重点是社区的整体提升,并且使边缘群体在发展过程中不至于更加弱势化。但是,在我们的案例中,城市化过程已经使 B 小区这样的地震灾区逐渐分化。例如,B 小区有近 1/4 的居民是外地购房者,而在同一过程中大量原居民离开社区。通过居民外迁、差异化的救援措施和临时搬迁,灾害进一步撕裂了社区。同时,紧迫的、自上而下的社区重建计划使社区经历急速转型,从而使深度的居民参与在重建时间表和过程管理上几乎不可能实现。

其三,处于开放系统中的社区。很多社区问题常常来自社区外部,而很

---

1. 卡尔·布兰切特:《参与式发展:在理想与现实之间》,载《国际社会科学杂志》,2002 年第 4 期,第 130 页。
2. 韩素梅:《国家、民族空间与认同建构:〈人民日报〉玉树地震传播分析》,载《新闻与传播研究》,2011 年第 1 期,第 51 页。
3. 参与式发展理论起源于对传统社区的贫困研究,例如 Chamber(1983,1984)和世界银行 2001 年度报告。

难仅仅依靠社区内部的赋权解决。参与式发展常常将社区理解为社会孤岛似的村庄或者街区,处在封闭的社会系统中,人们只有选择自下而上的赋权才能挑战和改变传统的权力等级结构,实现居民主导的社区治理。[1]在发展实践中,这种在发展机构协助下通过权力对抗建立的新的社区权力秩序通常并不稳定,甚至在项目结束后强化了社区传统的权威秩序和社区分化。[2]但是,在地震灾区,社区正在朝向开放和多元化的系统转型。多个原因导致了这种状况,包括互联网和手机的大量使用[3],居民职业和社会关系的多元化,NGO和志愿者的介入,媒体对重点灾区的报道,潜在的投资者对社区重建政策的关注等。在开放社区中,社区权力结构虽然仍然以地方政府为重点,但是权力来源已经多元化。社区治理成为多方权力博弈的结果,而不仅仅局限于社区内部。

最后,参与式发展的参与者通常是传统社会的社区居民,他们秉承优良的邻里互助传统,并以发展出社区共同体为目标。在一些社区发展实践中,社区居民被分为有权者和无权者,发展的手段是为无权者赋权。但是,在灾后社区实践中,积极参与发展的居民更加关注的是个体利益。开始建立自己的权责意识,通过开展志愿服务、积极组织自助组织、参与社区选举、与官方谈判以维护自身利益等行动,居民正在超越其社区身份的狭隘定义,积极的公民精神正在成长。

为了应对灾后重建这个实践情境的挑战,我们认为当前的社区工作并不是要反对参与式发展,而是要超越经典参与式发展理论的局限性,从社会转型的视角来理解社区工作,具体来说就是要形成以强大的第三方为基础的官

---

1. 在另一些情况下,研究者则假设了无权力冲突的社区,参见 Mohan, Giles & Kristian Stokke, Participatory Development and Empowerment: The Dangers of Localism, *Third World Quarterly*, Vol. 21, No. 2, 2000.
2. 参见 Ferguson, J. *The Antipolitics Machine : "Development", Depoliticization and Bureaucratic Power In Lesotho*, Cambridge: Cambridge University Press, 1990.
3. 在 B 小区,几乎 100% 的家庭拥有至少 1 部手机,10% 的家庭经常使用电脑和互联网。

民共治的社区重建。

第一，发展官民共治的协商治理。随着中国进入社会矛盾高发期，为加强社会稳定和巩固国家合法性，通过社区经济和政治发展计划加强国家权力对社区的渗透和影响正在成为基层政权建设的主要途径。认识和承认国家权力在社区治理中的主导地位将成为 NGO 进入社区和推动社区治理的前提。但是，政府主导的社区治理也存在大量的问题，并最终损害社区的自治能力的发展。[1] 因此，协商治理成为一个替代路径：以政府为重点、社区组织为主体、NGO 参与。在协商治理中，NGO 可以发挥 4 种功能。（1）居民组织的协作者。由于居民自组织普遍发育不充分，在社区公共事务治理中居民难以有效地表达集体观点和组织集体行动，从而陷入服从政府支配或者无法达成共识的困境。（2）沟通者。作为连接居民和政府的中间环节，NGO 可以通过调查报告、组织多方对话和组织公共活动等方式推动政府和居民的沟通，促成谅解和共识的达成。（3）协调者。由于秉持服务于社区整体利益且相对中立的立场，NGO 可以成为有效的居间协调者，推动政府和社区共同寻找和建立解决方案。（4）公共服务提供者。由于集中管理对于简单化的需要，政府通常难以提供多样化的社区公共服务。NGO 组织可以担当辅助角色提供补充的公共服务。

第二，以发展工作日常化消减社区急剧转型的负面效应。标准的发展项目以产出而非影响为基础。这种项目化运作方式在社区发展方面取得的成效常常是短期的，甚至使社区出现倒退。[2] 但是社区制度的内在演化更是一个社区的自我习得的过程，并嵌入到社区的日常生活中。因此，社区发展工作需要去项目化和进入社区的日常生活。这包括：（1）和居民一起设计和实施社区发展活动，确保这些活动符合居民的需求、具有良好的可操作性并且容易

---

1. 徐勇：《治理转型与竞争—合作主义》，载《开放时代》，2001 年第 7 期，第 25—33 页。
2. 郭占锋：《走出参与式发展的表象：发展人类学视角下的国际发展项目》，载《开放时代》，2010 年第 1 期，第 130—139 页。

民主管理
Democratic Management

为居民所理解和接受;(2)通过和居民的共同生活建立和居民的邻里感;当发展工作者摆脱外部专家和资源提供者的身份认同,社区更容易建立独立的发展议程和社区主体身份。在 B 小区的实践中,我们虽然也受到基金会资助项目的局限,但是通过项目开始前的大约半年的社区志愿服务和设立较为灵活的项目框架,项目化的负面效应得到有效控制;同时,长期驻扎社区也使我们获得了居民的高度信任。

第三,加强社会组织作为第三方的能力,推动社区权力多元化。传统的参与式发展难以在转型社区推行的关键还是因为发展组织本身力量薄弱,因此当前公民社会迫切需要提升自身的能力建设。这需要社会工作组织、NGO、社区的志愿行动、外部媒体等社会力量有机结合,形成社会合力,推动合作治理的格局。唯有强大的第三方的出现,社区才能够和政府、市场形成真正平等的合作,也使得权力得到制衡。但是第三方力量并不需要(而且也不允许)是一个统一的力量,而是外在于国家和市场的多元社会力量。随着社区日渐卷入开放社会系统,国家不再是社区权力的唯一来源。这为社区建立多元化的权力结构创造了社会条件,从而为多元合作治理建立权力基础。并且,当权力来源多元化后,政治权力不再是社区权力竞争场域的唯一要素,经济、公共服务和社会舆论等均能够有效影响社区的发展议程。因此,多元合作将成为建立新型社区秩序的必需途径,摆脱围绕政治权力而展开的竞争和冲突。

第四,培育公民精神和公民组织。单位社会的解体同时解放了作为只是国家服从者的居民,所有的社区正成为现代社区,而拓展到现代社区的参与式发展所面对的不再是被客体化的、传统社区的邻里居民,而是开始超越社区的地域性、具备主体身份和公共身份的公民。因此,社区工作需要在推动当地发展的情况下,也要协助居民从具备法律意义上的公民身份到成长为具有志愿精神、权责意识和在多元环境下对话和谈判的公民。这方面,"新家园计划"是特别着重的,但是应该说目前只具有很小的成功。根据我们的统计,B 社区 80% 以上的常住居民参加社区居委会选举,1/4 的居民经常性参与社区志愿服务和公共活动，20%的居民参加了至少一个社区组织。

五、结　论

通过在 B 小区进行的推动灾后社区重建的"新家园计划"个案，我们看到，一方面，以赋权为核心的参与式发展仍然可以带来社区的参与以及社区内部力量的复兴，但是另一方面它也面临已经处于现代急剧转型社区的挑战。本文强调需要以多元共治的模式来超越单纯强调参与的发展观念。而要达到多元共治，社会工作应该与 NGO 以及社区志愿者积极合作，自我培力，形成强大的第三方，才能真正实现共治。而多元共治的方向使现代转型的社区同时培育出公民和公民社会组织，只有这样，才能从根本上重建社区与重构发展的社会进程。

（原载《开放时代》，2011 年第 10 期）

社区治理与可持续发展
——由"美丽园事件"探讨自主治理的可持续之道

陈建国
(华北电力大学人文与社会科学学院)

  社区自治是否能够可持续发展？对此人们并不乐观，因为公共选择的逻辑是，个人理性会导致集体的非理性，最终走向共同的悲剧。[1]不过，有很多学者，如埃莉诺·奥斯特罗姆等发现，自主治理是可能的，只要有适当的制度基础。

  那么社区如何管理和发展才是可持续的呢？社区治理制度基础的建设，非常重要。在本案例中，我们试图通过观察和记录北京美丽园社区治理中发生的一系列纠纷及解决过程，探索如何搭建社区治理的制度基础，从而寻找可持续的社区治理和发展之道。

---

1. [美] 埃莉诺·奥斯特罗姆：《公共事物的治理之道》，毛寿龙译，上海：上海三联书店2000年版，第1页。

一、背景透视

(一) 中国城市住房制度改革促成城市自有房阶层的形成

从新中国成立之后到改革开放之前,我国实行"统一管理,统一分配,以租养房"的公有住房实物分配制度。我国传统城镇住房制度是一种以国家和企事业单位统包、低租金为特点的实物福利分房制度。

1978年以后,我国逐步开始了住房体制改革。[1] 从1986年到1997年我国的住房制度改革,随着住房投资主体的多元化,房产资源比原来有了很大的增长;住房商品化之后,房屋的交易量空前增长。详见图4:

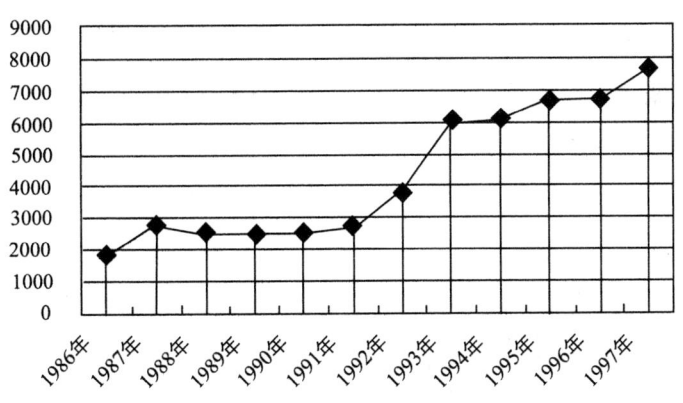

图4 1986—1997年商品住宅销售面积(万平方米)

资料来源:中国住宅与房地产信息网

住房制度的改革不仅激活了民间资源,提供了比较充分的房产资源,而且带来了住房配置机制的转变,个人取代单位逐步成为商品住宅的购买主体。

---

[1]. 参见杨波的博士论文《由冲突到和谐——物业小区治理分析》。

图 5 显示了 1986—1997 年个人购买商品房的比重变化情况：

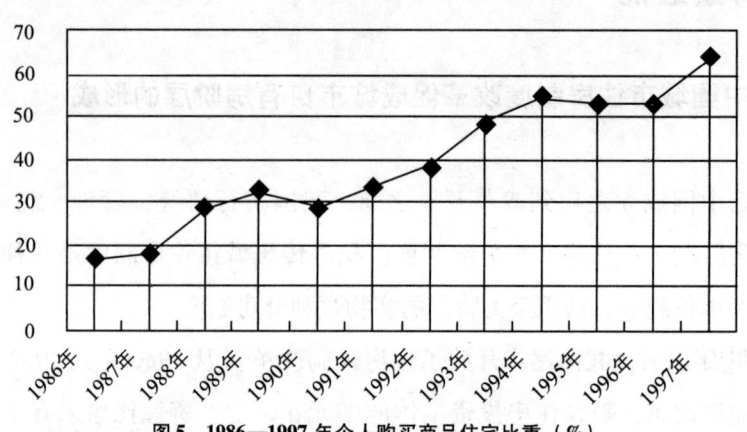

图5　1986—1997 年个人购买商品住宅比重（%）

资料来源：中国住宅与房地产信息网

随着住房制度的改革，我国城镇住宅私有面积的比重逐年上升，表明我国城镇住宅的产权结构发生了大幅度的变革，图 6 是根据建设部发布的《城镇房屋概况统计公报》做出，它说明了 2002 年至 2005 年 4 年间我国城镇房屋的私有化程度。

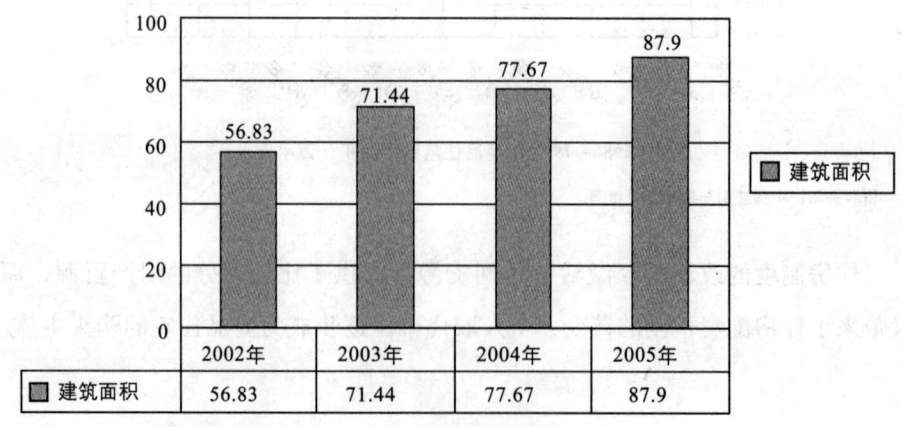

图6　2002—2005 年私有住宅建筑面积（亿平方米）

随着中国住房制度改革的推进，城市社区的产权结构发生变革，从 20 世纪 90 年代起，中国城市社会发生了根本性转变：住房从计划经济时代的国家财产转变为私有财产。这一变革为城市社区治理转换提供了坚实的基础。到 2005 年我国城镇私有住宅比例高达 81.62%。如图 7 所示：

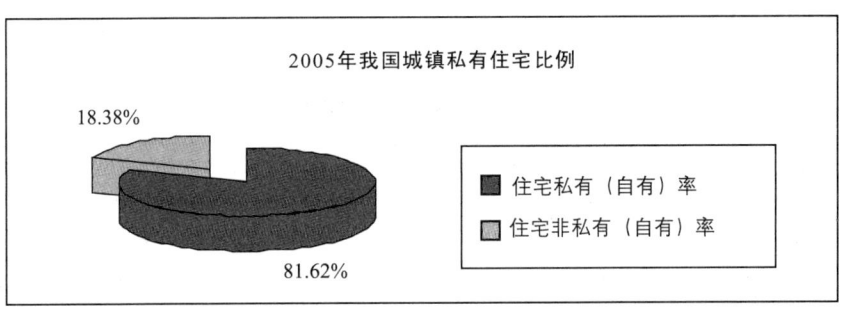

图 7　2005 年我国城镇住宅私有比例饼图

（二）物业产权基础上的维权意识觉醒，利益维护驱动下的自治组织的成立

住房制度改革之后，拥有私人住宅的业主成为维权的主体，并在维权的进程中成为社区治理的新兴力量。其根本的原因是在开发商及物业公司的利益和业主的利益相冲突的时候，作为分散的业主在维护自身利益的博弈过程中往往处于弱势地位。具体来看，从 20 世纪 90 年代起，中国城市社会发生了根本性转变：住房从计划经济时代的国家财产转变为私有财产。1990 年，北京私人拥有住房比率仅为 8%，1999 年则达 53.8%；至 2002 年，全国 82.1% 的城镇居民家庭已拥有自己的住房。在城市居住区，商业化物业管理模式已经逐步取代原来单位房管部门的行政管理模式，与此同时，个人维权意识的觉醒使得基于私人不动产权（物权）的社区自治的理念、实践和制度安排也初露端倪。

为了维护自身的利益，业主逐步自发结合起来形成自治组织，显示了很强的自组织能力，业主组织成了社区治理的重要主体之一。被确认的第一个业主组织产生于1992年，借鉴香港以及新加坡的经验，当时深圳天景花园成立内地首家"业主管理委员会"，业主在拥有产权的基础上参与管理，开了内地业主自治组织的先河。[1] 自那时开始，到2002年，10年过去了，但业主组织的发展并不顺利。

表7 业主委员会成立状况

地区	小区数量	成立业主委员会数量	成立业主委员会小区所占比例
北京	3000多	496	16.54%
广州	1200	170	14.1%
深圳	2000多	400	20%
南宁	218（实施物业管理）	58	26.6%
上海	3088	3632	85%

（三）社区治理的制度规范初步形成

在民间自发力量推动下，政府顺应城市社区治理的实践需求，出台相应的制度规则，初步奠定了城市社区的治理结构。政府出台的与物业小区治理相关的法规文件除了物业管理、业主组织、社区建设和社区服务标准等四方面之外，还有关于商品房的法规文件约156个；关于物业收费方面的约36个；有关综合性规范的法规文件约33个。这些法规文件初步确定了物业管理公司和业主委员会及其他自治组织之间的权利义务关系。那就是由物业管理公司向业主提供物业服务，并接受业主及其组织的监督；而业主则向物业服务公司支付一定的报酬，并需要遵守业主自治组织制定的社区公约等。

---

1. 具体参见曹阳：《业主委员会该如何规范》，载《深圳特区报》，2003年4月19日，第8版。

总的来说，政府在物业小区治理方面的法规文件是比较全面的，不仅有业主组织的相关法规文件、社区建设相关的法规文件，而且有专门就物业小区的物业管理进行规范的物业管理相关法规文件和社区服务标准的相关法规文件。[1] 由于小区的具体情况各不相同，依据自主治理的原则，小区住户需要依据各自情况在法定的制度平台上创建各具特色的社区管理制度，制定社区内部规章。初步形成的社区治理结构基本上确定了社区内部的自主治理原则和社区外部的政府指导地位。使得社区这一人们基本的居住单位具有了一定的规范。但是这些只是仅仅为社区自主治理搭建了一个基础性的结构。社区内部的各方利益的平衡和协调，还需要有更多的制度和规则来规范，尤其是在社区内部的利益相关方之间产生了冲突和矛盾时，这些纠纷和冲突的处理机制还不是很完善，对于在冲突的解决过程中如何处理个体的偏好和集体的选择，还没有很好的制度规范。在社区内部的利益冲突和纠纷解决方面，除了诉诸司法系统之外，冲突和纠纷的自我协调机制、外在的仲裁机制还不成熟。而正是这些制度设置的不足和基本制度的不成熟，为社区的自主治理埋下了隐患。制度的生成和成熟绝非一朝一夕之事，社区治理实践会对已有的制度规范提出挑战，随着时间推移，新旧制度的冲突会逐渐形成新的平衡，建立良性的社区治理制度需要一个长久的过程。

我们在这里所介绍的美丽园事件正是在这样的宏观背景下发生的，这一案例对初步形成的社区自主治理制度规范提出了新的挑战。本案例中的业主委员会已经组织起来，物业公司也已经聘用，但是在这二者之间发生了利益冲突的时候，如何处理这些矛盾和纠纷，如何借助于其他的纠纷和冲突解决机制来协调利益、达成平衡，就是一个根本的问题。美丽园事件中，其根本的问题是业主及业主委员会和物业公司之间的利益冲突，而在解决这一冲突

---

[1]. 根据我们的不完全统计，政府出台的与物业小区治理相关的法规文件除了上面的四方面之外，还有关于商品房的法规文件约156条；关于物业收费方面的约36条；有关综合性规范的法规文件约33条。详细情况可查看上地西里社区网站：http://www.shangdixili.cn/index.htm。

的过程中，业主委员在提取信号、代表业主的利益的普遍性上出现了一些问题，这就使得美丽园小区陷入了空前的"内忧外患"之中。本案例所关注的美丽园事件正是在上述的背景下发生的，在社区治理的实践中，如何形成民意表达机制，将居民/业主分散的利益聚合起来，形成集体选择？如何在业主组织和业主之间形成信号的捕捉和反馈？如何在社区内部实现业主组织和物业服务公司之间的利益平衡？政府、法院等外在的组织应当在社区治理的合约实施中扮演什么样的角色？政府、法院等外在的组织应当在社区治理的危机中发挥什么样的作用？这些问题都是美丽园事件向我们提出的挑战。在本文中，我们通过对北京美丽园社区治理中发生的一系列纠纷及其解决的观察，试图对上述问题作出回答，并进一步寻找出社区治理的可持续发展之道。

二、美丽园[1]物业纠纷事件缘起及经过

（一）物业纠纷促成业主委员会成立

美丽园纠纷事件的起源还得从 2003 年说起。2003 年，美丽园业主委员会的前身——美丽园物业管理委员会在核查小区物业实际情况时发现，小区内的电梯数量、水泵数量等与计算物业费单价时所使用的数量不相符，物业费严重虚高。随后，美丽园物业管理委员会与小区的原物业公司——北京鸿铭

---

1. 建成于 2001 年的美丽园社区是一个低密度住宅建筑群，坐落在北京海淀区五棵松路 20 号。占地面积 21 公顷，总建筑面积 227010 平方米，其中住宅面积为 210569.26 平方米，共 34 栋住宅楼，111 个住宅单元，1378 户；配套公建建筑面积为 27810 平方米。小区建筑为钢筋混凝土全现浇楼板，配钢筋混凝土砌块及内浇外砌结构。小区共有地上车位 970 个，为收费管理。地下车位 455 个。现有居民 1378 户，4800 余人。美丽园由北京东方鸿铭房地产开发有限公司开发，"物业费用纠纷"发生前由北京鸿铭物业管理有限公司提供物业服务。被市、区评为"金牌居住区"、"北京市优秀居住小区"、"海淀区文明社区"，并获得"首都绿化美化优秀工程奖"、"市物业管理规范服务优秀组织奖"等奖项。

物业管理有限公司（下简称"鸿铭物业公司"）多次协商，但一直没有结果。在此期间，部分业主因对鸿铭物业公司的乱收费行为不满，未按时交纳有争议部分的物业费，结果被鸿铭物业公司告上法庭。开庭时，成为被告的业主指出了物业公司收费单价虚高的问题，但法院仍是判决业主败诉。与此同时，法院的判决书还指明了解决途径："小区公共事务应由业主委员会起诉。"部分业主败诉后，在美丽园小区产生了很大的震动，一些业主认识到：成立业主委员会或许是一条不错的维权途径。2003年年底上届管委会卸任，接着2004年大半年时间里美丽园处于无业委会的状态，而数位业主接连的败诉令更多业主激愤，倍感唇亡齿寒之危机；加之二期公摊面积的问题长期得不到解决，大家逐渐有了共识，那就是：不靠天，不靠地，也不指望别人大发慈悲给予施舍，我们必须团结起来自救！于是，2004年8月19日，美丽园第一届业主委员会经业主大会选举产生了。可以说，成立业委会是群众经历过单打独斗的实践与挫折后找到的唯一自救之路。2004年8月19日，经过多方筹备，美丽园业主大会召开，并选举产生了美丽园第一届业主委员会。业主委员会成立后，按照《物业管理条例》的规定，到政府主管部门履行了备案手续。

（二）物业服务及收费纠纷激化，业主委员会终与物业公司对簿公堂

2004年10月20日，业主委员会开始与鸿铭物业公司商谈物业费问题，但未能达成一致意见。见此，业主委员会召集了第二次业主大会，以超过全体业主2/3的票数通过了7项决议，其中包括授权业主委员会与鸿铭物业公司商谈，如协商不成，授权业主委员会代表全体业主提起物业费诉讼。决议形成后，2004年12月27日，业主委员会再次向鸿铭物业公司发出会谈邀请函，但仍然没有结果。2005年3月，在与物业公司多次协商未果的情况下，美丽园小区业主委员会向法院递交诉状，提出了13项诉讼请求。要求判令鸿铭物业公司：

表8　2005年3月美丽园小区业主委员会向法院提出的13项诉讼请求

2005年3月美丽园小区业主委员会向法院提出的13项诉讼请求：
1. 将保安费变更为按5元/户月收取；
2. 将保洁费变更为按3元/户月收取；
3. 将垃圾清运费变更为按2.5元/户月收取；
4. 将未曾书面特别委托的业主的室内小修费取消；
5. 将未曾书面特别委托的业主的室内中修费取消；
6. 自2003年9月1日起无条件将各项费用统收服务费取消，并返还已收取的该项费用；
7. 自2002年9月3日起无条件将共用天线管理费取消，并返还已收取的该项费用；
8. 将电梯维保费变更为按实际电梯规格、数量（111部）及小区实际住宅建筑面积（210569.26平方米）计算收取，即按0.359元/平方米月收取；
9. 将电梯运行费变更为按实际电梯规格、数量（111部）及小区实际住宅建筑面积（210569.26平方米）计算收取，即按0.463元/平方米月收取（一层业主除外，仍执行原免收约定）；
10. 将高压水泵费变更为按实际可收费高压泵组数（1）及小区实际住宅建筑面积（210569.26平方米）计算收取，即按0.008元/平方米月收取；
11. 立即中止未经业主同意利用业主共有财产擅自对外签订的《电梯广告位租赁合同》，并将相关收益返还业主；
12. 将已收取但实际未建的公共厕所的物业管理费和采暖费返还业主；
13. 将收取的营业税由5.5%变更为5%。

2005年5月11日，海淀区人民法院开庭审理了该案。经过审理，2005年9月14日，海淀区人民法院驳回了美丽园业主委员会的全部诉讼请求。美丽园业主委员会不服一审判决，向北京市第一中级人民法院提出上诉。

（三）法院判决下调物业费用

2005年12月8日，一中院作出终审判决，撤销了一审法院作出的判决，在核实物业运营成本的基础上下调了物业费用[1]。但是，鸿铭物业公司并没有履行法院的终审判决，美丽园业委会只好向原审法院——北京市海淀区人民

---

1. 明确了从2003年到2005年，美丽园小区物业管理费中鸿铭物业公司应收取的保洁费为每户每月3元，垃圾清运费为每户每月二元五角，高压水泵费为每月每平方米八厘，电梯维保费为每月每平方米四角五厘，一层住户的电梯运行费免收，其他住户的电梯运行费为每月每平方米五角五分二厘，应加税率为5%；美丽园小区物业管理费中没有经过业主特别委托的小修费、中修费，鸿铭物业公司不得收取。物业管理费中应收取的各项费用统收服务费在2003年为每户每月1元，在2004年和2005年不得收取。鸿铭物业公司将电梯广告位的租赁收益18万元、公厕用房供暖费和物业管理费3533.76元返还给北京市海淀区美丽园小区业主委员会。

法院递交了强制执行申请。

2006年1月，物业公司向一中院提交再审申请，要求对此案进行重新审理；2006年3月30日，5名法律专家出具《论证意见书》，认为一中院的判决改变了合同规定的价格条款，是不妥当的；2006年4月13日，北京市物业管理协会向一中院主管领导发出一封《行业专家对美丽园物业纠纷案给物业管理行业造成严重影响的意见及情况反映》，认为法院的判决会引发北京物业全行业的混乱，要求重审；决定另行组成合议庭对此案进行审理，同时裁定在审理期间中止原判决的执行。

2006年5月30日，一中院发出《民事裁定书》，2006年5月31日，北京市第一中级人民法院裁定再审该案，原判决中止执行。

不久，美丽园小区业主委员会也向法院递交了相应的材料：北京33个小区业主委员会联名的支持。与此同时，中国消费者协会公开表示支持美丽园业主委员会的维权。

2006年8月11日，经过再审，北京市第一中级人民法院判决："维持原判"，再次支持了美丽园业主委员会13项诉求中的12项，小区物业费单价由每月每平方米2.72元降为1.58元。

（四）物业公司因费用低而逃离，社区服务缺失、陷入失序状态

2006年8月15日，鸿铭物业公司在小区里张贴了《告美丽园全体业主书》，表示对于再审判决，"不论是从价格上还是从美丽园实际运行成本上，都是不能接受的，将继续申诉"。鸿铭物业公司同时表示将"撤离"美丽园小区。对此，美丽园小区业委会主任雷霞表示，"以每月每平方米1.58元来算，也有一大笔利润的"。如果物业公司以正常合理的程序撤离，他们将与之进行正常交接，如果物业公司突然撤离，业委会将按业主大会的决议启动小区应急程序。

2006年9月1日上午7时许，美丽园小区1387户居民发现，鸿铭物业公司突然张贴出撤离通告，保安不见了，电梯停电了，家里停水了……整个小区陷入"混乱"之中。美丽园再次成为举国关注的焦点。

（五）社区生活混乱，业主委员会面临信任危机

随着物业公司的逃离，导致小区基本生活失序，引起了业主之间的意见分歧，业主委员会也因此而面临信任危机。业主基本上分成了三个派别，即拥护物业派、中立派和业委会派，详见下表：

表9　危机中业主之间的分歧

拥护物业派 物业公司服务不错，任何一个物业公司都是为了赢利，一部分业主不交物业费，损害了我们广大业主的利益，是业委会在强奸民意。 **中立派** 试图调解，但不成功。认为只要服务到位，物业费可以重新协商。但物业公司在临走前损害业主利益是不对的。 **业委会派** 物业公司应按法院判决收费。少部分人唯恐天下不乱，他们在买房和物业费上都享受优惠，所以会替物业公司说话。美丽园1300多户业主，只有100多户没有交物业费，物业公司却因此采取不负责任的行动给所有的业主带来不便，这不公平。

业主之间的争论和分歧主要围绕着两个核心问题展开，即：1. 要不要罢免小区业委会现任全体委员；2. 要不要留用目前在小区服务的物业公司。一些业主将美丽园社区服务缺失、秩序混乱的原因归咎于业主委员会，认为应当对其进行罢免，从9月2日起，王晓明等人在小区的北门，就3项议题开始征集业主签名：是否罢免业委会；是否续聘鸿铭物业公司；是否采用招投标方式聘用新物业，经过整理核实，实际参加签名的共有453户，这份提案被提交到业委会，要求召开业主大会进行表决。另一些业主则认为应当更换物业公司，业主委员会的做法是正确的。

(六) 政府指令原物业公司接管美丽园

鸿铭物业逃离美丽园社区之后，2006年9月1日上午10点多海淀区小区办、美丽园社区所在的八里庄街道及当地派出所立即介入纠纷事件，召开紧急会议，紧急会议一直开到2006年9月2日凌晨4时许才散。海淀区小区办、美丽园所在的八里庄街道及当地派出所在小区召开协调会最终有了结果。9月9日，海淀区小区办下发通知，要求鸿铭物业9月11日之前全面恢复小区物业服务，责令业委会45天之内召开业主大会临时会议。9月10日，在政府部门要求下，鸿铭公司回到美丽园，开始为期3个月的过渡期物业管理。

(七) 美丽园社区业主大会召开，选聘新物业公司

2006年10月9日下午4时，美丽园小区开始召开临时业主大会，向业主分发选票，请业主自行实施自己的民主权利对以下三个议题进行投票：1. 美丽园业主大会正式选聘的物业公司是否应以招投标方式产生。2. 是否全面接受北京鸿铭物业管理有限公司提出的条件（包括物业服务标准、公共配套建筑的物业费单价等），是否直接选聘北京鸿铭物业管理有限公司为小区提供正式的物业服务，限定二层以上（含二层）住宅物业费单价为2.04元/建筑平米/月，一层住宅为1.43元/建筑平米/月，并由业主委员会与北京鸿铭物业管理有限公司签订正式的物业服务合同。3. 是否应罢免现任业主委员会全体委员。

本次投票选举活动将于10月28日结束，整个投票过程均有全程录像监控，以保证投票结果的真实有效。最终的投票结果："罢免业委会现任全体委员"议题，467票赞成，621票反对，5票弃权；"续聘鸿铭物业"议题，474

票赞成，609票反对，7票弃权；"正式选聘的物业公司以招投标方式产生"议题，613票赞成，474票反对，3票弃权。这一结果表明了，业主委员会经受住了民主的考验，重新获得了合法性。

在获得业主大会的授权之后，美丽园社区业主委员会发布物业公司的招标公告，并于2006年12月份经过一周的业主大会投票，在美丽园3家竞标物业中，南京新鸿运公司以628票的绝对优势夺标。中标的新物业公司于2006年12月11日正式进驻美丽园社区。到此为止，美丽园物业纠纷圆满结束。

专栏　美丽园物业纠纷事件始末

第一阶段：物业费用纠纷，业主赢得诉讼

2005年3月业委会起诉鸿铭物业，要求挤掉物业费"水分"，将多收的物业费退还业主。

2005年9月海淀法院驳回业委会诉讼。

2005年12月北京市一中院支持了业委会的诉求，将小区2.72元每平方米每月的物业费判至1.58元，美丽园业委会成为北京首个打赢物业费官司的业委会。

第二阶段：利益难以平衡，物业撤离，小区陷入危机

2006年5月鸿铭物业向一中院申诉，一中院裁定再审。

2006年8月11日一中院维持终审判决。

第三阶段：政府介入，强制物业返回，小区进入过渡时期

2006年9月1日鸿铭物业突然撤离，美丽园停水停电，海淀区小区办等部门紧急到小区处理，当天下午恢复水电供应。

2006年9月7日副市长吉林表示，绝对不允许断水断电断电梯等情况发生，对一些物业公司断电断水的恶劣行为将予以严惩。

2006年9月9日海淀区小区办要求鸿铭物业9月11日前恢复服务，同时要求业委会45天内召开业主大会。

2006年9月14日部分业主提出罢免业委会提案，业委会收下提案。

2006年10月9日美丽园临时业主大会召开，罢免业委会全体委员成为议题之一。

第四阶段：启动民主程序，重聘物业，小区纠纷结束

2006年10月28日临时业主大会结束，业委会全体委员未被罢免，同时启动招投标程序。

2006年11月8日业委会发出物业招标公告。

2006年12月2日至8日6家投标公司中3家入围，小区召开业主大会决定中标物业。最后，南京新鸿运中标。

2006年12月10日新物业进驻小区，鸿铭物业撤离。

美丽园社区纠纷事件的发生是一种偶然现象，还是一种必然现象？这一类的物业服务与收费纠纷事件在社区治理的过程中能够避免吗？要对这些问题进行回答，我们需要探讨美丽园社区的管理机构和社区治理结构。

三、美丽园的管理机构和社区治理结构

以上对美丽园事件的发生发展过程进行了历史式的追述，这一部分将梳理和分析该事件所涉及的各方在其中所扮演的角色和发挥的作用，以求能透过现象，分析其间的利益关系及利益冲突，从而能够从更深层次把握我国物业小区的治理结构。具体来讲本部分涉及三个层面的分析：一是分析美丽园事件中涉及的利益相关方及其在纠纷中的立场、态度；二是分析美丽园社区治理中的管理机构和治理结构；三是分析美丽园社区治理的相关制度规则。

（一）美丽园事件中的利益相关方

美丽园社区纠纷事件虽然只是一个基层社区治理过程中发生的纠纷和冲突，但这一事件牵涉的利益关系比较复杂。美丽园社区物业服务收费事件中涉及的利益相关方主要有：1. 物业公司——物业服务的生产工作。在本案例中，物业服务公司是鸿铭物业公司，这一公司承担着美丽园社区的物业服务。2. 物业管理协会——由物业公司联合加入组成的行业协会。在本案例中，物业管理协会就是北京市物业管理协会。3. 业主委员会——业主的集体意志执行机构，维护业主利益。本案例中的业主委员会就是美丽园社区业主委员会。4. 业主——分散的利益个体，房屋的所有权人为业主。本案例中的业主就是美丽园社区的权力业主。5. 法院——外在于自主治理社区的裁判方。6. 政府——形式上外在于自主治理社区的行政主管方。

表10 美丽园事件中涉及的利益相关方

利益相关方	追求目标	产生方式
物业公司	利润	注册组建
物业管理协会	行业管理	注册登记
业主委员会	业主利益	选举备案
业主	业主利益	购房取得资格
法院	公平正义	选举产生
政府	公共利益	选举产生

（二）美丽园社区的管理机构和治理结构

美丽园物业服务和收费纠纷事件围绕着物业收费标准，以业主委员会为代表的业主一方和以物业服务公司为代表的服务生产方以及以政府、法院为代表的外在力量是本案例中重要的治理组织，这些组织之间的相互的权利义务关系构成了美丽园社区的治理结构。

本案例中的物业纠纷事件不仅仅局限于美丽园社区内部，而且还涉及了外在的政府和法院以及行业协会。总体上，本案例涉及的管理组织和治理结构可以用下图来表示：

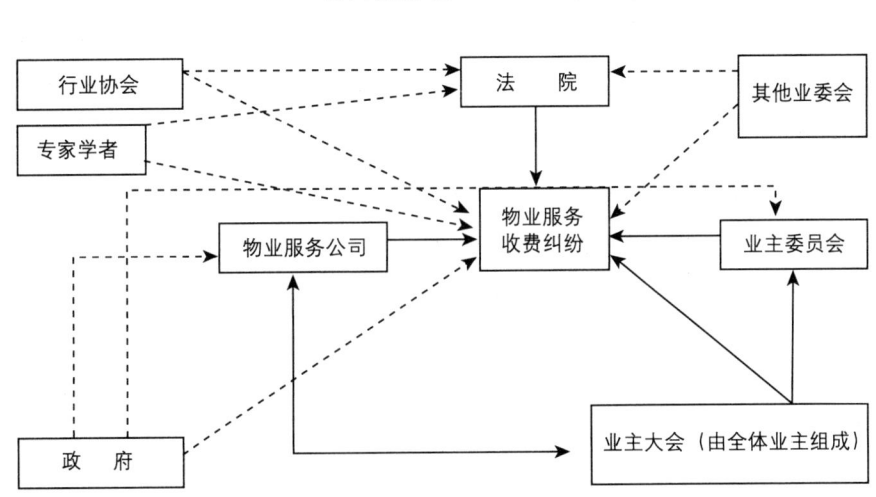

图8　美丽园社区物业服务及收费标准纠纷事件的治理结构图

从图中可以看出来，美丽园社区物业服务及收费标准纠纷事件涉及以下三种类型的组织：（1）社区内部自发性组织；（2）以物业管理公司为代表的市场经营性组织；（3）社区外部的社会固有组织。社区内部的自发性组织主要包括业主大会和业主委员会，他们是美丽园社区的治理主体，他们也是社区内部的物业服务的购买者。美丽园社区的物业服务的提供[1]也主要由他们负

---

1. 提供与生产的区分，公共服务的供给并非是一个连续不断的过程，这个过程大体上可以划分为两个阶段——提供和生产。所谓的提供是指一系列的集体选择行为的总称，并就下述事项作出决定：需要提供什么样的产品和服务、产品和服务的数量和质量标准、需要筹措的收入数和如何筹措、如何约束和规范公共产品和服务消费中的个人行为、如何安排产品或服务的生产。公共服务的生产则是指如何将一系列的输入资源转化为产品和服务的技术过程。公共服务的供给是提供和生产两个阶段的总称。公共服务的提供和生产的区分，开辟了重新界定公共服务经济中经济职能的最大可能性，公众保持着对与服务供应绩效标准相关的方面的控制，而服务的生产方面，则允许在生产那些服务的结构之间开展最大限度的竞争。

责,他们负责物业服务的决策和费用的筹集等,负责对美丽园社区内部的规则的制订及执行。第二类是物业服务公司,在本案例中是鸿铭物业公司,该公司属于私营性质的企业,以谋取利益为导向。鸿铭物业公司负责美丽园社区内部的物业服务的生产,其中包括保洁、保安以及水电气的管理。这两类组织形成了社区内部的治理结构,围绕着美丽园社区内部的物业服务的提供、生产及关于物业服务的提供、生产的制度规范,业主大会、业主委员会和物业公司之间形成了复杂的权利义务关系。具体来看,这一层次的治理结构如下图所示:

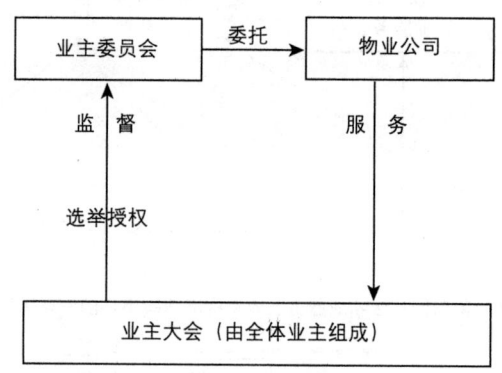

图9　美丽园物业服务治理结构图

资料来源:笔者根据《物业管理条例》整理

通过对近十年的相关法规的回顾和梳理,我们看到了由产权人和使用人→业主,由产管委会→业主委员会的转变。根据《物业管理条例》及相关的法规,我们可以发现当前物业小区的治理结构:在物业小区内部形成了"业主大会——业主委员会——物业公司"这样的委托代理关系。具体来看,社区内部的治理结构包括两个层面的问题。

其一是在业主和业主委员会之间形成一层委托—代理关系。从另一个方面来讲就是要将业主分散的利益通过集体选择的过程聚合为集中的利益,由业主委员会集中表达和实施；这个过程要求广大业主和业主委员会之间建立需求信息/信号的表达和捕捉机制，并形成信息反馈和监督机制。就人类的自主治理的能力来看，决策者的数量与深思熟虑的质量之间并不存在确定的正比例关系。在《联邦党人文集》中对于人类自治能力的根本局限有着充分的论述。"把一定的权力委托给六七十人，可能比委托给六七人更为适当"，"但是，不能因此就说，六七百人就相应地成为更好的委托"，"如果我们继续假定六七千人，整个理论就应该颠倒过来"。[1]事实上，在一切情况下，为了保障自由协商和讨论的益处，以及防止人们为不适当目的而轻而易举地联合起来，看来至少需要一定的数目；另一方面，为了避免人数众多造成的混乱和过激，人数应当有个最大的限度。[2]这就是所谓的"规模原则"，因为任何的协商集团（deliberative group）中都存在着基本的限制条件，它起源于这一事实，一次只能有一位演说者能够被倾听到并得以理解。[3]

其二是业主、业主委员会与物业服务公司之间围绕着物业服务形成需求与供给关系。物业服务包括的范围比较广泛，例如有关保安、保洁、绿化、供暖、生活热水的供应，日常公共物业和业主自用部分的小修理等。无论是怎样的物业服务，都会存在生产者和消费者，二者对物业服务进行买卖。以小区的保安服务为例，我们可以看到在目前的社区治理中存在着"保安服务流"和"薪资报酬流"两个不同方向上的流动机制，伴随着这种"保安服务流"和"薪资报酬流"的流动环节的是一种供给和需求的关系。保安人员向小区提供治安服务，以满足小区的业主则有安全的需求；在获得了保安人员提供服务之后，业主需要向保安人员支付报酬。但是，从目前的社区服务的制度安排来看，存在着两种供给需求模式，一种是长线的责任机制，另一种

---

1. 转引自［美］文森特·奥斯特罗姆：《复合共和制的政治理论》，毛寿龙译，上海：上海三联书店1999年版，第88页。
2. 同上。
3. ［美］文森特·奥斯特罗姆：《复合共和制的政治理论》，毛寿龙译，上海：上海三联书店1999年版，第90页。

则是短线的责任机制,所谓的长线责任机制就是说供给者和需求者之间的责任关系比较远,两者之间很难有有效的交流、沟通以及协调机制,他们被物业公司和保安服务公司隔离开来,这样供给者和需求者之间就形成了长线责任机制,供给者的供给很难反映需求者的需求;与此相反,所谓的短线责任机制则是形成供给者和需求者之间的直接面对面的交流和沟通,供给者需要反映需求者的偏好,需求者往往会对供给者有一定的影响力和控制力。而下图中的模式1和模式2均是现在社区治理中的保安服务供给模式,他们都属于长线责任机制,在这两种模式中,"保安服务流"和"薪资报酬流"的流动环节是不同的,模式1中的服务供给者和需求者之间的距离更远。具体来讲,就是物业公司向保安服务公司聘请保安人员然后再向小区供给治安服务;模式2则是物业公司直接从社会上招聘保安人员,然后向小区供给治安服务。具体如下图所示:

模式1

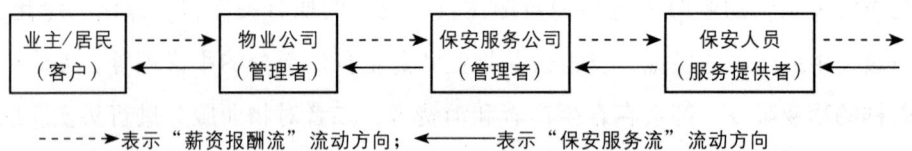

模式2

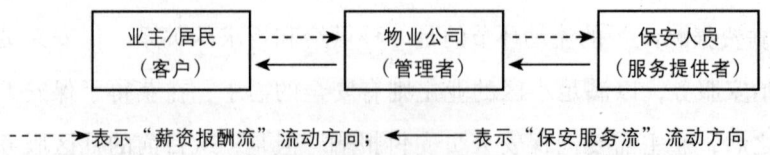

图10　社区治理中的保安服务供给模式图

从目前的情况来看,无论是模式1还是模式2,二者都没有形成供给者和需求者之间直接的责任关系,这样在实践中,服务的供给者往往不会反映最终的需求者的偏好和意志,相反他们会受到直接聘用他们的组织的指挥和控制。

　　社区是社会的一部分，存在于社会既有的制度安排之中。除了上面描述的社区内部的治理结构之外，社会中其他的组织，作为一种外在的制度设置也会对社区治理发生影响。具体到本案例中，这些外在的组织主要包括法院、政府、行业协会和专家学者。在美丽园社区的物业服务和收费标准的纠纷案例中，这些外在的制度设置包括作为社区治理的制度供给者的政府；包括对社区治理中的纠纷及合约争议进行裁判和处理的司法机构；也包括作为对社区治理中的利益格局发生影响的行业协会及专家学者，在本案例中，北京市物业管理协会和相关的专家学者在物业公司向一中院提交再审申请时，试图通过一定的途径对法院施加影响，从而间接地影响美丽园社区的治理实践。

四、美丽园社区物业收费纠纷事件的问题及分析

　　在前面第二部分关于美丽园社区物业服务及收费纠纷事件过程的介绍中，我们可以看到整个事件都是由业主委员会和物业公司之间的纠纷引发和进一步激化的。在这一案例中业主委员会（代表业主）与物业服务公司之间的利益平衡机制、两者之间的谈判和沟通机制以及关于物业服务和收费的信息反馈机制等情况关涉到美丽园社区中物业服务的持续与否。在关于美丽园社区物业服务及收费纠纷事件的问题分析中，我们将根据2003年世界发展报告《变革世界中的可持续发展——改进制度、增长模式与生活质量》提出的可持续发展制度分析框架来分析美丽园社区中物业服务提供和生产中存在的问题。

（一）物业服务与社区治理

　　良好的制度环境必须承担许多职能。但是要使行动协调及可信赖，又目的明确，必须突出三种职能——捕捉信号、平衡利益和实施决议。美丽园社

民主管理
Democratic Management

区治理制度规定了利益相关各方的权利和义务，可以简单地归结为，"业主及业主大会委托物业公司进行管理和提供服务，业主委员会代表业主和物业公司进行谈判，所有业主进行监督"。这些制度捕捉信号、平衡利益和实施决议的能力如何，从美丽园社区物业服务和收费纠纷事件又能反映一些什么问题呢？

1. 信号捕捉与社区治理

在社区的治理中，物业公司与业主和业主委员会相比具有信息的优势。物业公司作为一个营利性的企业，它掌握物业服务的生产成本，这些信息是业主和业主委员会难以了解和掌握的。所以，在物业服务的定价上，业主和业主委员会与物业公司相比较就处于劣势地位。

除此之外，由于很多的前期物业公司大多数都是由社区的开发商留下的子公司，所以他们对于社区的地理和设施的信息往往掌握的要比业主和业主委员会更多一些。因为按照《物业管理条例》的有关规定，开发商要向前期物业公司交出一份完整的物业小区档案（包括业主清册），在办理物业承接验收手续时，建设单位应当向物业管理企业移交下列资料：（1）竣工总平面图，单体建筑、结构、设备竣工图，配套设施、地下管网工程竣工图等竣工验收资料；（2）设施设备的安装、使用和维护保养等技术资料；（3）物业质量保修文件和物业使用说明文件；（4）物业管理所必需的其他资料。《物业管理条例》虽然也规定物业管理企业应当在前期物业服务合同终止时将上述资料移交给业主委员会。前期物业公司也有责任向业主和业主委员会介绍公摊房屋的使用、楼宇大堂、地下室、电梯、高压水泵、水箱、消防设施、应急照明设施、自行车库、地上停车场、公共的墙面、屋顶的管理等。[1]但是，这些设施分散难以亲自丈量因此业主很难掌握充分的信息。业主和业主委员会是社

---

1. 王嘉吾：《发挥业委会作用，使"美丽园事件"不再发生》，载《现代物业》，2006年第11期，第22页。

区的主人，物业公司是社区的"保姆"，"保姆"比"主人"掌握了更多的信息，也比"主人"更了解这个家。

在美丽园社区的纠纷事件中，最值得关注的是业委会诉称，鸿铭物业公司在多方面存在严重不合理收费：其一，原规划小区设置30组高压水泵，实际用的是1组水泵，但物业公司却一直按照30组收取维修和管理费；其二，小区电梯作为业主共有财产被物业公司租赁给广告公司，并收取不属于物业公司的租赁费用；其三，总共111部电梯却按照118部电梯收费，严重损害业主权益；其四，未获得业主书面特别委托而收取室内小修费和中修费等。鸿铭物业公司之所以敢于在电梯数量和水泵的水量上欺瞒业主和业主委员会，关键的问题就在于它比业主和业主委员会掌握了更为详细的信息。而信息的获取又是有代价的，所以业主在获取关于电梯的数量和水泵数量的信息中是缺乏动力的，或者作为自利人，有些业主干脆就没有想要去检查电梯和水泵的真实数量。正是因为物业公司与业主之间关于物业小区的信息不对称，从而导致了在物业服务的提供和物业服务的收费中双方处于不对等的博弈地位。信号捕捉机制不完善和信息披露机制缺失影响了社区治理的持续发展。

什么机制使得业主或者业主委员会发现鸿铭物业公司在物业管理和维护成本上弄虚作假？这个机制是一个常规性的制度安排还是完全依赖偶然发现？

2. 利益平衡与社区治理

一般而言，要达成利益的均衡必须具备如下几个方面的条件，其一，要有良好的捕捉信号的机制或者信息披露机制，因为信息的拥有量会影响谈判能力；其二，要有谈判和沟通的机制，因为只有通过谈判和沟通，利益相关方才能充分表达观点，充分进行博弈，从而达成平衡；其三，要有包容性和民主机制，也就是说发言权和参与非常重要。因为集中的利益总是比分散的利益易于表达和维护，正因为如此，缺少代言人的分散的利益相关者往往会被社会所忽略。"一个绝大多数人不能表达意愿的社会在两种情况下会耽误大事。第一，它之所以误事，是因为蕴藏在绝大多数人中间的潜在创造力和生产率受到了忽视，或者仅仅一部分得到重视。第二，因为没有人能听到社区和自然资产受益人的呼声，这些资产的潜在力量也就可能被浪费掉"[1]。

社区治理中利益平衡涉及诸多的层面，既包括社区内部的业主之间的利益平衡，业主和开发商、物业公司之间的利益平衡，还包括业主与政府、行业协会等之间的利益平衡。

首先，美丽园社区物业服务和收费纠纷事件中首要的一个问题就是在物业服务公司和业主之间缺乏一个平等的谈判和协商平台。"业主公约"在社区治理中处于崇高的地位，被看做是社区治理的宪法。然而，由于制度设计的缺陷导致作为社区治理参与人的业主和开发商在制定社区治理的最基本的游戏规则——"业主公约"过程中地位不平等。[2] 而绝大多数社区的前期物业公司是由开发商组建的子公司，其在后期的物业服务中会尽量利用"业主公约"中的规定来谋取利益。这样就会不可避免地造成后期社区治理中的博弈双方之间的地位不平等，一方当事人的利益增加是建立在另一方当事人利益受损的基础之上。这一点是具有普遍性的一个问题，正因为这一制度设计的缺陷造成了社区治理中初始的利益博弈就具有不公正性。

其次，由于美丽园社区中物业公司和业主之间存在着严重的信息不对称的状况，业主很难获取到美丽园社区最基本的物业属性信息，这就严重地削弱了业主在与物业公司进行利益博弈的能力。导致业主在与物业公司的谈判

---

1. 世界银行：2003年世界银行报告《变革世界中的可持续发展——改进制度、增长模式与生活质量》，北京：中国财政经济出版社2003年版，第56页。
2. 《物业管理条例》中规定，建设单位应当在销售物业之前，制定业主临时公约，对有关物业的使用、维护、管理，业主的共同利益，业主应当履行的义务，违反公约应当承担的责任等事项依法作出约定。建设单位制定的业主临时公约，不得侵害物业买受人的合法权益。第二十三条规定，建设单位应当在物业销售前将业主临时公约向物业买受人明示，并予以说明。物业买受人在与建设单位签订物业买卖合同时，应当对遵守业主临时公约予以书面承诺。

和沟通中总是处于弱势地位，不得不求助于社区之外的司法力量来维护自身的利益。

3. 合约实施与社区治理

在社区治理中，合约订立和实施也处于关键的地位。因为，合约实施是利益平衡的延续。[1] 美丽园的案例中，从纠纷起始到结束，我们可以看到法院作为第三方力量在合约的实施中处于举足轻重的地位，发挥了重大作用。作为合约双方的业主和物业公司之间关于合约条款的谈判和沟通基本上以失败告终，导致合同无法实施。在业主对物业公司收费存在质疑的时候，一些业主以不缴纳物业费的方式试图抗衡物业公司的不合理收费行为，但是最终却被物业公司送上法庭并获致败诉。后来，分散的业主通过集体选择机制投票选举出业主委员会，为其代言并与物业公司抗衡，试图增强业主对物业公司的影响力度从而促使其按照真实情况收取物业费用。业主委员会与鸿铭物业公司商谈物业费问题，但未能达成一致意见，因此没有产生任何有约束力可以自我实施的合约。后来双方都希望通过司法的力量强制实施对己有利的合约条款。当然，借助于国家权力的强制性能够对合约双方产生影响，但是这种强制性的影响所带来的结果并不理想。鸿铭物业公司最终逃离美丽园社区，造成美丽园社区在后来的几天内服务缺失、生活秩序混乱，并带来了社区自主治理的危机。

在物业公司和业主之间，从理论上来讲是能够形成一种平等的市场关系的，前提条件是市场充分竞争而且双方不存在信息不对称。然而，现实的情况并不像上面所论述的那样。目前我国的物业市场基本上是"以开发商为中心，以该开发商建立的物业公司为半径，以住宅小区为边界"的各个封闭市场。在这样的情况下，依附于开发商的前期物业公司垄断了该开发商开发的

---

1. 世界银行：2003年世界银行报告《变革世界中的可持续发展——改进制度、增长模式与生活质量》，北京：中国财政经济出版社2003年版，第56页。

小区的物业市场。因为开发商在房产开发中的初始性权利，物业公司往往垄断了小区的基本信息，业主要想获取这些信息难度是相当大的；除此之外，因为开发商的缘故，"业主公约"的制定是在业主缺位的情况下出台的，这样的情况就造成了双方之间利益平衡能力的不平等，对合约实施中处于不平等的地位，合约的自我实施机制必然失灵。双方之间一旦出现争议就不得不求助于具有强制性的外部力量，而外部强制性的力量又往往不能促成合约的顺利实施，这时就会出现合约的破裂。

（二）法院裁判与社区治理

司法作为一个外在于社区的仲裁力量，往往会成为社区治理纠纷和冲突的解决机制。根据有关的报道，我们可以看到，当业主不缴纳物业费的时候，法院会采取强制措施强制其缴纳；当已经被炒掉的物业公司试图赖在社区内不走时，法院可以对其进行强制驱逐。自2003年《物业管理条例》颁布以来，物业管理纠纷的案件数量直线上升。仅北京市朝阳区法院受理的物业管理纠纷就从2002年的194件剧增到2004年的1898件，增长率达878%。据悉，今年第一季度昌平法院受理的物业费纠纷案件772件，比去年同期上升149.8%。在本案例中，司法系统自始至终都没有离开纠纷和冲突的处理。从一开始，物业公司将不缴纳物业费用的业主告上法庭，到后来业主委员会一再将物业公司送上被告席。可以看出来，法院在社区治理的纠纷处理中始终具有不可替代的作用。

根据中国人民大学制度分析与公共政策研究中心"社区治理"课题组关于社区治理纠纷与冲突的调查，我们可以看出社区治理中纠纷和冲突的内容比较复杂，详细参看下表[1]：

---

1. 陈幽泓：《制度转轨中的社区治理难题——冲突解决》，未发表稿。

表 11　小区纠纷类型汇总表

小区物业纠纷与冲突汇总								
纠纷与冲突类型	建筑与装修质量	物业管理服务	共有财产侵权	规划变更与商业欺诈	合同纠纷	肢体冲突与暴力	业主内部	其他
在全部个案中的数量（件）	15	39	34	17	7	15	7	12
在全部个案中的比例	19%	68%	60%	30%	12%	26%	12%	21%
冲突程度分类（在全部个案中的百分比）								
激烈	6.7%	38.5%	88.2%	64.7%	42.9%	20%	—	—
比较严重	26.7%	38.5%	11.8%	11.8%	25.6%	26.7%	—	—
一般	66.7%	23.1%	—	23.5%	25.6%	53.3%	—	—

在美丽园物业服务和收费纠纷事件中，在物业公司强势而业主委员会谈判能力相对较弱的情况下，业主诉诸法律手段，与物业公司对簿公堂。法院支持业主的诉讼诉求，判定下调物业收费标准。对此，北京市物业管理协会邀请众多物业管理和法律方面的专家组成专家组，对美丽园案件进行了讨论，得出《行业专家对北京市海淀区美丽园物业管理纠纷案给物业管理行业造成严重影响的意见及情况反映》（以下简称《意见及情况反映》），对法院直接决定物业服务收费价格的做法也提出了质疑。认为终审判决"违反了物业管理行业的市场价值规律"，"不仅北京鸿铭物业管理有限公司将可能面临破产倒闭，也会导致大部分经营管理同类物业的物业管理企业无法继续经营而面临倒闭的可能"。《意见及情况反映》指出，审判专业性强的复杂价格争议应该由价格主管部门会同行业主管部门进行价格认证鉴定，供法官审判时参考，而不便由法官直接决定价格。专家组认为，物业管理费定价是一个专业性极强的问题，在当前物业法律尚不健全的情况下，依据政府行政规定进行判决，其司法解释理应征求政府主管部门意见，但法院的判决中多有与政府的规定

不一致之处。

那么，在本案例中的核心问题是，法院究竟是应该致力于裁判物业收费标准确定过程的公正性还是对物业管理费的征收标准进行裁决？如果法院应该涉足确定物业管理费的水平，其究竟有无能力完成该任务？

从理论上来讲，法院可以根据"业主公约"的内容对物业公司的收费进行审查，可以根据社区的实际情况判断收费项目的合理与否，也可以根据社区的电梯、水泵等基本设施和基本的设备情况，判定物业公司的收费是否符合实际情况，是否有虚报欺瞒的现象。然而，在本案例中，当法院判决下调物业费之后，鸿铭物业公司以价格过低，不能接受，声称没有利润可以赚取。故而，在未提前告知业主和业主委员会的情况下突然逃离美丽园社区。造成了美丽园社区的物业服务落空，秩序混乱。

由此可见，社区治理冲突、纠纷的诉讼处理机制并非完美无缺。因为作为一种外在的力量，法院在处理社区治理中纠纷和冲突的时候，并不能完全、彻底地掌握各方的利益状况，也难以准确地预见到相关各方可能产生的反应，并在调整和确立合约时制订相应条款有针对性地加以避免。这一点在本案例中得到了很好的验证。同时，通过第三方的强制性力量对合约进行强制性的变更，往往会加深合约双方之间的矛盾和冲突，导致矛盾的进一步激化。

（三）政府行政与社区治理

由于不满法院作出的降低物业收费标准的判决，9月1日，负责美丽园物业服务的鸿铭物业公司突然撤离，给业主生活造成巨大不便。政府随即介入，北京市建委、海淀区政府办等部门在美丽园召开协调会，并指定物业公司代管小区。

我们知道作为基层的社区是自治的，而政府行政的一大特征就是强制性。这种强制性往往会对社区的自治形成束缚。这一点在深圳景洲大厦事件中就得到了充分的验证。[1] 然而，在本案例中，我们看到的不是政府的过度介入，而是当对违约的防范不周到、擅自违约的责任和罚则不明确的情况下，政府行政力量不进行干预，结果社区的治理因内部的纠纷和冲突导致了社区治理的危机。面对这一危机事件，政府在应业主委员会的请求下及时介入并指令原物业公司回到美丽园社区继续服务，并责令业委会45天之内召开业主大会临时会议。

可见，社区治理中政府的行政干预究竟应当如何作为，既关系到社区自主治理能力的发展，又关系到社区治理局面的稳定和社区居民的基本生活。那么，在社区治理中，政府究竟应当如何作为？行政权力和自主治理的边界究竟在哪里？

针对社区治理这一自治领域，行政权力的干预应当具体分析。不能因为行政权力具有威胁自主治理的可能性，就一概地反对行政权力对社区治理的所有干预；同样，也不能因为社区治理会产生危机，需要政府权力的救济，就失去了社区治理的基本领域。

因为政府的行政权力在提取信号、平衡利益、执行决策、反馈和学习4个方面具有不同的适用性，因此会起到不同的作用。在提取信号、平衡利益、反馈和学习方面，政府行政权力不具有优势。政府作为外在于社区的行政力量，它对社区内部的本地信息很难了解和掌握，这一点我们在前面已有过详细的分析，此处不再赘述。同样，政府作为外在于社区的行政力量，它不应当参与到社区治理的利益博弈之中去。社区治理的过程就其实质而言是各方

---

1. 1998年入住的深圳景洲大厦业主在社区生活中与开发商和物业公司发生多起纠纷，数次对簿公堂，后来因物业公司解聘与招聘问题使得地方政府也卷入进来。在解决这些纠纷的过程中，业主要求自主行权，地方政府要求由政府来主导。景洲大厦业主委员会和深圳市、区住宅局从而成为这些纠纷中意见和立场截然对立的两方。2003年景洲大厦更换物业公司时适逢国家行政法规《物业管理条例》出台实施，景洲大厦业主委员会便摒弃地方法规而依照国家行政法规自主招聘物业公司。此事引起轩然大波，深圳住宅局要求业主委员会限期整改，按照旧的深圳地方法规重新招标，业主委员会坚持自己的选择。深圳市福田区住宅局便发布文件将业委会主任邹家健解职，但是业主经过重新选举又将其复职。详细情况参见陈幽泓编写的985公共政策和公共管理案例标准：《家规还是国法——深圳景洲大厦案引出的法律冲突和公民社会组织与政府间关系的思考》。

力量就其利益进行博弈并达致利益平衡的过程,政府作为一个理性的经济人,它具有自身的考虑,如果让其介入社区治理的利益博弈过程,它往往会被某些利益集团所收买,这样反倒破坏了社区治理的持续发展。

政府作为具有强制性力量的一方,我们认为它应当在合约实施方面发挥更为重要的作用。当合约的自我实施机制失灵,造成合作局面破裂,尤其是当缔约方违反了合约的相关规定或者法规时,政府就应当加大对违法方的监管和制裁。因为没有监督和制裁,合约只能等于一张空纸。合约除了自我实施之外,还有第三方实施的方式,政府行政权力的干预相对其他的第三方实施方式而言,其显著的优势就是强制性。作为道德、伦理等第三方实施的方式往往不具备如此的特征。

(四) 社区民主与社区治理

集中的利益往往得到过多的关注,分散的利益往往会被忽视。尤其是当制度不具有包容性的时候,当社会和程序不公正、不民主,则聚合分散的利益并作出可以信赖的承诺就会变得更加困难。这样的定理不仅仅适用于社会治理,而且在社区治理中也具有普遍的意义。

在社区治理中,社区民主,究其实质而言,就是广大业主的参与和业主委员会的执行力之间的关系。这个问题包括了业主大会和业主委员会分别在提取信号、平衡利益、执行决策、反馈和学习这4个方面的优势和劣势。因为业主大会和业主委员会的规模大小、组织机制等的不同,二者在提取信号、平衡利益、执行决策、反馈和学习这4个方面具有不同的能力,从而二者在社区治理的实践中也扮演着不同的角色,发挥着不同的作用。

业主大会在信号捕捉和信息表达方面具有优势。因为业主大会由全体业主组成,他们的偏好及利益会在投票表决中得到充分的表达。而业主大会在利益平衡、执行决策方面则不具有优势,因为业主大会规模大、人数多,由于"规模原则"的缘故,业主大会只适宜于进行表决和投票,不宜于进行谈判和执行。在美丽园案例中,从一开始我们可以看到分散的业主通过拒交物业费的方式表达和维护自己的利益,但是这种方式却获致失败。与此同时,法院的判决书还指明了解决途径:"小区公共事务应由业主委员会起诉。"

与业主大会相反,业主委员会作为业主大会的执行机构,其在平衡利益和执行决策中具有优势。根据《物业管理条例》的规定,业主委员会是业主大会的执行机构,履行下列职责:(1)召集业主大会会议,报告物业管理的实施情况;(2)代表业主与业主大会选聘的物业管理企业签订物业服务合同;(3)及时了解业主、物业使用人的意见和建议,监督和协助物业管理企业履行物业服务合同;(4)监督业主公约的实施;(5)业主大会赋予的其他职责。在本案例中,我们可以看到业主委员会经过业主大会的投票授权形成决议,数度将物业公司诉上法庭,维护业主的利益并最终达成降低物业收费标准的目的。但是业主委员会在信号的捕捉和利益表达方面不具有代表性,也正是因为如此,在美丽园社区面临"物业服务的危机"时,业主委员会出现了合法性危机。一些业主将危机出现的罪过归结于业主委员会,要求召开临时业主大会罢免业主委员会。

所以,通过本案例,我们可以看到业主委员会和业主大会在信号捕捉、利益平衡等方面具有不同的优势和劣势。但是,为了促进社区治理的持续发展,必须要求二者发挥各自的优势,要求业主委员会必须要扩大自己的代表性,扩大决策的包容性,能够尽可能广泛地代表广大业主的利益和心声。要通过自己的工作,将社区中的分散利益聚会起来,形成集体选择机制。

五、政策建议

美丽园事件在社区治理的实践领域中引起了极大的反响,既向行政、司法等部门提出了挑战,也对业主自治的能力提出了挑战。这一事件也给我们提出了一个新的课题——如何促成社区治理的可持续发展?

上面的分析表明,在促成社区自主治理的持续发展中,在信号捕捉、利益平衡、合约实施等重要的治理环节中,政府的行政力量、社区的自治力量及法院的裁判力量都有其各自的局限性。所以社区的自主治理不能仅仅依赖其中的任何一方,而是要着眼于社区自治的制度基础,通过适当的制度设计使得各方能在治理实践的各个环节中发挥其优势,避免其劣势,从而形成适当的治理结构和制度基础。为了避免类似美丽园事件这样灾难的再次发生,促成社区自主治理的可持续发展,我们认为应当完善如下几个方面的制度建设,以形成社区内部的自主治理制度基础和外部的制度保障基础。

(一)完善信号捕捉机制,加强各利益相关方之间的信息沟通

信息可以增强人们的力量,因为它可以帮助人们对公共服务发表更多的意见,使政府和公司的活动具有更大的透明度和更强的责任性。在社区治理的实践中,信息机制同样重要,我们要完善信号捕捉机制,加强各利益相关方之间的信息沟通。

(1)业主对社区的物质环境及设施设备等拥有知情权。

社区的物质环境及共用的设施设备等是社区的重要组成部分,也是社区产权的必然组成部分。作为产权人,业主对这些共用部位和共用设施等拥有知情权。同时,作为这些共用部位和共用设施的使用者,业主也对这些部分拥有知情权,这是业主恰当使用这些设施设备的必然要求。

(2)业主对社区中的物业服务公司供给的物业服务具有知情权。

物业公司作为物业服务的生产者,它负有向社区业主提供合格的物业服务的义务。物业公司要向业主公开物业服务的生产状况及收费状况。因为作为消费者,业主对这些服务享有知情权。

(3) 业主对业主委员会的行为和决议具有知情权。

业主委员会是业主的委员会，不是某几个人的委员会。所以，业主委员会作为执行机构必须要深深地植根于广大业主之中，才能获取合法性。而要不脱离广大业主的重要途径之一就是确保业主委员会的活动和决议的公开性，确保业主对业主委员会的行动和决议的知情权。

(二) 加强社区民主建设，协调分散利益，形成有效的集体选择机制

社区的治理不能够由每一个业主亲自来进行，所以，通过一定的机制形成集体选择，形成集中但又照顾个体的偏好表达，是社区自主治理的关键所在。

(1) 发展社区民主，形成正式的投票表达机制。

形成集体选择机制是社区自主治理的制度基础的核心组成部分。因为集中的利益往往会受到过多的关注，而分散的利益往往被忽视。所以，通过一定的投票表达机制聚合分散的利益，形成集体偏好表达是社区民主的核心所在。然而，在社区治理中必须要对业主的利益进行足够的关怀，不能采用简单的多数主义的做法，不能因为多数而忽视少数的利益或者将多数的利益建立在牺牲少数的利益的基础上。

(2) 促进包容性，形成多样的利益表达机制。

正式的民主投票机制，在形成社区集体行动中具有不可替代的作用。但是，投票表达机制不是万应灵药。所以，我们要促成更具包容性的制度安排，这种具有包容性的制度安排的灵魂就是发言权和参与。在社区治理的实践中，要形成多种形式的业主表达机制，确保他们对社区事务的发言权。"社区公共空间是具有地域意义和富有实际社会功能的公共领域类型。它是以国家——社会相对分离为生存基础，以自主参与为核心，以权利互为平衡为原则，以居民事务为内容，以信息网络为手段，以舆论监督为常态的这样一个具有社

区场域的公共领域"。"现在社区公共空间是实在社区公共空间与网络社区公共空间两部分的整合,而后者则处于更主要的地位。因为,实在社区公共空间是一个有限的量,运作太传统,而网络社区公共空间则是一个无限量的空间,运作方式手段先进,有利于居民的广泛参与和深入讨论"。[1] 这一点在物业小区的治理中表现得更加突出,许多小区在没有成立业主组织之前,乃至在入住之前就有了各种各样的业主论坛、业主社区及BBS等网络交流空间,这些空间是业主参与社区讨论的非常重要的场所,在这些场所一个社区的公共舆论往往会形成,而这种虚拟空间中的社区公共舆论又是影响社区治理实践非常重要的力量。同时,要给社区业主进行结社的自由,这些社团往往会自发地针对社区内部一定的公共事务进行处理,例如社区内部的养犬协会的成立会对社区内部的养犬等行为及其纠纷形成制约和治理。

(三)探索多种纠纷解决机制,促成合约的良好实施

合约的实施具有自我实施和第三方实施两种实施机制。社区中的合约实施应当采用多种机制,当社区中产生了纠纷和冲突时,也应当诉诸多种解决机制,而不能只依靠司法途径这一单一途径。因为社区冲突从根本上说是非对抗性的,社区各主体之间有着共同的利益合作关系,因此大部分冲突是可以通过协调的方式在社区内部自行解决的。但是,当冲突陷于僵局时就需要依靠冲突各方以外的中立第三方和法律途径解决(第三方调解、仲裁、诉讼、行政申诉)。[2] 具体来看,我们认为应当在社区的治理实践中形成如下几个方面的纠纷和冲突解决机制。

(1)沟通协调机制。沟通是人与人之间观念、意见、态度、情感、知识

---

1. 王翀:《当前我国城市社区公共空间构成与管理研究》,博士论文。
2. 陈幽泓:《物业小区自主治理的困境:纠纷和冲突解决》,未发表稿。

等信息的传递和交流过程，沟通是人类理解的桥梁，也是解决社区冲突简便易行、成本最低又最有效的方法。在社区的治理实践中，涉及方方面面的利益，各方面之间产生纠纷和冲突也应当是社区治理实践中的常态。在社区的治理实践中，业主与开发商之间、业主与物业公司之间、业主与政府部门之间、业主与业主之间、业主与业主委员会之间等都可能发生纠纷和冲突。在纠纷和冲突产生时，必须要有一定的沟通和协调机制，促成纠纷双方之间正面的信息交流和沟通，以免形成误会。

（2）调解机制。当人们之间产生了纠纷或者是冲突，作为独立的第三方也会介入进行调解。根据《宪法》第一百一十一条，"城市和农村按居民居住地区设立的居民委员会或者村民委员会是基层群众性自治组织"。并且"居民委员会、村民委员会设人民调解、治安保卫、公共卫生等委员会，办理本居住地区的公共事务和公益事业，调解民间纠纷，协助维护社会治安，并且向人民政府反映群众的意见、要求和提出建议"。北京市司法局和建设委员会5月底出台了《关于加强人民调解化解物业纠纷的指导意见》，在市、区县、街乡、社区4级建立物业管理纠纷指导和调解组织体系，社区调解简单纠纷，街乡调解复杂纠纷，区县调解重大疑难纠纷。社区物业管理纠纷人民调解委员会将定期组织业主委员会或业主代表、物业管理企业参加的联席会议，了解小区物业管理情况及矛盾动态，有针对性地组织开展纠纷预防和调解工作。

（3）仲裁机制。在物业纠纷产生之后，从目前的情况来看，人们往往习惯于提起诉讼，而忽视了仲裁的作用。究其实际情况来看，根据我国现行法律规定，仲裁也是解决此类纠纷的法定方式，与诉讼相比，具有自愿性、专业性、国际性、灵活性、保密性、快捷性、经济性、独立性等优势。仲裁的这些特点，为物业管理纠纷的公正、及时、有效地解决提供了保障。事实上，许多当事人已经开始通过仲裁来解决物业管理纠纷，这也是物业管理逐步走向社会化、专业化和市场化的必然趋势。

（4）诉讼。向法院提起诉讼，这是冲突解决的最后途径，这一纠纷解决机制往往是在其他机制失效的情况下才诉诸的解决途径。因为法院的裁判具有权威性，而且这种裁判往往判定在诉讼的双方中必然会有一方赢，一方输；也就是说通过诉讼解决冲突和纠纷是一种零和博弈。

(四) 加强监督、制裁机制，促成可信赖的承诺

在社区的治理中，存在着多种委托—代理关系，也存在着多方之间的合约或者说是协议。那么，如何在治理中避免"委托—代理"问题，促成合约的有效实施，促成可信赖的承诺机制，是社区治理实践中不得不面对的有一个重要问题。我们认为应当加强监督、制裁机制，促成可信赖的承诺。"在解释一组委托人如何才能组织起来取得长期集体利益时，需要解决的第二个难题是承诺问题"[1]。外部强制往往可以用来解决可信承诺问题。在社区治理实践中，我们认为应当形成如下几个方面的监督、制裁机制：

(1) 加强业主对业主委员会的监督。业主委员会作为一个代理机构，其在实际的社区治理实践中能否忠实于委托人——业主的利益，这个问题的答案多数是否定的。因为，作为理性的自利人，业主委员会往往也有自身利益的考量。更何况在社区治理的实践中，业主委员会往往要与物业公司打交道，如同政府会被企业俘获一样，我们很难保证业主委员会不会被物业公司俘获，所以很有必要加强对业主委员会的监督。

(2) 加强业主对物业公司的监督。物业公司作为一个营利性的组织，其根本目的就是要谋求利润，从理论上看物业公司在不受监督、不受制裁的情况下，它往往会在实践中追求自身的利益，甚至损害业主的利益以自肥。从实践中来看，这种可能性是大大存在的，所以，应当加强对物业公司的监督。

(3) 加强政府对物业公司的监管和制裁。此外，从当前的实际情况来看，

---

1. [美] 埃莉诺·奥斯特罗姆：《公共事物的治理之道》，毛寿龙译，上海：上海三联书店2000年版，第88页。

物业公司往往会垄断某一个社区的物业服务，尤其是在其依附于开发商的情况下，他们还会占据信息等资源的优势。在这种情况下，业主在与物业公司的博弈中往往处于弱势地位。为了确保物业公司的资质和服务的质量，我们认为政府应当加强对物业公司的监管和制裁，尤其是在物业公司的行为损害了业主的利益、出现违法行为时，政府应当严格执法，加大制裁力度。

结　语

美丽园事件是一个标志性的事件，它不仅对社区自主治理的能力提出了挑战，而且对政府行政和法院的司法系统进行了考验。这一事件将一系列的问题提到了我们的面前，诸如物业服务和社区治理、法院裁判和社区治理、政府行政和社区治理、社区民主和社区治理……

本文以可持续发展的制度分析的视角对本案例进行了探讨，分析了美丽园社区物业服务和收费纠纷事件的起源、经过、问题、原因及可能的对策。其中我们首先描述了案例发生的宏观社会发展背景，这一背景的介绍为我们理解案例发生的大致社会状况提供了宽大的视野；其次，我们对案例涉及的相关方及案例中涉及的管理组织和治理结构进行了分析，力图透过现象刻画出案例的深层次制度机制；此外，我们还重点地从提取信号、平衡利益、执行决策、反馈和学习等4个方面探讨各物业服务、法院裁判、政府行政和社区民主等机制在社区治理中的优势和劣势，结合案例中出现的问题提出了对策性指导建议。

美丽园事件为我们探讨物业服务供给提供了一个难得的机会，无论是经验的介绍，抑或是教训的总结，美丽园事件都是一个意义重大的案例。但是，物业服务仅仅是社区服务的一个领域，通过对本案例的分析和探讨还能够为社区服务的其他领域的治理提供智识基础。

通过本文的研究，我们认识到制度在社区治理中的重要作用。制度既包

括用以协调人类行为的法规和组织,也包括非正式的规范。它们对于可持续并且又公平的发展是不可或缺的。如果制度运行良好,它们就能使人们相互合作,为他们自己、为他们的家庭以及他们的更大的社区规划一个未来。然而,如果制度软弱无力或者不合理,结果就会使疑云重重、扑朔迷离。社区治理的可持续发展,需要我们从提取信号、平衡利益、执行决策、反馈和学习等4个方面探讨社区组织、物业公司、政府、法院等各种制度的能力和限度,并能够设计出一套使得各方发挥优势、避免劣势、形成互补性的制度基础。

(原载《中国行政管理》,2008年第3期)

浙江省武义县后陈村创新基层民主治理能力的案例分析

包雅钧

(中央编译局比较政治与经济研究中心)

浙江省是我国经济发达省份之一,其经济发展模式受到人们的广泛关注;然而,与之相对比反差较大的是,人们对浙江省的政治发展状况却关注不够。虽然说,近年来温岭的"民主恳谈"会也受到学界的大量研究,但从总体上看,对浙江基层民主法治的研究显得相对薄弱,面上比较窄。作为一个经济发达省份,在发展过程中肯定有大量利益冲突现象存在,那么如何应对这种局面呢?这正是和谐社会构建所着力要解决的问题。出于这种考虑,同时也是为完成中央马克思主义理论研究与建设工程委托课题,笔者于2006年8月28日至9月20日对浙江部分市区进行了深入调研,在调研中发现,浙江人不仅善于发展经济,同时也在政治发展方面作出了大量创新,其中武义县构建村务监督委员会制度就是一个典型代表。本文试图通过个案分析的方式,从制度创新的角度深入剖析其动因、过程与意义,并指出进一步完善需要解决的若干问题。

民主管理
Democratic Management

一、现行村民自治运行机制的病理

我国的改革开放是以农村实行家庭联产承包责任制为序幕的。为适应这一新生产方式，村民自治作为一项重大政治制度与管理方式以立法的方式得到了国家认可，并在广大农村全面实施。从1988年开始试行（1998年则正式实施）《中华人民共和国村民委员会组织法》算起，村民自治已经近20年了。村民自治，概括说来即是由村民通过"民主选举、民主管理、民主决策、民主监督"的方式来自主决策本村重大事务，促进村庄发展，实现村民的"自我教育、自我管理与自我服务"。通过多年的实践与摸索，村民自治基本上得到广大干部群众的支持与理解，村民的民主意识大大增强，在村民自治搞得比较好的地方，村庄社会稳定、物质与精神面貌都得到长足发展。在村民自治的四个民主环节上，民主选举是日益规范，成效最为显著。以前，村官名为选举，实则由乡镇划定，通过村民选举会时只是走过场；现在选举竞选的实质成分增加了，这体现在报名、公示、竞选演说、投票、计票等各环节上。当然也不排除在有的地方仍由乡镇划定、村民冷漠，或由家族等势力干预，导致选举异化。

尽管民主选举方面也存在重重问题，然而，现在村民自治的最重要问题却是后三个民主环节的缺失，使得整个村级民主成为一种"半拉子民主"。在这里，民主管理、民主决策与民主监督被人为割裂了，由于事实上绝大多数村庄不存在真正的民主监督，使得民主决策与民主管理成为一句空话，往往是村里重大事务都由村长或村支书等少数人说了算。这样，在一些集体经济比较强大的村庄，村官们手头可支配的利益资源相当丰厚，从而导致人们对村官选举的热情空前高涨，反而影响民主选举的正常运行，各种难以界定的贿选大行其道，而现行法律又存在很多漏洞，对它难以有效制约。

当前在绝大多数村庄，实质性民主监督是有名无实。从村务公开来看，它被当做民主监督的主要形式，可是这些公开属于假公开、半公开、应付检查公开。本来在一个村庄这样的熟人社会里，可以说所有的村务都应当公开，但是现在"什么应当公开、什么不应当公开"的固定思维仍在影响绝大多数村干部，甚至是政府的相关指导职能部门。有时即使公开，村民们绝大多数也不知道是否合理。从村民理财小组与村务监督小组来看，由于在很多地方受到村党支部与村委会主要干部的掣肘，它们也只是一个摆设。

造成民主监督缺失的原因是多方面的，但是主要原因却是在于以下三个方面：

第一，现行村级组织体系的制度规定不尽完善，对村级公共权力的设置缺少科学配置。首先，根据我国现行相关法规，村级村民大会或村民代表大会是村里的最高权力机构，其产生的村委会相当于村级行政机构。从理论上讲，村民有权罢免他们认为不称职的村官，但是罢免程序往往难以启动并罢免成功，[1] 这样形成村官上台容易下台难的局面。其次，村委会与村党支部委员会关系复杂，村党支部的存在，对于制约村级权力滥用来说，既非必要条件又非充分条件。由于"领导核心"与"自治主体"界定之难，现实中村委会与村党支部都有权对村里重大事务做出决策。无论哪一方处于强势状态，都有可能滥用权力，甚至两方合谋起来。再次，对于村务监督小组或理财小组，其人事权限容易受村两委的左右。

第二，"上级"如乡镇及县政府的不理解与不支持。一是很多县和乡镇仍然把村当做自己的行政下级，习惯于支配与命令，对村民自治选举村官有可能脱离自己控制表示担心，对搞村里民主监督更是狐疑不决，认为会更加使本级政府工作难以开展。当然这里有深层的政治体制问题，如乡镇自身职能不健全，省县却把很多任务全摞在乡镇，乡镇政府无力承担只好试图支配控制村委会。二是国家公职干部有利益受损。例如，由于村级管理不规范，监

---

[1]. 马俊军：《村民自治中罢免问题的法律探讨》，载《国家行政学院学报》，2003年第1期，第36页。

督缺失，很多乡镇干部常常有事无事借各种名义到村里"蹭饭"，钓鱼、打牌，甚至于要求报销各种发票。加强民主监督，无异于堵死这条财路，直接导致乡镇干部的不支持。这就涉及乡镇干部平时的待遇及其素质问题。

第三，村民自发监督难以实现。广大村民从来就不缺少监督意识，但是在没有合适的外部条件时，其自身是难以有效组织起来开展正常的民主监督的。多数人往往难以组织起来，人们可以从"集体行动的困境"上去理解。另外，村民代表大会在闭会期间无人召集，有问题的村委会虽然有法定权力召集却不作为。村民只好将自己所知道的村内不民主乱来的事，向乡镇及县政府反映，这中间就可能酿成越级上访、群体性事件等，直接威胁到一方政治稳定。然而村庄内民主决策、民主管理与民主监督终究要由村民自己解决，靠上访、告状等形式反映问题，往往为时已晚，并且只能单个解决问题，治标不治本。

在这种情况下，从制度上构造民主监督体系，成为完善村民自治的紧迫任务。在这一方面，浙江武义县后陈村先行一步，在政府部门指导下审慎地创造了中国第一个相对健全的村级民主监督体制，促进了村庄和谐，提升了村级民主治理能力。

二、村务监督委员会制度的生成

在浙江省武义县后陈村的村务监督委员会制度之生成，典型地反映了制度变迁的诱导性与强制性的结合。已有两篇文章[1]对这一个案试图进行学理分析，但却只集中在单纯的描述与静态的分析意义上，对这一制度生成的动态过程认识不足，而大量的报刊传媒报道则停留在报道新生事物这一层次上，

---

1. 卢福营、孙琼欢：《村务监督的制度创新及其绩效》，载《社会科学》，2006年第2期，第98页；邱荣根：《村民自治中民主监督的制度创新——基于浙江武义县试行村务监督委员会的案例分析》，硕士学位论文。

对其内在机理和存在问题分析不足,也缺乏动态的分析。笔者认为,在当代中国的乡村,一个新的制度要出台,必须同时存在三方面的条件:社会民众有这个需求;政府与社会良性互动,相互呼应;同时这个制度也必须是科学的。在后陈村产生的这个制度正好满足了这三个条件。

第一,背景诱因。在整个浙江省,随着经济的快速发展,很多乡村拥有较大量的集体资产,而由于现行村庄里的管理体制之限,民主管理与监督乏力,村干部胡作非为、以权谋私现象大量存在。这引起村民的强烈不满,危及农村政治稳定与和谐发展。武义县虽然属于浙江省内欠发达县市,但是近年来区域经济发展迅猛,尤其是城郊农村主要由于征地,许多村的集体资产达上千万元之多。这就给部分村干部以乱来的机会。从 2000 年到 2003 年,全县共查处农村干部违法乱纪案件 153 起,处理干部 123 人。同时,针对村干部的上访信访案件居高不下,2003 年县纪委受理这类案件 305 起,占全县信访量 65%,其中不少是越级上访、重复上访。如何从根本上约束村干部违法乱纪行为,一直是县领导十分关心的问题。

白洋街道的后陈村地处城郊结合部,有 310 户 886 人。长期以来,该村属于全县经济条件较好的村,靠出租房屋、承包沙场、鱼塘等为集体收入主要来源。但是由于村级民主管理不公开,财务不透明,该村村民从 90 年代末以来连续向县纪委、街道反映村里的问题,并且长期得不到解决。2001 年,该村村民掀翻来村调解的街道干部的车子,并与前来维持秩序的警察发生冲突。2002 年及 2003 年,连续两任村支书由于经济问题被查处落马。2004 年初,村里有 1000 多亩土地被征用,获得征用补偿金 1900 多万元。如何处理这些集体资产成为村内一个难题,有的村民强烈主张全部分光,以免被村干部乱来花掉了。村内矛盾更加突出。

2004 年初,由于两任村支书被处理,后陈村民基于对本村的了解,要求长期借用在街道的党员胡文法同志接任书记,这是村民对他的信任。而白洋街道也对胡文法寄予厚望。胡文法同志为人正派、有丰富的经济管理经验与广泛人缘。他接任村支书后开始考虑着手从制度上加以规范村中民主监督体系,并向上级党委寻求支持。而为群众上访搞得焦头烂额的县纪委得知此消息后,决定以此为契机,帮助村民设计科学合理的制度,从根本上解决问题。于是,制度的创新设计开始迈开历史性的一步。

第二,制度的设计与生成。村务监督委员会制度的最终出台,经历了充分的调研、民意集中与通过三个过程。2004年2月18日,武义县纪委就村务公开民主管理现状和存在的问题开始广泛调研,并同县委、白洋街道办事处组建村务监督改革指导小组进驻后陈村。指导组在村里走访农户,倾听他们对村务管理的意见。最后问题的根子落脚在制度的健全上,如何创造一个真正能够让村民有效制约村干部的机制?在刚开始,村民有一种意见,"你们不要搞什么制度了,我们现在制度不少,问题在于如何落实已有的制度"。诚然,这一问题也确实值得引起人们深思,即使村务监督制度设立以后人们仍是要面对这一问题。但是,制度上进行改良仍是有大量空间的。调研组在调研过程中意识到,一种村级的"宪法"赋予村民监督权限可以加以考虑。于是村务监督委员会制度浮现在调研组的脑海里。这一设想的核心在于,另外组建一个相对独立的监督委员会,其产生不由村委会及村支部支配,其权限事先予以明确。基于这个构想,在2004年5月和6月内,调研组清理了后陈村的各项管理制度,分别拟出《后陈村村务管理制度》、《后陈村村务监督制度》两个讨论稿,分发到户,并组织村两委、党员和群众代表座谈,充分吸收民意,进行补充和完善。最后,召开村民代表大会加以讨论和通过。

第三,村务监督制度的主要内容。村务监督委员会制度在后陈村主要体现为"一个机构,二项制度"。《后陈村村务管理制度》明确了以下内容的管理程序、原则与基本要求:1. 村集体资产管理。包括集体资产的保管、承包、租赁、处置;村集体土地征用费分配使用;村集体投资项目收益和经营利润分配;村集体建设工程投资等。2. 村财务管理。包括村集体财务委托街道管理、货币资金与票据管理、财务收支管理、村干部误工补贴及通讯费补贴管理、财务公开与财务审计等。3. 其他村务，如计划生育管理、村民建房管理、低保对象的确定及救灾救济款物发放使用管理、印章管理与会议记录等。《后陈村村务监督制度》则明确了：1. 村务监督机构的产生、组成、职能、义务、罢免程序；2. 村民代表联系户制度；3. 村民代表会议制度；4. 村务公示制度；5. 听证制度；6. 村干部的述职考核制度等。作为整个监督制度的主要载体——村务监督委员会，则依村务监督制度设立。武义县委、白洋街道联同村两委，首先制定了村务监督委员会选举办法，并得到村民代表会议的通过。按规定，村务监督委员会成员从村两委成员及其父母、配偶、子女、兄弟姐妹等直系亲属以外的村民代表中选举产生，设主任1名，委员2名。其主要职能是：1. 对执行党的路线、方针、政策及村务管理制度执行情况实行监督；2. 列席涉及群众利益的重要村务会议；3. 对财务公开清单和报账前的凭证进行审核；4. 建议村委会就有关问题召开村民代表会议；5. 对不按村务管理制度做出的决定或决策提出废止建议，村委会须就具体事项提交村民代表大会决定；6. 参与街道党委对村干部的年终述职考评；7. 根据多数村民与村民代表的意见，对不称职的村委会成员提出罢免意见，提请村党支部，报上级党委、政府后，依法启动罢免程序。

为了创造一个有利于村务监督委员会开展工作的气氛，在建立两项新制度、选出村务监督委员会后，后陈村随即用一周时间，集中全村党员干部进行党纪法制教育；同时，以深化村务民主管理为主题，组织广大干部群众学习国家有关村级自治的法律法规以及党的农村工作方针政策。

第四，村务监督委员会制度的成效。后陈村这一村治改革推出以后，收到了很好的成效，村庄的民主治理能力得到极大提升，大大促进了村庄的和谐稳定。这主要表现在以下四个方面：第一，监督领域拓宽。以村务监督委员会为载体的民主监督克服了以往监督的缺位、失位、错位问题，在监督范围上由原先单纯的财务监督向村务监督全方位扩展，在监督方式上由兼职监督向专职监督转变，在监督时限上由事后监督向全程监督发展，在监督方向上由纪委与街道对村干部的垂直监督向村民自身进行的水平监督延伸。第二，村民民主参与意识加强。通过村务监督委员会的工作以及相关的听证程序，村民的知情权、表达权、决策权、参与权、监督权都得到了保证，从而增强了平等、公正的合作参与民主意识，也提高了村级事务的决策质量。第三，干群关系融洽，工作顺畅。由于有了这样一种监督和参与的载体，干群沟通的渠道通畅，不仅增加了群众对干部的信任与理解，也使村干部能在阳光下理直气壮地开展自己的工作。更重要的是，有了村监委，对于党支部的领导方式转变也是一种促进。传统的村党支部因为平常接触的都是村里具体事务，更习惯于直接决策甚至包办，现在则要通过民主决策的方式体现领导核心地位。第四，村民共享改革成效。这一改革制度运行以后，村里民心稳定，同时由于对集体资产的规范运作，广大村民都能得到集体资产增值的效益，如分红收入得到保证。此外，村级事务的管理和运行成本也大幅下降，如村卫生管理费由原来年6000元降至3900元，水塘承包款由每三年4万增加至8万，村里招待费成倍下降。据统计，村监委会运行两个月，即增收节支30多万，远远超过村监委会运行的成本。

鉴于村务监督委员会的良好成效，现在武义全县范围内根据以点带面、分类实施的原则推行这一制度。而这一创新之举，也得到了国家民政部门、浙江省委及广大新闻媒体的支持，学术理论界也高度肯定了这一创新的成效和意义。《南方周末》、《中国青年报》、《经济日报》、《新周报》、《新华每日电讯》及中央电视台等都对此作了报道与评论。

三、村务监督委员会制度的理论反思

村务监督委员会制度是我国农村基层组织建设中少见的成功的制度创新。然而大多数人意识到它是成功的，却对其成功的原因认识不足。同时，经过两年的运行，它也渐渐暴露出一些问题，本着进一步完善的主旨，我们也需要对这些具体问题作一梳理。而在整个制度创新过程中所折射出来的深层次问题，更是值得人们仔细思量。

（一）成功的原因

事实上，笔者已经在前面指出了成功的三个基本要素，即制度本身的科学性、政府与社会的良性互动、民众的需求。在这里，民众的需求是不言自明的，由于村干部对村级公共权力的不规范行使，本来应该由村民共同享用的集体资产之收益被少部分人大量占有，在很大程度上损害了村民的利益。因此，约束、规范村干部的权力是村民内心深处的强烈愿望。因而，在这里，笔者侧重从前两个方面阐述成功的要素。

第一，制度的科学性。这可以从两个方面理解，即内容与程序。从内容上看，村务监督制度必须放在村民自治的大制度环境下理解。由于我们前面提到的村民自治的问题，在农村各组织中一直就缺少一种组织资源，能够对村两委的权力进行监督。对权力进行监督，必须要有相对等的组织为载体，否则广泛的舆论监督或上级的监督，不是流于形式就是"马后炮"，成效甚微。而村务监督制度的职能内容决定了村务监督委员会则可以全程全方位地监督，让村干部不能、不敢、不想滥用职权。这样在村委会、村党支部、村监委和村民代表会议之间形成一个闭合的组织系统，自成机制，它能良性运行。从程序上讲，村务监督充分尊重民意，把关严格。首先，村务监督制度经过全村村民代表会议通过，成为一种类似"村庄宪制"的根本性制度安排，任何人都不可以违背这一原则。其次，在选举产生上，该制度保证了其人选不会受到村两委的左右，可以自主大胆地开展监督而不徇私情，实现了运动员与裁判员的分离。再次，对村务监督委员会而言，本身也有制约，这体现在两方面，一是受村党支部的领导，村监委不能自行一套，人为制造矛盾；二是受村民代表会议的约束。如果村监委工作不力或扰乱正常的村务工作，在与村两委发生矛盾时，由村民代表会议裁决，如果监委会的意见经常被村民代表大会驳回，则监委会就失去了来自村民的信任。最后，村监委会的权利得到党政部门的支持。如监委会提出的听证程序如村委不采纳，村监委可以向街道及更上级主管部门反映，得到救济。

第二，政府与社会的良性互动。在中国乡村，如果制度创新不能得到政府部门的支持，它注定是不成功的。在每一个村落，现实中都不仅仅是自治权力的行使，还浸透着强烈的政权力量。如果政权力量导向有助于村民自治，那么村庄的自治能力就大幅提升，反之则村庄自治能力大大削弱。我国村民自治中的一些问题在很大程度上同党政力量试图支配村民自治有关。后陈村进行的试验表明，党政力量只有帮助和扶持而不是支配与控制村民自治时，村民的民主治理能力才得到提高，这对政府与社会来讲是双赢的结局。在后陈村，政府与社会的互动体现在三个方面：第一，以县纪委及白洋街道为代表，它们深入村庄调研，充分了解民意，提炼制定两项制度建议，构思监督机构设置。在这里，不是政府制定制度，而是政府帮助村民设计制度，政府起到了给民众搭桥的服务功能。而民众在政府的领导、组织下，也充分表达自己的意愿，通过座谈会形式，相互沟通，加深了对村级事务的理解。第二，制度设置以后，政府真正支持该项制度。对于村级组织中可能出现的矛盾，政府起到了最后的救济功能，如前述村监委可以向街道反映问题。第三，国家各层级相关职能部门都对此举给以支持，如国家民政部、浙江省委、农委、组织部、民政厅、农业厅等都明确表示后陈村改革的方向是正确的。而且武义县后陈村的这一改革同中央办公厅、国务院办公厅十七号文件《关于健全和完善村务公开民主管理制度的意见》之精神非常吻合。在社会领域，大量传媒及学者也十分肯定，他们的理解与支持是源于社会领域自发的赞同。这种国家与社会两相呼应的环境为村务监督制度的运行创造了良好气氛。

总之，村务监督制度作为自治组织的新要素，其运行一方面减轻了政府工作压力，保持地方政治稳定，另一方面又促进了村庄的经济发展。其成功之根源在于政府与社会的互动，其成效也为双方共享。

（二）暴露的问题

在后陈村的村务监督委员会运行两年来，取得了卓著成效，但也并不是十全十美的。人们通常关注村监委的问题在于五个方面，如村党支部与村监委的关系、成立村监委是否违背《村民委员会组织法》、会不会成为村两委的阻力、会不会出现"同体化"、会不会增加管理成本，然而骆瑞生的解释[1]给了我们一颗定心丸。这里笔者根据亲身调研经历，认为以下几个方面更加值得人们重视：

第一，村务监督委员会的"同体化"问题。虽然武义县纪委书记认为，如果村监委工作不力，或者和村两委在有损群众利益的事情上穿同一条裤子，那么有1/3村民代表联名，乡镇街道的党组织就要督促村党支部召开村民代表大会，以无记名方式对村监委进行撤换。县里也设有村务公开管理办公室。可是，这似乎又回到以前的治乱重复上。当没有村监委时，村里有问题，也是以信访的渠道反映到乡镇和县里，然后才是查处。这样说并不是抹杀村监督委员会的功能，它能在一定程度上减缓村干部滥用权力，但它也同样可能存在监督不到位的问题。这一点，是人们最为关注的，也最为担心的。

第二，主要领导干部的素质决定村监委功能能否正常行使。在村内，首先是监委会主任作风要过硬，并且至少在任期内不能染病；而第二点，村两委中强势一方是否支持则具有决定性作用。如后陈村村务监督委员会成立以后，关于用集体资产建设厂房一事，监委会主任与一位主要村干部争吵起来，结果由村支书调解。"如果没有书记的支持，只怕做不了啥事。"[2]而

---

1. 骆瑞生：《浙江武义尝试分权制衡管村务》，载《新华每日电讯》，2005年3月7日，第1版。
2. 施嵩、陈振声主编：《足迹——浙江省武义县基层民主政治建设的实践与探索》，北京：中国文史出版社2006年版，第229页。

就在支持这项制度的县党政部门中,反对实行这项制度的也大有人在,要不是县委书记的关键表态,这项制度早已经胎死腹中。因此,如果将来的村、县主要领导干部不能正确认识村务监督制度的意义,那么该制度的效力是可想而知的。基于个人品性基础之上的制度,其运行绩效将得不到长期保证。

第三,村务监督制度仍存在一些不尽完善的地方。如它规定对重大事项实行决策听证制度,可是何事为"重大"并无说明,因此,各方不同理解可能会导致监督无法落实。如用集体资产建设厂房一事,要不要听证,即发生过争吵。另外,对监委相应惩戒性制度也没有明确的规定,这就会让监督委员会履行职责的压力弱化。再则,对监委会正面激励机制也不够,这主要是物质报酬方面,因而监委会履行职责的动力也不够。最后,一些细微的监督可能显示出监督者的权限,但也可能造成监督成本滥用。如村委会买瓶墨水或一条扫帚,也要两人同时前往,是否有监督过头之嫌?

第四,村庄熟人社会的负面影响。我国村庄基本上仍是一个熟人社会,一方面村民相互比较了解,但同时也有特定的宗族、人际与派系因素。这必然会影响村监委会的正常运行。因此,人们有理由对监督的公正性提出质疑。而且,在一个低头不见抬头见的范围之内,由于监督的性质,必然要"得罪"很多人,也会给监督者以无形的压力。在后陈村村监督委员会的换届选举中,现在也慢慢浮现出一些突显人际关系的因素。

第五,现有利益机制的变更之影响。首先,村务监督在一定程度上直接影响到部分乡镇干部不正当利益的获取,同时也增加其工作压力,使他们内心里不太支持这项制度。其次,村务监督机制创造的利益,除政治稳定外主要是集体收益的增加,但是随着时间的推移,其边际收益是不断下降的。如后陈村村务监督委员会制度运行两个月,可以增收节支30万,但是运行一年,它不可能增收节支180万。因此,慢慢地人们可能会淡忘村务监督的功效。再次,村务监督的正常运行可能会影响村两委主要干部的工作积极性。

当村干部不能额外从制度之外获取收益，而现行制度之内的各种补贴收益又相对低微，那么村干部就不太会积极开展正面的工作。

（三）折射的深层次问题

围绕后陈村村务监督制度建设，我们可以发掘出一些深层次的问题。这里笔者归纳出以下几个方面和大家共同探讨。

第一，如何促进稳定。我国当前治国的总体原则可以说是在稳定的基础上图发展。各级政府都把保持稳定作为工作任务的重中之重。可是维持和促进稳定，主要有两种方式，一是消极防御，二是积极疏导，分别对应静态与动态两种稳定观。静态的稳定观，是为稳定而稳定，通过短暂消除或压制不稳定事件，从而恢复到原先的轨道上去；而动态的稳定观，则积极构建利益的表达与完善机制，通过发展谋求稳定。后陈村的村务监督制度建设体现的就是一种动态稳定观，它通过制度规范村民的利益诉求，约束村干部的不洁行为，从而造就稳定的局面。它实际上是农村基层内部的一种自我发现矛盾、化解矛盾的纠错机制。在我国当前，各种信访上访和群体性事件频繁发生的情况下，这一经验值得人们总结和反思。我们建设和谐社会，政治社会稳定是首当其冲的，只有以制度建设促进和谐才是根本出路。

第二，如何促进地方经济政治社会的和谐发展。后陈村由于构建了一套村务监督制度，村民对干部做事放心，干部做事也理直气壮，村里集体资产增值和收益明显，广大村民也从中得到实惠。结合笔者在浙江省其他地方调研的深切感受，只有体制理顺，一个地方的经济与政治就能得到同步发展，相互促进。过去我们过分偏重于经济发展，造成一些后遗症，从而又影响了经济的进一步发展。现在我们要着重在制度建设上做文章，才能真正落实科学发展观，为经济发展提供充足动力和良好环境。

第三，如何加强民众对制度的信任。在后陈村的村务监督制度设计之初，即有百姓提出，我们制度已经很多了，但是没有太大用处。而笔者前面对这一制度提出的五个方面的问题也表明，该制度的长期功效有待观察。事实上，不仅在村级，在我们政治生活中的各个领域，我们的制度不可谓不多，但是总有同志反映落实不了。由于长期制度得不到落实，人们现在对制度建设的信心有些动摇。我想，这里面有制度不完善的因素，也有政治文化的因素，但只要有来自国家最高决策层的坚决推动，是可以搞好制度建设的，加强民众对制度的信任。

第四，党在基层的领导与建设工作必须加强。农村村民文化程度普遍不高，对有些事物认识可能不清，必须要有党的领导才能保证村民自治的长远发展。以村集体资产来说，我国现行法律规定它属于村民集体所有，但是如何处置却没有明确规定。由于关系到全村的整体利益和长远利益，党支部必须高瞻远瞩，从长计议，不宜全部分光。当然，农村的产权尤其是土地产权制度不太清晰也给农村工作造成不少困难。党支部在村庄的存在，对于普通村民来说，是一种指导也是一种制约。从理论上讲，全体村民或大多数村民的主张并不一定就是科学合理的要求，党的工作之重要性就体现在克服、超越一般村民的狭隘眼光。不过，党的领导核心作用必须以民主法治的方式体现。后陈村的整个监督制度建设过程同党的领导与支持分不开。

四、结　语

武义县后陈村的村务监督制度建设，使基层政府治理理念发生改变，治理主体回归民众，而政府则起到了领导与服务的功能。在这个过程中间，村庄内村民的参与型政治文化开始得到培育，而基层政府的现代治理观念也渐渐成型。这种文化观念一经萌芽，就会形成自身的发展路径，进而推动现行制度的进一步完善。尽管它还存在一些问题，但是其发展方向是正确的，我们相信，只要各级政府继续大力支持，内部机制不断健全，这一极具本土资源特色的机制就一定会在民主百花园中饱满地绽开。

（原载俞可平主编：《中国地方政府创新案例研究报告（2005—2006）》，北京：北京大学出版社2006年版）

村民自治：集体行动、制度变迁与公共精神的培育
——贵州省习水县赶场坡村组自治的个案研究

李文钊　张黎黎
（中国人民大学公共管理学院）

引　言

在200多年前，美国立宪制度的奠基者之一亚历山大·汉密尔顿提出了一个至今仍然值得人们深思的问题："人类社会是否真正能够通过深思熟虑和自由选择来建立一个良好的政府，还是他们永远注定要靠机遇和强力来决定他们的政治组织。"[1] 这两种不同的选择，导致了两种不同的公共秩序。基于深思熟虑和自由选择建立的公共秩序，是一种以自治和自由为基础的秩序，而基于机遇和强力建立的公共秩序，是一种以统治和服从为基础的秩序。[2]

著名的政治学者和行政学者文森特·奥斯特罗姆和埃莉诺·奥斯特罗姆夫妇正是以人类社会自治能力和自治社会的可能性为基础，开始了他们思想

---

1. ［美］汉密尔顿、麦迪逊、杰伊：《联邦党人文集》，程逢如译，北京：商务印书馆1982年版，第25页。
2. ［美］文森特·奥斯特罗姆：《隐蔽的帝国主义、掠夺性国家与自治》，V.奥斯特罗姆、D.菲尼、H.皮希特编：《制度分析与发展的反思——问题与抉择》，王成译，北京：商务印书馆1992年版，第33—54页。

和理论的探索，并遵循托克维尔的传统，重新思考美国政治实验和政治社会所蕴涵的新秩序。[1] 在这一思想和理论的探索中，文森特·奥斯特罗姆侧重于研究宏观层面的政治秩序建立在自治基础之上的可能性，埃莉诺·奥斯特罗姆侧重于研究微观层面的政治秩序建立在自治基础之上的可能性。[2]

自治是否属于美国人和西方人的"专利"抑或人类社会所共有的美德？对于中国学者和研究者而言，主要关注的是中国民众能否在公共事务领域实现自治，能否在自主治理的基础之上建立一种新型的政治秩序。应该说，中国自主治理的实践是从基层开始的，它们通常又被称为基层民主实践。基层民主实践在农村以村民自治的形式展现，在城市以社区自治的形式展现。

对于村民自治的实践，研究者对于民主的关注多于自治的关注，因此，在学术上的表现为对于村民选举和基层选举投入较多热情，而对于村民自我管理、自我服务、自我监督则关注较少。这种关注视角的偏差，导致了对于村民自治评价和有关村民自治的不同政策建议。对于中国的村民自治，赞成者有之，批评者亦有之。最近，农业税取消，乡、镇政府出于节约财政成本和实施监督的需要，又开始了合并自然村组建行政村的实践，以及中央提出了建立社会主义新农村的构思，这些都会对村民自治产生广泛和深远的影响。

那么，农村治理和村民自治意味着什么？如果遵循汉密尔顿和奥斯特罗姆的研究思路，对于农村治理，核心的研究问题是中国村民能否通过自主治理来解决农村公共物品的供给，还是他们注定要依靠机遇和强力来解决农村公共物品的供给？无论如何，对于村民自治，其关键问题是村民能否通过自主治理来解决自身的公共物品供给和维护，社会规范的提供，以及社会冲突

---

1. 托克维尔在《论美国的民主》一书中指出，美国人正在尝试一种新的文明实验一种新的政治秩序，这种政治秩序不同于传统所有政治秩序，正是基于这一原因，他提出新的社会需要新的政治科学，详细论述参见［法］托克维尔：《论美国的民主》，董果良译，北京：商务印书馆1988年版，第87页。
2. ［美］文森特·奥斯特罗姆：《美国公共行政的思想危机》，毛寿龙译，上海：上海三联书店1999年版，第88页；《复合共和制的政治理论》，毛寿龙译，上海：上海三联书店1999年版，第23页；［美］埃莉诺·奥斯特罗姆：《公共事务的治理之道：集体行动制度的演进》，徐迅达、陈旭东译，上海：上海三联书店2000年版，第55页。

的解决和处理。

2008年6月19日—22日,中国人民大学公共管理学院调研小组奔赴贵州习水,亲历赶场坡村民在社会主义新农村建设的背景之下依靠自主治理、提供公共物品、解决社会冲突、培育公共精神、建设美好家园的不懈努力。赶场坡村组自治的实践,它意味着中国村民可以在小范围内成功地自发地和自主治理地解决其所面临的公共问题,其试验的示范意义甚至高于试验本身,它预示着只要具备一定的制度环境,中国村民也拥有自治能力,通过深思熟虑和自由选择来解决自身所面临的公共问题。

一、村民自治:从个人发展到公共治理

改革开放30年来,中国社会发生了翻天覆地的变化。中国社会变化是以释放和激励个人的潜力和积极性为基础的,通过市场经济取代计划经济,激发了个人追求财富的冲动,这种动力导致了中国经济的繁荣。[1] 激发个人积极性的制度安排在农村表现为家庭联产承包责任制,它使得中国农民和农村摆脱了贫困和饥饿。

随着市场经济的建立和完善,私人物品的供给和组织得以解决,但是公共物品的供给和组织仍然是一个巨大的问题,其中社会规范和伦理道德的缺乏,作为一种抽象层面的公共物品更是一个重大问题。中国共产党在十六届六中全会提出了和谐社会的构思,并在十七大报告中以科学发展观来促进和谐社会的建设。与执政党的执政理念和执政基础转型相配套,中国政府的职能也发生了变化,正在从经济调节和市场监管向公共服务和社会管理转变。在未来20年中,政府的公共服务和社会管理职能会得到强化和扩展。市场经

---

1. 有关"中国的奇迹"有很多解释,包括比较优势理论、维护市场型联邦主义理论、要素理论等,但是个人积极性得以激励是重要的基础。

济的进一步扩展和发展，也需要政府的公共服务和公共物品供给职能加强。

中国社会所面临的公共物品供给短缺在农村也存在，其表现为农村公共物品和公共服务的缺乏，以及农村社会道德和伦理秩序的解体。农村如何在解放个人积极性和主动性的同时，也激发个人对于公共物品和公共服务的参与和投入，并在此过程中重新形成一种新的规范人与人之间关系的道德秩序。简而言之，市场经济导致了农村和城市中个人的发展，但是农村和城市的公共领域的发展问题仍然没有得到解决，而如何"解开"妨碍人们在公共领域有所作为的制度障碍仍然是下一阶段所面临的重大挑战和主要问题。

市场经济促使个人发展，市场经济也呼唤与之相关的公共治理。在农村经过家庭联产承包责任制后，农村经济水平得到了较大提高，这使得村民的关注焦点从个人发展到公共治理转变。村民自治就是一种重要的制度安排，它试图通过"民有、民享和民治"的方式来激发村民对于公共事务的参与热情，从而避免"公地悲剧"和集体行动困境。[1] 村民自治对于新农村建设的重要意义，对于农村政治的重要意义，被各方所认识，但是村民自治到底意味着什么，并没有统一的认识和观点。正是在这样的背景之下，中国农村各地开始了形式多样的村民自治实践，而研究村民自治和乡村政治也成为一门"显学"。

作为公共事务的治理形态，自治在西方和中国有不同的传统。西方国家的自治传统可以追溯到古希腊时期，城邦具有自治的许多特征。真正现代意义上的自治出现于近代，伴随着人们对个人与国家之间关系认识的变化而产生。在各国不同的历史传统、文化背景和政治经济水平影响下，形成两大主要的自治模式。一种以英、美为代表，其认为自治权力是天赋的，为人民所固有，先于国家而存在，因而国家对自治权应予保护，而不能干涉。这种模

---

[1]. 有关"公地悲剧"和集体行动困境，可参考埃莉诺·奥斯特罗姆的名著《公共事务的治理之道》第一章"反思公共事务的治理之道"，[美]埃莉诺·奥斯特罗姆：《公共事务的治理之道：集体行动制度的演进》，徐迅达、陈旭东译，上海：上海三联书店2000年版，第86页。

式的自治较为彻底，自治地位受到人民的珍视，自治权也得到宪法、法律的保护。另一种自治模式是以法、德为代表，其认为自治权利是国家主权所赋予的，自治权具有委托性质，国家随时可以撤回这种权利。尽管西方这两种自治模式侧重点各有不同，但总的看来，自治在西方国家有着深厚的历史传统和文化背景，自治权不仅受到宪法和法律的维护，也根植于人民的内心。难怪麦迪逊要将美国一切政治实验寄托于人类自治能力的基础上的。

反观中国，经历了长期的封建专制统治时期，以皇权为代表的专制权力支配社会、统治一切。皇权不受任何其他权力的制约，社会中的任何人、事都处于皇权控制之下。而民众都是臣民，是被征服、被控制的对象。在这样的社会里，政治权力支配一切、覆盖一切。从这个意义上说，中国是没有地方自治的。然而，虽然皇权严密地控制着整个国家，帝王的权力机构并没有深入到广阔的乡村社会，形成了传统中国治理结构中"上下分治"的格局，著名学者秦晖等人将这种状况概括为："国权不下县，县下惟宗族，宗族皆自治，自治靠伦理，伦理造乡绅"[1]。也就是说，传统中国中，乡村依靠乡绅——宗族进行自治。

中国村民自治是公共治理的一种新逻辑和一种新传统，它试图唤醒村民在公共领域的公民精神、自治精神和公共精神，从被动接受向主动参与转变，从依赖它者到成为主动者转变，简而言之，它试图在农村公共领域和公共治理层面寻找一种新的治理逻辑。这使得中国的村民自治，既不可能照搬西方的传统，也不可能继续中国的传统，它是在一种没有理想模型也没有成型方法情况之下所进行的一种政治试验。20世纪80年代，广西宜山、罗城最早开始村民自治的实践，农民自发创造了中国第一批村民委员会组织。此后，星星之火逐步燎原神州大地。从1988年《中华人民共和国村民委员会组织法（试行）》到1998年《中华人民共和国村民委员会组织法》正式实施，村民

---

1. 秦晖：《传统十论：本土社会的制度文化与其变革》，上海：复旦大学出版社2003年版，第3页。

自治从实践中的新生事物逐步推广，最终获得国家法律层面的认可，成为中国民主化进程的重要里程碑。经过 20 多年的发展，村民自治积累了很多经验和教训，它为农村公共治理的进一步发展创造了条件。

但是，新的时期，中国农村村民自治，既面临着挑战，也面临着机遇。一方面，目前我国广大农村地区，异质性强，人多地少，生产力水平低下，基础设施落后，大量青壮年劳动力外流，原有道德秩序遭到破坏，公共精神泯灭，农村"空心化"不断加剧，为过去相对稳定的农村带来了诸多变量。这些变量改变着村民的日常生活、村庄内外部关系和社会治理过程与结构。另一方面，在新的历史时期，党中央高度重视三农问题，从 2004 年到 2006 年，中央连续发布三个关于农村建设的一号文件，并提出建设社会主义新农村的伟大创举，农村、农民和农业发展再次成为高层的重要政治议程。再一方面，通过农村基层选举和两委会的治理，村民自治的内涵和外延需要进一步深化和拓展，村民自治需要从简单的村民选举到真正的村民治理转变。

农村村民如何在新的发展阶段重新实践和诠释村民自治，使得村民自治与中国发展战略转型，与中国农村未来的发展相结合，成为促进农村未来发展的重要力量，仍然是一个值得探索的话题。中国农村的发展不可能完全依靠中央和外部力量来解决，它更需要发挥中国农民的内生力量。中国农村建设不仅意味着经济发展，而且意味着政治发展和道德发展，其表现形式为农村公共治理的繁荣和发展。

因此，在新的形势、新的机遇和新的时期，中国农民如何在中央和各级政府大力支持之下，发挥自身的能力和智慧，通过实现村民自治来带动农村全面发展，利用村庄的地方性知识解决农民、农业、农村所面临的各种公共问题、建设社会主义新农村，仍然是一个值得深究的问题。村民自治的发展，既需要理论研究，也需要实践探索，理论研究应该和实践发展相互促进和协调发展。

民主管理
Democratic Management

贵州省习水县赶场坡，在那里农民正在依靠自身力量，通过村组自治来解决农村的公共物品供给，恢复和重建农村的公共秩序，向社会主义新农村建设迈进。通过从制度分析的视角，来挖掘赶场坡村组自治的理论意义，总结自治实践中所蕴涵的一般意义，对于理解和阐述村民自治到底意味着什么，对于理解农村公共治理的含义，具有重要的示范意义和启发意义。

二、村民自治和自主治理的制度研究

对村民自治和自主治理的研究有很多理论模型，不同的理论模型以不同的分析框架为基础，不同的分析框架常常对同样的世界会得出完全不同的认识。[1] 所谓"自治"（self‑government），从字面上理解就是自己管理自己。《辞海》中对"自治"的理解是"自己治理自己"[2]。《布莱克维尔政治学百科全书》认为，"自治""按其字面意思是指'自我统治'；在通用的政治语言中，亦指实行自我管理的国家，或国家内部享有很大程度的独立和主动性的机构；在政治思想领域，这一术语现在常常用来指个人自由的一个方面"[3]。英国政治学家戴维·赫尔德指出："自治意味着人类自觉思考、自我反省和自我决定的能力。它包括在私人和公共生活中思考、判断、选择和根据不同可能的行动路线行动的能力。"[4] 因此，在研究过程中，理论模型和分析框架的选择尤其重要，即使主张"价值无涉"的学者马克斯·韦伯也认识到价值对于研究者选择研究对象和观察事务的影响。

---

1. 认知模型对于个人行为和判断的影响现在成为实验经济学和心理学的研究重点，当然对于这些问题的关注也是伦理学和哲学的关注焦点。例如，自发秩序理论研究者对市场的认知是有序和竞争，相反，计划经济者却看到了市场的失灵与无序。
2. 夏征农、陈至立：《辞海》（增补版），上海：上海辞书出版社1979年版，第557页。
3. [英] 戴维·米勒、韦农·波格丹诺主编：《布莱克维尔政治学百科全书（修订版）》，邓正来译，北京：中国政法大学出版社2002年版，第49页。
4. [英] 戴维·赫尔德：《民主的模式》，燕继荣等译，北京：中央编译出版社1998年版，第380页。

对于村民自治和自主治理的研究，本项研究主要是采用理性选择的制度分析方法（Institutional Rational Choice）。这一研究方法试图将理性选择对于个人和微观层面的关注与制度分析对于规则和宏观层面的关注结合起来。在美国，文森特·奥斯特罗姆和埃莉诺·奥斯特罗姆提出了制度分析与发展（IAD）的框架。[1] 在中国，毛寿龙教授结合公共选择与制度分析的传统，提出了制度分析与公共政策（IAPP）的框架。[2] 本项研究试图从制度的视角对村民自治和自主治理进行透视，观测和认知农村自治和自主治理的制度层面。

对村民自治和自主治理的研究，首先从观察和分析村民自治中的行动者开始。村民自治中的行动者是所有村民自治行为的出发点和归属点，村民既是自治行为的发起者和参与者，也是自治行为的最终目标指向，即自治需要改变参与人的激励结构和选择逻辑，使得他们避免"囚徒困境"和"公地悲剧"的选择困境。研究村民自治中的行动者，是一种方法论的个人主义，即从个人的假设出发来看待村民自治，个人在村民自治中既拥有一定的知识和信息，也会根据自身利益最大化的原则进行选择，还有可能犯错误。[3] 所有村民自治的结果和绩效都是由村民的行为及其互动产生，如果每一个村民都参与公共事务的治理，公共秩序会得到维护和发展。相反，如果只有少数人参与村民自治，最后可能会导致公共秩序的衰落。

对村民自治和自主治理的研究，其本质是要解决集体行动与相互依存的问题。村民自治和自主治理是解决集体行动和相互依存的第三条道路，它不

---

1. 有关 IAD 的介绍，可参考埃莉诺·奥斯特罗姆的新著《理解制度的多样性》。Elinor Ostrom, *Understanding Institutional Diversity*, California: Princeton University, 2006.
2. 有关 IAPP 的介绍，可参考毛寿龙教授的著作《有限政府的经济分析》结束语，以及相关论文，毛寿龙、李梅：《有限政府的经济分析》，上海：上海三联书店 2000 年版，第 101 页。
3. 有关方法论个人主义的研究，可以参考经济学家布坎南和哈耶克的论述，[美] 詹姆斯·布坎南、戈登·塔洛克：《同意的计算：立宪民主的逻辑基础》，陈光金译，北京：中国社会科学出版社 2000 年版，第 45 页；[英] 弗里德里希·冯·哈耶克：《个人主义与经济秩序》，邓正来译，上海：上海三联书店 2003 年版，第 91 页。

同于国家理论和企业理论的逻辑。国家理论主张市场可以解决个人行动问题，对于集体行动问题只能够通过客观和中立的第三方即国家和政府来解决，从而使得每一个行动者都为集体行动贡献自己的力量。企业理论主张市场不仅可以解决个人行动问题，而且还可以解决集体行动问题，其核心思想是通过产权界定和契约界定来实现。相反，村民自治和自主治理提出了在经验和理论层面村民个人通过自己的努力解决自身所面临的问题。

公共物品的组织和提供是村民自治和自主治理研究的核心和基础。任何集体行动和相互依存问题都是从公共物品开始，这是由于公共物品所具备的非竞争性和非排他性两个基本特征造成的。在农村，村民面临着共同的道路问题、共同的卫生问题、共同的饮水问题、共同的清洁问题、共同的治安问题等。如果有些村庄存在公共池塘资源，他们还面临着如何分配和提取公共池塘资源的问题。公共物品的供给一般具有物理属性，与当地地理情景是紧密联系在一起的。例如，在平原的村庄与在山区的村庄所面临的公共道路问题是不一样的。

规则和制度是村民自治和自主治理解决集体行动的主要手段和方法。通过制度和规则来划分权利和责任，来处理冲突和矛盾。规则和制度通常是一个规则束和规则集，它是由多种规则和制度构成。埃莉诺·奥斯特罗姆指出至少存在7种规则和制度，即进入和退出规则、职位规则、范围规则、权威规则、聚合规则、信息规则和偿付规则等。[1] 村民自治和自主治理的过程就是通过规则来约束各自行为共同实现集体行为的过程，因此，需要处理三个核心问题，一是新制度的供给问题，二是可信承诺的问题，三是相互监督的问题。制度和规则只有执行，才具有意义，否则只是形式。

公民精神是村民自治和自主治理的文化层面和伦理道德层面，它也是规

---

[1]. 有关规则的论述可参考埃莉诺·奥斯特罗姆的《制度性的理性选择：对制度分析与发展框架的评估》一文，[美] 埃莉诺·奥斯特罗姆：《制度性的理性选择：对制度分析与发展框架的评估》，见保罗·A.萨巴蒂尔编：《政策过程理论》，彭宗超译，北京：生活·读书·新知三联书店2004年版，第53页。

则和制度得以执行的基础。公民精神意味着共同的知识、共同的理解、共同的认识、相互的沟通、共同的期望等,这种由公民精神所形成的公共精神是村民自治和自主治理可持续性的基础。一旦公民精神和公共精神失去,它意味着共同体开始分化、衰落和解体。公民精神和共同体规范,它是一种社会规范,属于村民自治和自主治理过程中所形成的一种内在约束和规范。

村民自治的行动者在物理的世界、规则的世界和精神的世界三个层面互动,一个层面的问题可能需要另一个层面来解决,相反另一个层面也为其他层面提供了基础。例如,对于道路的维护,可能需要通过规则来解决,通过规则确定谁负责来维护,如果不维护将会受到什么样的惩罚。与此同时,规则的执行和监督需要共同体形成一种共同的文化,这种文化会有利于规则的执行,或者为规则的执行提供伦理和道德基础。

三、赶场坡的村组自治:村民自治的探索

(一) 自治的空间:物理环境与人员构成

赶场坡位于贵州省习水县大坡乡罗家坝村。习水县原名鳛水县,是1915年清政府置下县,1959年正式更名。赶场坡就坐落在习水这片历史悠久的土地上,有着西部山区共有的地理特征。目前,从习水县城通往赶场坡的公路尚未完全修建好,驱车进入需要两个多小时。进入赶场坡,整个村庄依山而建,42户人家分散于山坡之上,农家院落与开垦的梯田交错于山间。除了农田,整个村庄被各种树木覆盖,有杨梅树、竹子等,保持了原始的自然生态系统。

赶场坡隶属罗家坝村大滩组,实际上是罗家坝村的一个自然村或者说是村组。目前,赶场坡共有42户人家,总人口167人,其中男性93人,女性74人;田地共108亩,其中水田68亩,土地40亩,各家山林占有量延续了

1952年土地改革时的分配方案[1]。42户人家均为汉族，主要包括三大姓——袁姓、何姓和邹姓，其中袁姓34户，何姓4户，邹姓4户，袁姓为第一大姓。虽然村庄中包含三个姓氏，但由于姻亲关系，村庄中各姓氏间关系比较密切，没有历史积怨和复杂矛盾。虽然地处山区，但赶场坡的自然气候条件适宜农作物生长，形成了以自给自足的农业为主要特色的经济发展模式。依靠村民的辛勤劳作，基本可以解决自身粮食、肉类、蔬菜等供给，而菜油、盐、面、酱油等生活必需品则需通过购买解决。改革开放以前，这里民风淳朴，生活相对简单。

国家宏观经济和政治体制的改革，对农村治理结构产生了广泛和深远的影响。始于1978年经济改革彻底改变了中国的每一寸土地，其影响深入到中国最偏远的地区。同广大农村地区一样，赶场坡的人口、经济格局发生了重大变化。依靠自给自足的小农经济生产方式仅能解决温饱问题，即使实行了家庭联产承包责任制，由于农业的落后和农民负担过重导致其对农村经济发展起到的作用相对有限。而城市经济的快速发展吸引了大量的农村剩余劳动力。把传统务农的生活方式和背井离乡外出打工相比，赶场坡大量的青壮年劳动力选择了后者。据调查，目前赶场坡中常年举家外出务工的有16户，占总户数的近1/3；全村外出务工人数达60人，留在村中的村民大部分是年迈的老人和幼小的儿童，实际具有劳动能力可以从事劳动的村民仅有57人，呈现出典型的"空心化"特征。在收入来源上，青壮年劳动力外出务工经济成为赶场坡经济收入的主要来源。

（二）自治的传统与挑战：道路建设、水渠建设与困境

从自然环境上看，赶场坡可谓是人类的"桃花源"。而从生存环境上看，

---

[1]. 据了解，赶场坡土地测量是以习惯亩为单位的，比实际的标准亩面积要大。

"桃花源"与中国现代化的成就形成了鲜明的对比。从经济上看,"打工经济"是赶场坡的重要经济支柱,外出务工是家庭经济收入的主要来源,赶场坡的人均年收入2000元左右。从基础公共设施看,这里地理位置偏僻,交通不便,道路不畅,汽车勉强能够进入。

不过,与村外的道路相比,村内道路都是用石头依山而建,不仅质量很好,而且很整洁和干净。其实,村内的道路从融资、建设到维修都是赶场坡的村民通过向社会募集以及个人的捐钱捐物完全自主治理来完成的。村内的青石台阶路修建于1994年,前后经过2年时间完成。由于赶场坡位于半山腰,村内道路问题是他们所面临的一个大问题,一到下雨天,村民的出行问题是一个大问题。1994年,曾经在运输公司当过经理的袁天禄,提议修建一条青石路,得到了时任罗家坝村会计兼村委会主任袁天福以及习水林场护林员袁天贵的极力支持,这是赶场坡六代人都没有实现的梦想。袁天禄、袁天福和袁天贵是村里的3位老人,有一定的威信,在他们的动员之下,全村村民被发动起来,有钱出钱,有人出人,有劳动力出动力,当时共募集了360元。但这仍然不够雇用5个石匠,每个石匠每个工5元,一共2000元的工钱。为此,他们到村庄下面向过路的人"化缘",告诉他们赶场坡修路,需要花钱,希望他们能够给予帮助,通过这个渠道他们募集了几百元钱。但是,久而久之,人们绕道而行。于是,村里的3位老人,在方圆5里和10里,通过"化缘"的方式,最终募集到了500多元和1500多斤玉米。

赶场坡道路建设的变迁,其实可以用诺斯的制度变迁逻辑来进行解释。与诺斯所分析的制度变迁相比,本文所关注的是人们如何对道路修建的变迁。诺斯的制度变迁理论认为,制度变迁本身可分为五个步骤:一是形成推动制度变迁的第一行动团体,二是提出有关制度变迁的方案,三是根据制度变迁的原则对方案进行评估和选择,四是形成推动制度变迁的第二行动团体,即起次要作用的团体,五是两个团体共同努力去实现制度变迁。[1]在本文中,赶场坡村民要修建道路,就是一种用青石路代替泥土路的变迁过程。在这一变迁过程中,袁天禄等3位老人充当了第一行动团体的角色,而其他村民属于第二行动团体的角色,他们响应第一行动团体的道路变迁号召,最终第一行动团体和第二行动团体共同实现了修建道路的目标。

在这一公共道路修建的过程中,治理机制其实正在发生变化。公共物品的提供完全是村民所必需的,并且与每一个人的利益密切相关,道路的修建得到了所有村民的参与,他们根据自身的经济实力和承受力,为公共物品的生产贡献资金、劳力和热情。虽然这些道路的建设和维护是与村中的"3把老子"分不开的,但是普通村民也发挥了重要作用。[2]在道路建设完成之后,赶场坡村民为了让后人记住前人的贡献和劳动,在自己修建的道路之上树立了一个碑文,上面写着有多少人因为道路建设而投入了多少劳动力,其中最多的一个有500多天,这意味着它花费了1年多的时间来投入公共道路的建设和维护之中。可以说,赶场坡村民在修建村内道路的行为和精神预示着他们的未来。修建道路是他们的自治的传统,这种传统为后来真正的自治提供了经验和基础。

与村内道路相比,还有一件公共工程也是赶场坡村民比较自豪的事件,这就是水渠建设,解决田地的浇灌问题。2003年,政府为赶场坡村投入10000元的水利工程款,用于修建村里的水渠。赶场坡村所有村民都参与了水渠建设,共用不到3个月的时间完成了1218米长的水堰,最后还剩下500元。

---

1. 参见[美]道格拉斯·C.诺思:《经济史中的结构与变迁》,陈郁、罗华平译,上海:上海三联书店、上海人民出版社1994年版,第105页;[美]D. C.诺斯和L E.戴维斯:《制度变迁的理论:概念与原因》,载科斯、阿尔钦、诺斯:《财产权利与制度变迁》,刘守英译,上海:上海三联书店、上海人民出版社1994年版,第266—294页;[美]道格拉斯·C.诺斯:《制度、制度变迁与经济绩效》,刘守英译,上海:上海三联书店1994年版,第1页。原文把"primary action group"(第一行动团体)和"secondary action group"(第二行动团体)译为"第一行动集团"和"第二行动集团"。但"group"在此译为"团体"似乎更为合适。"集团"在中文中只是"团体"的某种类型,不同于"团体"。
2. "三把老子"主要指村里的3个老人袁天禄、袁天福和袁天贵,他们是村组自治实践的主要推动者。

在水渠的修建过程中，赶场坡村民将自己负责修建自己家田地的水渠、共同修建公共水渠以及相互帮助有机结合起来。这个水利工程是在政府投入少量资金的情况之下，赶场坡村民自主治理和共同解决公共问题、提供公共物品的尝试。它使得在政府花费很少资金的情况之下，村民通过自身的努力能够修建质量很高的水渠。水渠是一项典型的公共工程，它涉及各户村民的协调，以及整个田地的协调。这是一项复杂的工程，赶场坡村民能够很好地处理这些复杂问题，这充分说明他们在自己管理自己和自主治理方面已经积累了很多经验。

无论是道路的建设，还是水渠的建设，虽然属于公共基础设施，但是它涉及很多公共问题和治理问题，如道路修建时劳动力分配问题，如何处理距离山脚较近的村民与距离山脚较远的村民的利益问题，如何分配水渠水流量问题，如何在上游和下游分配水资源问题，以及道路和水渠的后续维持和维护问题，都是公共治理的问题，都需要村民自主治理来解决。两项公共工程其实是赶场坡村民在具体公共物品供给上实现村民自治的有益尝试，它使用自治的逻辑代替了统治的逻辑，它从公共物品由政府供给到公共物品由政府提供辅助和支持而自己供给物品为主体转变。这样的转变，既能够使得公共物品满足所有村民的需求，尤其是不同村民的差异性需求，真正实现"一致的同意"，而且这样的实践本身也是村民学习自治、学会自我管理、学会自主治理的实践机会。

虽然如此，在赶场坡村真正开始实现自治之前，整个村庄的经济和社会状态都比较落后。在经济方面，"打工经济"是其典型。比经济落后、基础设施薄弱更为可怕的是文化的落后、社会的贫困与精神的匮乏。在社会事业方面，教科文卫落后，村里从未出过大学生，具有高中学历的仅有6人，初中学历的51人，文盲26人；医疗、社会保障等社会事业几乎没有发展。值得注意的是，在实行家庭联产承包责任制后，村庄原有的共同体的解体，农户之间的联系松散。正如有学者所说，"蜂房式的彼此封闭的社会结构被打破以后，乡村社会的结构单元又重新地复原为一个个原子式的个体"[1]。村庄社区成员之间关系的散落导致了村民对共同体认同的减弱，以传统的家族、亲缘秩序维持的村庄道德、文化秩序逐渐消散。

青壮年劳动力大量流失、留守老人和儿童精神贫乏、乡村道德秩序混乱、农村经济社会文化发展缓慢……农村目前的一系列现实问题引发社会共同的关注与思考。面对农村发展的种种困境与危机，赶场坡村民以自己独特的方式发展出自己的解决之道。中国农民以历史创造者的身份，将主体自主的品格充分发挥出来，以实现有利于农村发展的新的互动网络和秩序，为社会主义新农村建设提供一种新的路径。

（三）自治的组织：村民理事会

村民自治作为农村治理的基本模式通过国家自上而下的推行，已经有20多年的历史了，其推广的过程实际是经由国家安排的一种"诱致性"变迁。虽然村民自治中遇到一系列挑战与问题，但在客观上农民得到了自治的教育和熏陶。

村民是村民自治的行动者，村民理事会是村民为了节省村民之间互动的交易成本而产生的组织，村民和村民理事会分别构成了村民自治的个人行动者和组织行动者。但是，与其他治理体制相比，村民自治要求村民理事会受到村民自身的控制，村民理事会只拥有有限权力，无论是村民理事会的权限范围，还是村民理事会的决策规则，以及涉及重大公共事务和公共利益的决策时，村民理事会并不能够代表村民行使权力，村民是最终行使权力的行动者。

---

1. 吴毅：《村治变迁中的权威与秩序》，北京：中国社会科学出版社2002年版，第186页。

为更好地进行"四在农家"创建[1]，村民决定从组织建设入手。2005年7月，经过村组中全体村民直选，"四在农家"创建筹委会成立，后更名为"村民自治理事会"。村民自治理事会完全是村民自愿、自发组织起来的团体，不是政府的派出机构，也不受上级政府的管理，民选是其产生的基本规则。

经过村民选举组成的村民自治理事会共有7名成员，其中5人为袁姓，1人为何姓，1人为邹姓。威望高、能力强的袁天禄被选为理事长，袁天福和袁天贵为副理事长。理事会的办公地点就设在袁天禄的家中。经过协商，理事会成员分别进行了分工。理事长负责统筹全局工作，副理事长协助理事长负责村中具体事务，其他理事也按照管辖事务各司其职。理事会建立了正式内部管理制度。除了按照职能进行工作分摊之外，在村务的决策上，理事会规定凡涉及面广、关系全村利益的事项均需召开村民代表大会，由全体村民共同协商，达成一致意见才能实施。无论是理事会会议还是全体村民大会，都执行严格的会议记录制度和存档制度。

组织化是集体行动的基础，也是自治的基础。[2] 村民自治的本质在于村民通过组织化途径获得的收益归全体村民所有，与此同时，组织化的成本也应该由全体村民来分担，即组织化的成本和收益对称。组织成本和收益的对称分配是自治组织的基础，也是自治组织得以实行的原因。与此相反，如果组织化的成本由全体村民来承担，而组织化的收益则由少数人来获得，则这种组织不是自治的组织。赶场坡的村民理事会作为自治的组织，无论是成本，还是收益，都由全体村民来承担，甚至部分村民参与村民自治组织其成本大于收益，即他们为农村公共事务和公共物品负担了额外的成本。不过，从可持续和长远的角度看，村民自治的组织必须在成本和收益之间实现对称分布，

---

1. "四在农家"是遵义市创建社会主义新农村建设的一种实践，其含义为"富在农家、学在农家、乐在农家、美在农家"。
2. 有关组织与集体行动之间关系，可以参考奥尔森的著作，[美] 曼瑟尔·奥尔森：《集体行动的逻辑》，陈郁译，上海：上海三联书店、上海人民出版社1995年版，第33页。

必须在成本和收益之间实现均衡。

（四）自治的目的：集体行动与公共物品的供给

村民自治的直接目的是供给农村公共物品，这些包括公共卫生、公共道路和自来水等公共物品的建设、维护、分配和使用等。由于公共物品所具有的非排他性和非竞争性，常常使得公共物品的供给成为"公地悲剧"和"集体行动的困境"。这种悲剧在农村的典型形态是卫生和生态环境的脏、乱、差，道路失修和缺乏维护，村民成为典型的"原子式个人主义"。

村民自治就是通过集体行动，改变个人之间的不合作博弈，改变个人之间的零和博弈，形成个人之间合作与互助，从而达到公共物品的良好供给与维护。赶场坡村首先从改善村民居住环境和卫生状况入手，来改善村容村貌，提高村落卫生整洁程度。村容村貌属于公共物品，但是个人在其中发挥重要作用，没有每一个村民和每一户村民的整洁，很难有整个村庄的整洁。村容村貌和公共卫生虽然属于公共物品，但是具有很强的私人属性。一方面，只有所有村民都采取相同的行为和策略，一个村民和一户村民的整洁行为才可能有可持续性。另一方面，村容村貌和公共卫生涉及一些所有村民都共享的公共部分，包括道路、各村之间联结点等。

在赶场坡的村民自治行动中，村民理事会发挥了很大作用，它主要是通过开会的方式，进行讨论、对话和协商，从而形成一致意见，即所有村民都认识到公共卫生的重要性，并愿意采取集体行动来改变。例如，对家禽实行圈养，只有所有村民都采取这种策略，才能够减少家禽对于村内公共卫生的影响。协调、讨论、动员和劝导是赶场坡供给公共物品的主要机制，也是村民自治的精髓和内在要求，它要求每个人的利益都得到表达，每个人的观点都得到尊重，它要求以说服和理性而不是强制来改变行为达成共识。

在讨论和协商中，也会有一些村民不愿意改变行为，不愿意参与集体行动。对此，赶场坡村民理事会采取了先让大多数人行动，然后慢慢地劝说最不愿意参与集体行动的村民。在村容村貌和公共卫生方面，赶场坡村民通过村民自治，成功地实现了"三改"，即改灶、改厕、改环境，并及时地治理了"五乱"，即柴草乱垛、粪土乱堆、垃圾乱倒、污水乱泼、畜禽乱跑。在基本公共卫生环境改善后，很多村民自发地种植花草，进一步改善生活和居住环境。

赶场坡村民自治行为得到了地方政府的认同，并为他们与地方政府共同供给公共物品提供了基础。地方政府为赶场坡村民提供了自来水水源和基础设施，而水源分配及基础设施的维护由村民负责。尽管水源是免费的，但是为了避免水源浪费，以及全体村民都能够公平地享受水源，让上游的村民和下游的村民都有机会使用自来水，村民理事会在全体村民的同意之下，为每户村民安装了水管和水表，并正在酝酿制定自来水使用规则。他们初步打算在免费试用几个月的基础之上，核定每户基本用水量，而超出基本用水量的部分则要付费，用于设施的维护和管理。

在村庄公共道路方面，村民根据就近原则，采用包干到户的分配方式进行修缮和维护。理事会将政府的拨款核发给农民，各家负责修建附近的公共道路，对缺乏劳动力的家庭其他村民给予一定的帮助。现在，在整个赶场坡，通往各家各户的道路都是由石板和水泥覆盖，即使下雨，道路也非常整洁易行。为维持乡村道路的清洁，村民也制定了详细的清扫任务。通往村外的道路是村民与外界沟通与联系的桥梁，完全依靠农民自身的力量是无法完成的。目前，政府已经投入资金、劳力，修建通往外部的公路。在道路的建设中，赶场坡村民并未袖手旁观，而是自觉承担了道路质量的监督工作。

村民自治可以改善公共物品的供给绩效，村民自治也可以让公共物品得以较好的分配、使用和维护。村民自治作为一种治理机制，它是通过集体行动避免个人行动之间的"公地悲剧"，从而达到公共物品的成本和收益能够在全体村民之间公平和合理分担。

(五) 规则与自治：新制度的供给、执行与可信承诺

公共卫生和公共道路等公共物品的供给，属于物理层面和技术层面的公共物品，而农村社会秩序的维持，还需要一种抽象层面的公共物品，即处理村民与村民之间关系，解决村民与村民之间冲突的社会规范和伦理道德准则。公共物品的组织和供给是村民自治最直接和最显现的层面，而村民自治最深层次却意味着村民与村民之间关系的变革，从一种由外部人来治理或者一部分人治理另一部分人的统治关系，转变为所有人都平等并且共同遵守相同规则的自治关系。这种自治关系的确立意味着村民与村民之间正在形成一种基于平等协商和法治为基础的关系秩序，这种关系秩序是一种新的秩序。

但是，秩序本身并不会自动实现，它是一定规则治理的结果。村民自治意味着村民自身通过改变规则，来重新调整和确定村民与村民之间的关系，界定村民与村民之间的权利和责任。从这个意义上来说，村民自治本身也是一种立宪层次的变革，这种立宪层次的变革不同于后立宪层次的变革。[1] 立宪层次的变革意味着重新确立调整村民与村民之间的关系秩序，更意味着治人者与治于人者同时都需要受到规则的制约，在规则面前治人者与治于人者是平等的。村民自治的缺乏并不意味着村民与村民之间不会形成秩序，只是所形成的秩序不是建立在平等与自治的基础之上，是一部分人统治另一部分人的秩序。

中国农村所面临的问题是，费孝通先生所概括的差序格局正在解体，而一种新的秩序却没有形成，结果导致了农村社会内部的混乱与无序。赶场坡与其他农村一样，虽然大部分人家沾亲带故，但村庄中邻里不和、家庭不和、

---

1. 有关立宪选择与后立宪选择之间区别，可参考詹姆斯·M.布坎南的著作，[美] 詹姆斯·M.布坎南：《宪法秩序的经济学和伦理学》，朱泱译，北京：商务印书馆2008年版，导言。

不赡养老人、吵闹打架等秩序失范行为随处可见。在这样的一种情势之下，赶场坡村民正在进行一种他们并没有意识到的立宪选择，即为赶场坡村庄制定一部规范所有村民关系的"村宪法"，他们将这"村宪法"称为"寨规民约"。

其实，赶场坡村制定"寨规民约"的过程，类似于美国的立宪过程，尽管前者的适用范围仅仅是一个小村庄。这个"寨规民约"最开始也是由精英人物袁天禄起草，理事会讨论形成了初稿，最后于2005年12月27日，23户人家共同签订了"罗家坝村赶场坡寨规民约"，每一户都在"寨规民约"上签字，以体现出一致同意的逻辑。[1] 与其他规则相比，"寨规民约"不仅涉及内容广泛，而且还具有可执行性，每一条规则都规定了惩罚条款，即如果规则得不到遵守，谁将执行惩罚，惩罚的内容和范围十分具体。

"寨规民约"共11条40多项，内容涉及扰乱公共秩序、妨害公共安全、侵犯他人人身权利、财产财物、违反公共卫生、违反公共设施建设、违反社会治安管理等多种行为，并依据其造成影响处以一定的违约福利金。为执行"寨规民约"，村民成立了护寨队，护寨队对违规村民具有实施惩罚的权利。根据规定，罚金的40%用于支付护寨队人员津贴。由于条约是由全体村民一致同意通过，因此村民违反规定受到惩罚相对较少。不过，曾经有一个外村村民来赶场坡村偷窃杨梅树，经过很多村民的共同努力，不仅树苗被追回，而且该村民还受到300多元的罚款。2007年，村民之间基本没有吵架的现象。村民之间纠纷的解决方式也更为理性，一般通过村民理事会调解就能达成一致，以情为重、以和为贵的社会调解方式重新得到广泛应用。赡养老人通过调解得到解决，理事会还为生活贫苦的村民申请了低保。

赶场坡的"寨规民约"既是一种新制度的供给，也是尝试一种规则的自

---

1. 一致同意的逻辑是著名公共选择学者布坎南和塔洛克所倡导的理想逻辑，也是他们所谓立宪民主的逻辑，有关一致同意的观点，可参见［美］詹姆斯·布坎南和戈登·塔洛克：《同意的计算：立宪民主的逻辑基础》，陈光金译，北京：中国社会科学出版社2000年版，导言。

我执行和可信承诺的建立。"寨规民约"以一种自然的方式植入村民心中，在很大程度上提升了村民的道德修养，恢复了丧失已久的和谐秩序。

（六）自治的灵魂：公共精神的培育

在村民与村民、村民与自治组织、村民与社区的互动中，赶场坡村民逐渐培养起一种公共精神，这种精神是独立人格精神、社会公德意识、自制自律行为与善待生命的结合，是村民在公共生活中对村民共同生活及行为准则、规范的主观认可与客观行动的遵守与执行。一旦村民主体品格诉求被激发出来，个体在自主治理中的积极性将充分发挥。现在的赶场坡村民，关心公共环境卫生、关心公益事业、关心公共设施，对公共生活的参与意愿强烈。

赶场坡村民通过物理的世界和规则的世界的改变，在精神世界也发生了变化，一些良好的公共品质正在内化成为一种公民精神和公共精神。这种公民精神和公共精神使得赶场坡村民正在从公共约束向个人道德和生活品质提升转变。村民已经不再满足于仅仅参与村庄公共事务，他们开始关注自身的伦理、道德和生活品位。正在重新从公共治理向个人发展的转变，这种个人发展是一种公民精神提升和公共精神提升的自我发展。

有些村民开始主动思考自身的缺陷和不足，更好地孝顺老人，人际和睦，品位提升，修养提升。与此同时，公民自身的正义感和责任感也有所提升。这是一种公共精神所带动个人发展的典型形式，也是公共精神的内化和升华。

（七）自治的三个世界：公共物品、规则与精神

村民自治其实发生在三个世界，即物理的世界、规则的世界和精神的世界。赶场坡村民在物理世界的自治主要表现为自主解决公共物品的建设、提

供、维护和分配问题，在规则的世界的自治则体现为制度创新和制度变迁，其典型形式为乡规民约等，而在精神世界的自治表现为公民精神和公共精神的培养和提升。

在现实中，这三个世界是互动的。物质可以变精神，精神也可以变物质。其中物质与精神之间的纽带是规则，通过规则的变革来约束和改变人们的行为。自治的三个世界是复杂互动的过程，一个世界的自治必然会推动另一个世界的自治，而不同自治之间又是相互嵌套的。与此现时，村民在进行不同层次的选择、变革和转化。

赶场坡村民自治的实践表明，自治的核心和内在机制是通过公民参与公共物品的供给，形成一种参与精神和公共精神，并且通过自主制定规定来改变相互之间的关系，形成一种立宪层次的变革。自治是一个持续的过程，这个过程需要村民对公共事务持续保持积极性和参与精神，并且将公共事务看做自己生活的一部分。在此过程中，村民不仅学会了自己管理和供给公共物品，而且还学会了通过规则来改变和调整关系，更重要的是形成了一种公民精神和公共品德。

四、村民自治的脆弱性、挑战与可持续

赶场坡的村组自治实际上可以看做社区自治的一种形态，它不是建构在国家行政区划管理方式上的，而是生活在一定社区的人对本社区事务进行自我管理的一种治理方式，是在新农村建设中农民利用地方性知识创造的村民自治的一种特殊形式。村组自治为中国农村政治、经济发展和国家的民主化进程提供了一种新选择。当前，我国正处于社会转型、农村转轨时期，农村产业、生产资料、劳动主体、社会组织、社会政策的天然弱质性，村组自治作为一种新生事物，具有天然的脆弱性，其良好的治理效果能否延续是一个值得思考的问题。

人类文明具有脆弱性，村民自治作为一种治理文明，也不可避免地具有脆弱性。脆弱性意味着村民自治随时都可能被村民统治所替代，村民主导公共事务和治理被外部主体或某些村民主导治理所替代。要保持村民自治的可持续性，村民必须保持一种公共参与精神，保持一种对公共事务的热情。

具体说来，赶场坡村组自治引发我们对以下问题的进一步思考。一是精英人物退出历史舞台后，村民自治能否继续。正如美国的立宪之父离开之后，美国社会能否仍然保持立宪的传统。在赶场坡，较其他留守村庄的村民而言，"3把老子"具有较高的政治思想、文化道德素质，他们在村中的威望是在与村民长期的共同生活中建立的，且他们都具有强烈的奉献精神，在工作中不计个人得失。由于3人的年龄都超过60岁，身体状况不容乐观，继任者的问题现在已被提上议程。由于文化素质较高、能力较强的年轻人基本都在外务工，在追求个人自我实现的今天如何吸引村民回乡具有一定难度。二是村庄公共产品供给问题。在"四在农家"创建初期，美化公共环境、修建乡村公共道路等基本依靠村民自筹资金与免费提供劳动力。但饮用水、电力、村外公路、教育、医疗等基本公共产品与服务的供给不能依靠农民买单，在这些公共物品长期不能够解决时，村民是否会对村民自治失去信心。政府反哺农村、实现公共服务均等化值得探讨。三是基层乡镇政府职能的转型。农业税取消后，乡镇政府的基本职能仅限于计划生育与公共安全的维护。在村民自治、村组自治发育成熟后，乡镇政府出路为何？针对这个问题，学者们意见不尽相同，有建议取消乡镇政府的，也有要求乡镇政府建立更为完整职能的。在国家强力行政秩序与乡村自发秩序相互交叠中，二者在博弈中如何取得"共赢"关乎农村未来走向。

在建设社会主义新农村的道路中，村庄建设能否依靠农民自身，创造一种以理性和伦理为基础的新的自治组织，由此推动经济、政治、社会的全面进步，赶场坡人为我们提供了新的思路。赶场坡的村民自治实践，也从中国的本土经验和传统告诉了我们自治对于中国的意蕴。

结　语

　　自治是人类的一种追求，它强调人类可以通过自主选择和自主治理来解决他们所面临的私人问题和公共问题。研究者和民众常常认为自治是它山之石，属于西方传统。这种想法，使得人们对于中国民众的自治可能性和信心产生了怀疑，这种怀疑的政策建议常常是由政府和外部组织来负责和包揽一切。

　　赶场坡村的村民自治和村组自治向中国的农村治理和改革提供了一种替代性和可能性的选择，即只要具备一定的制度环境和条件，村民也可以通过自主治理，以及规则的选择和变革，来推动公共治理和自身的发展。

　　本项研究以村民自治作为研究主题，通过制度研究的方法，重点对集体行动、制度变迁和公共精神的培育等进行了考察，指出了赶场坡村的村民正在实现三个世界层面的自治。他们的实践和经验是宝贵的传统和智慧，既值得我们认真学习和研究，也值得我们认真思考和反思。

　　自治意味着什么？其核心和最本质的内容是人类可以通过规则建立一种不平等基础之上的平等关系，即统治者和被统治者都需要受规则制约，共同实现人类所追求的目标。从这个意义上来说，村民自治是村民主体性和积极性得以发挥的制度安排，也是中国农村的未来治理模式。

（原载《管理世界》，2008年第10期）

农村民主管理制度化研究
——以江苏省沛县村级事务"1+5管理法"为例

魏垂敬
（江苏省沛县人民政府研究室）

  村级事务管理是农村民主管理的主要组成部分，也是农村民主管理的关键和基石。村级事务是村民的事务，村民的事务需要通过协商民主下的村民自治来完成。党的十八大报告提出："要健全社会主义协商民主制度。完善协商民主制度和工作机制，推进协商民主广泛、多层、制度化发展。积极开展基层协商民主。""要完善基层民主制度。健全基层党组织领导的充满活力的基层群众自治机制，以扩大有序参与、推进信息公开、加强议事协商、强化权力监督为重点，拓宽范围和途径，丰富内容和形式，保障人民享有更多更切实的民主权利。"推进村级事务的协商民主管理是从根本上解决农村矛盾、密切干群关系、保持稳定的重要保证，是提高村级党组织执政能力、建设社会主义新农村的根本要求，是创新农村民主管理的重要路径。江苏省沛县县委县政府在总结栖山镇胡楼村农民协商民主建设新社区实践的基础上，提炼、归纳了规范村级事务管理的制度性设计——村级事务"1+5管理法"，然后又因地制宜运用到更多村庄的实践中。本研究拟结合沛县农村基层协商民主的工作实际，对村级事务"1+5管理法"的创新与实践进行探讨，为推进基层协商民主的制度化发展、加强农村社会建设和创新农村社会管理提供借鉴和参考。

村级事务"1+5管理法"的"1"是指一个核心，即村级党组织的领导；"5"是指由大家协同参与村级事务管理的提议、商议、决议、执行、监督5个环节。简单说就是在村级党组织领导下大家通过提议、商议、决议、执行、监督5个环节决定村级重大事项、解决村级重大问题。适用于"1+5管理法"的村级事务一般指村级重大事项决策、重要项目建设、重要活动开展和大额资金使用等事务。

村级事务"1+5管理法"的提出，这一民主制度性的程序设计，缘起于沛县栖山镇胡楼村农民协商民主建设新社区的实践。

一、村级事务"1+5管理法"的缘起：胡楼村协商民主建社区

（一）建新社区的动力

日益变差的旧村软硬环境成为农民迁居建新社区的内生动力。2005年之前，沛县栖山镇胡楼村农户建房高低宽窄不一常常发生邻里矛盾；地基有高有低给村庄雨季防汛排水埋下隐患；农村脏乱差的环境与提高幸福指数的矛盾日益加剧。另外，随着人口增长与经济条件改善，新一轮建房潮已经来临，10年内村里大部分农户将拆旧建新，如果还在旧村无序建设，上述矛盾必将进一步加剧，而建设新社区则是解决矛盾的重要途径。

稀缺的土地资源是政府引导农民迁居的外生力量。胡楼行政村辖6个自然村，共650余户、2700多人，耕地总面积3663亩，村体总面积977亩，户均村体面积1.5亩。在政府引导下，在村两委的提议下，村民认识到，如果

迁村并居，至少可以腾出 2/3 的村体面积用于农业生产，即户均增加 1 亩地，那将是一笔可观的土地资源。如此，既能增加农业生产用地，又可缓解国家土地资源稀缺的问题。2005 年冬季，胡楼村两委带领大家多次召开党员和村民代表大会，最后商定：从 2006 年开始迁移农户到交通方便的龙河路西边建设新社区。

（二）协商民主的原因

长期以来，农村事务由政府包办、行政命令、暗箱操作、干部"一言堂"的情况在一些农村不同程度地存在着。由于农民不知晓，或与农民的实际想法产生冲突，不仅许多事务难以开展，而且即使开展，农民也热情不高，甚至"事不关己、高高挂起"，冷漠的心态较为普遍。

人民是国家的主人，在农村就是要让农民当家做主，真正唤醒广大农民的主人翁意识。"自主"是农民的基本要求，是农村改革、农村社会经济发展的内在动因；农民是农业生产的主体，农户是农村经济中最基本的经济单元，他们最直接与农村的各方面接触，最能反映农村的问题。2005 年以来，沛县县委县政府坚持农民是新农村建设主体的思想，逐步探索出了"政府引导、农民自建、社会共助"的新型农村社区建设实施路径。

新社区建设牵涉村里的每一家农户，新社区的整体规划、房屋造型、土地使用、资金管理、建设方式等一系列问题，都是大家共同关心的事情，尤其是建房款的使用和管理更是村民最敏感的事情。"大家的事情大家办，农村工程农民建"成为胡楼村两委和广大农户达成的共识。在政府引导下，胡楼村两委放手发动群众，大政方针由村支部引领，具体事务让农民在协商中自主，村两委、党员、村民代表和村民全过程协同参与。

对于建设新村，农民有需求，政府有责任；对于建设方式，政府引导农民自主，农民盼望自主建设。政府成为新村建设的发起主体，农民则是实施主体，即"政府搭台，农民唱戏"，真正的主角是广大的农民群众！

（三）建设的过程：全民参与，全程协商

1. 自主选房型

2006—2009 年，胡楼新村兴建了院落式 8 户联体二层新居，但随着时间推移，村民发现，"两层楼房＋一个小院"仍有不合理之处。当时有人提议建设多层公寓式楼房以减少占地面积，经村民代表会议讨论后，大家认为现阶段不符合农村生产方式而予以否定。那么，下一步建设什么样的房子？如何结合实际来解决农户的农机具存放问题？怎样让岁数较大的老年人也搬到新村来居住？为解决这一系列问题，沛县政府研究室的干部多次到村里与农户攀谈，深入了解农民的想法和生产生活实际需求，设计了一种"1＋2 新农居"，村两委组织老党员、老干部、村大老执和农户代表充分讨论，一致认为该设计科学实用，于是在 2010 年春季开工建设，到 2011 年秋季农民踊跃建设了 11 栋 176 户，农户对"1＋2 新农居"十分认可和欢迎。（见《半月谈》2011 年第 3 期的报道）

2. 自主调地

建设新社区肯定要占用土地，那么新社区的建设用地从哪儿来？从其他地区新社区建设用地的实例来看，采用 3 万—5 万元/亩一次性购买的办法，大大增加了农户的建设成本。在村干部的引导下，胡楼村民普遍认识到，出钱购地实在太贵，占用的土地都是本集体村民的，为何不进行调地呢？村民商议研讨后认为，可以把建新用地与将来复垦的旧村土地进行调节置换。

3. 自主拆建

建新社区头两三年，建设了新房，但没有一户拆除旧房的，老村的旧房

仍占着。为解决这个问题,经村支部提议,全体村民代表经过讨论,一致作出决定:自2009年元月1日起,必须先拆旧房、后建新房;过去两三年的建新户也要逐步拆旧,否则加倍收取建新占地的租金。新办法实施后,不但避免了"建新难拆旧"的难题;而且,村民发现,先拆后建,旧料还可重复利用,能够节省一大笔资金。几年来,共拆旧300多户,腾出旧村土地400余亩,复垦后建设了高收益的木耳大棚,取得了很好的效果。关于农民新居的建设,一直沿用2006年以来清包给施工队的办法。"1+2新农居"一栋楼的16家农户联合把新房的建造工作清包给本村的施工队,农民是甲方,施工队按照农民的意愿进行施工。建筑队都有技术员,严格按照图纸的要求施工,农民一有时间就到施工现场转转看看,保证了"1+2新农居"建设的高质量。

4. 自主理财

建房款的使用是农户最为敏感、最为关心的事情。如何理财,把钱花在刀刃上?农民充分发挥智慧。选人。一栋楼的16户充分协商讨论,选出其中两名代表,一名负责购料,一名负责收料和看料。两名代表也有劳动报酬,16户给他们按日记工,支付工钱,每人25元/日(2011年增加到30元/日)。管账。每户预先拿出4万元交到村里群众最信得过的两位老党员手里,一位管账,另一位管钱。两位老党员被聘请坐镇村委会,常年为乡亲们服务,发挥余热,由村委会支付每人每天13.3元的辛苦费。购料者从两位老党员处签字支取购料款,购料票据一式三联,管账、管钱、购料者各执一联。工程结束后,每栋楼的建筑费用清单和各户结账清单,一式17份(其中1份村委会存档备案),发放到16家农户手中,各家各户清清楚楚、心如明镜。管物。农户商定,所用的钢筋、水泥等建材一律购买正规厂家、相应型号的合格品。购料者货比三家,挑质量过关、价格合理的建材购买。由于批量购料,使得房料价格较低,减少了交易和运输成本。2010年,胡楼村农民自建的160平方米的"1+2新农居",每户只占0.16亩宅基地,总造价5万多元(由于建材和人工成本上涨,2011年每户造价为6万余元)。"1+2新农居"在胡楼村收到了造价低、质量高的效果。

5. 村集体项目也自建

农民在自建新房(为私人物品)时,属于公共物品的村集体项目(主要包括水电路等公共基础设施,活动广场、卫生室、幼儿园、超市、村综合服务中心等服务设施)也在同步建设。村集体项目也实行协商民主的自主建设机制,具体为:村两委负责村集体工程的领导和协调,由老党员和村民代表组成的"项目理事会",全权负责项目的实施、民主理财和监督全过程,根据建设计划,清包给施工队(工人多是本村村民)进行施工。村集体项目由政府、机关部门、企业、社会团体、社会贤达等共同出资,自建的权益归村集体所有。

6. 自主管理

农民入住新社区后,由村两委提议,村民代表商议决议,筹建了由农民自己组成的绿化管养、卫生保洁、文明宣教(村文艺队)、民事调解(和事佬协会)、治安联防5支队伍。和事佬协会人员由德高望重的村民组成,他们当"老娘舅",打圆场,直接介入调解工作,使百姓的矛盾化解在最基层。胡楼村农民商量出的保洁办法有其特别之处:一家一个小型的保洁桶,没有建设不远一个的垃圾池(可避免二次污染;再说垃圾池建在谁家附近谁家烦),经保洁人员直接让垃圾入车;保洁人员由村里的贫困户担任,贫困户在领取政府低保补贴的同时,又从一份劳动量不大的工作中增加了收入,干得非常高兴。5支队伍的经费由社会共助:村民拿一点,村集体出一些,政府补一些,经营大户捐一些。

民主管理
Democratic Management

二、从胡楼新社区建设的过程看"1+5管理法"的程序

上述胡楼村新社区建设过程中的6件主要事务,几乎都包含在村支部领导下提议、商议、决议、执行、监督的环节,下面作简要分析和归纳,用以体现村级事务"1+5管理法"的程序。

(一)提议是基础,是协商民主的敲门砖

协商民主的重要表现就是给大家发言权,提议就是拥有发言权的开始。胡楼村在群众和村支部的一次次提议中,推进着新社区的建设。在此过程中,提议的主体有群众,有群众代表,有村支部,还有镇政府和县业务部门的引导扶持。谁的提议有道理,谁的提议有利于大家伙,那么此提议就可以摆上桌面供大家讨论,然后采纳和实施,当然不符合实际情况的提议,大家就会否决。所以提议是协商民主的敲门砖,是开端,是基础。"提议"环节给了所有人最基础的发言的平台,也是集体决策最基础的思想来源和最基础的环节。

提议程序。提议的主体是大家,村民、村民代表、村两委成员都可。提议的形式口头或书面都可。提议经过村两委和村民代表梳理(可行性、可操作性)后,形成简要提案。

(二)商议是重要前提条件,是协商民主的必然内容

"商议"环节是群众意愿和利益的充分表达,是集思广益和优化决策的过程,是村民当家做主的重要表现。"商议"环节既关注多数人的意见,又关注少数人的意见,从而拓宽民主的广度。商议有助于拓展村民有序参与村级事务管理的渠道;有助于村级重大事务决策的科学化、民主化。貌似多么艰难

的事情,办法总比困难多,群众总是能够商议出解决的办法来。例如,建新用地的难题、"建新难拆旧"的难题,群众一商议,办法就有了。

事关百姓切身利益的大事,商议是重要前提条件。商议大事的过程如同十月怀胎,是一个必经的过程,缺少了这个过程,老百姓是不认可这个胎儿的。尽管商量过程中费尽周折、喊喊喳喳乱如麻,甚至出现吹胡子瞪眼欲打架的情形,表面上是很乱,但正是通过"乱"的过程,越是争吵越是明白,越辩论理越清,终究能够"乱"出"理"来,终究能够理出个思路来。从表象上看,群众商议的过程很麻烦,好像耽误时间,而实际上,磨刀不误砍柴工,以后的村务进展会更顺利。所以商议是协商民主的必经过程和必然内容。

商议程序。商议的主体至少由村两委成员、村民代表(不少于 5 人)、党员代表共同组成,可称为民主议事会。一般地,开会前,应让村民代表和党员代表获悉议事内容,以便充分听取群众意见,认真酝酿、调研和思考。议事会一般由村主任主持,党组织书记通报提案,参加人员要充分发表意见。提案经过 2/3 的与会人员同意后,方可形成议案,进入决策程序。

(三) 决议是关键,是协商民主的自然结果

"决议"是 5 个环节的关键。提议和商议是过程性的,最终是要决策,要有结果,如果没有决策,提议和商议都是白搭,当然也无执行。只有通过民主决议,才能科学制定政策、合理解决争端。决议一旦形成,任何人都不能随意更改,必须坚决贯彻执行。胡楼村"先拆后建"的决议形成后,新社区建设正式进入了良性循环、科学发展的轨道。

协商一致是基层民主制度的精髓。各种不同观点相互沟通、相互交流乃至相互交锋,相互取长补短,共同进行优化,最后达成共识的过程就是决议的过程。提议、商议是协商民主的基础和前提,而决议则是协商民主的自然结果。正是由于这种协商一致、达成决议的精神,使基层民主制度在实际运

行中避免了因缺乏相互沟通交流和共识、简单进行决策所产生的种种弊端。

决议程序。民主议事会上形成的议案，应提交村民（代表）会议进行表决，形成决议。村民（代表）会议召开前，村委会要提前以文字或口头形式通知本村所有村民（代表），简要告知议案内容。村民（代表）会议上，村党组织应向全体村民（代表）汇报提案的动因、事项和前景，经与会代表过半数同意，方可形成决议，进入执行程序。

（四）执行是归宿，是协商民主的具体化

有了提议、商议、决议，胡楼村建设的过程就顺当多了。"执行"环节是水到渠成的决策实施的过程，是协商民主的具体化，也是协商民主的归宿。

执行程序。执行的过程是村党组织领导下大家齐心协力干事的过程，执行的主体因事而定，可以是村委会（例如，胡楼村从旧村迁移农户到交通方便的龙河路西边建设新社区，由村委会执行；逐步拆旧也由村委会执行），可以是村民代表和村民（如胡楼村16户共建一栋楼），也可以是村民代表和老党员（例如建房款的管理，村集体项目的自建）。

（五）监督是保障，是协商民主的得力措施

在提议、商议、决议、执行的全过程中，胡楼村民、村民代表的眼睛都是雪亮的，即，"监督"在一切环节中进行，是全程的、全方位的，既有村民、村民代表对党员、干部的监督，也有村民对建楼代表的监督，还有村民对于施工队建设质量的监督，等等。监督是"1+5管理法"推行的保障，是协商民主的得力措施。因此，协商民主的透明环境促进了胡楼村干部对权力的敬畏和自律，让村干部习惯在监督的环境中工作，进而真正服务于广大农户。

监督程序。监督程序贯穿于以上4个程序的全过程。

（六）村级党组织始终起领导作用

俗话说，"家有千口，主事一人"，5个环节的实施都始终有一个主心骨，这就是村级党组织的领导。村级事务"1+5管理法"运行的每一个环节，都在党的方针指引下进行，胡楼村支部始终起核心性的领导作用，党员起先锋模范作用。所以"1+5管理法"的"1"是核心、是重点，如果村级党组织不作为，是不可能有提议、商议、决议、执行、监督5个环节的；如果"1"作为了，"5"自然而然就有了。

村级党组织在5个环节中的领导作用主要表现为：提议前——需要提出、确定哪些议题，明确和组织议题的参与者；商议中——怎样协商，事先预料可能出现的情况；决议——在广泛充分吸纳各方面的意见建议基础上，及时修改、完善和作出决策，避免各执一端、议而不决的局面，使协商真正富有成效；执行——村干部负责服务、协调、组织、监管；监督——宣传、发动老百姓积极参与和监督村级事务管理的全过程。

村级党组织的重要使命之一就是领导和支持村民当家做主，而村级事务"1+5管理法"的实施是从程序上更好地体现和实现村民当家做主，帮助村级党组织更好地执政兴村、执政为民。实践证明，只有坚持村级党组织的领导，"1+5管理法"才能保持正确的方向，才能具有蓬勃的生机，才能在村级事务管理中充分发挥作用。

村级事务"1+5管理法"既坚持村级党组织的领导，又充分尊重商议的各方。坚持村级党组织的领导地位并不是指村级党组织在5个环节中具有特殊地位，而是在平等参与的基础上，尊重不同意见，兼顾少数利益；不能用议而不决的方式敷衍各方，也不能用强制压服的方式达成共识，而是在广纳博采、统筹兼顾的基础上实现决策的优化和高效。

三、村级事务"1+5管理法"的推广、作用和成效

(一)推广措施

典型的做法需要总结提炼,需要制度化,才能便于推广。沛县县委县政府高度重视,抓住胡楼村这个典型,政策研究部门、组织部门、民政部门等多家联合,对胡楼村实践进行剖析,归纳总结出了协商民主管理村级事务的程序——"1+5管理法"。从群众中来,到群众中去。沛县县委县政府把民政局作为业务指导部门,把来源于群众的程序化、规范化的民主制度运用到更广泛的农村,要求各镇村因地制宜运用到实践中。具体推广措施为:

1. 形成规章,建立机制

沛县相继出台了村级事务"1+5管理法"《工作意见》和《实施细则》,明确了指导思想、目标任务、决策事项、程序内容、有关要求,建立了组织、民政与各镇党委、政府分工负责的工作机制。成立了沛县基层民主政治建设工作协调办公室,把推行村级事务"1+5管理法"列入主要工作任务进行推广。把村级事务"1+5管理法"的运用纳入对镇、村年度目标考核的范围。

2. 部署动员,组织实施

沛县召开了推行村级事务"1+5管理法"部署动员会,对各镇组织委员、民政助理及试点村支部书记和村主任进行培训,每镇至少确定一个行政村进行试点,并逐步推行,以便培树典型,示范带动。

3. 加强督导，稳步推进

对村级事务"1+5管理法"的推行，一是在"法治沛县建设"活动中对各镇落实情况进行督查；二是组织部门在调研村党支部换届选举时进行调度；三是民政部门对贯彻落实情况进行指导检查，推进"1+5管理法"的开展。

4. 结合创建，引向深入

在省、市级"民主法治示范村"创建中，把推行村级事务"1+5管理法"作为重要申报条件之一，以进一步提高村级事务"1+5管理法"覆盖的深度和广度。

5. 七簿一册，规范台账

运用"七簿一册"规范台账资料，对议事决策的事项全过程认真登记，做到文字记载规范，档案资料齐全。"七簿"即：《村级党组织提议记录簿》、《民主议事情况记录簿》、《村（居）民（代表）会议记录簿》、《村（居）民委员会会议记录簿》、《村务公开内容登记簿》、《村务公开意见处理情况记录簿》、《民主理财情况记录簿》，"一册"即《基层民主政治建设资料汇编》。

（二）作用和成效

沛县推行"1+5管理法"以来，各村根据自身情况，因地制宜运用于村务管理中，涌现出了一个个民主管理生动的例子，例如，杨屯镇西姚桥村通过协商民主销售煤矸石、管理集体资产，河口镇孟庄村庄通过协商民主大力整治村庄环境、旧貌换新颜，鹿楼镇蔡集通过协商民主实施土地集零归整，河口镇张李庄村通过协商民主创新了"村统建统调、户分包"的土地流转办

法,张庄镇潘庄通过协商民主创新发展了江苏省第一家真正意义上的土地股份合作社,胡寨镇草庙村和沛城镇的任庄村通过协商民主建设了新社区、长茄生产基地、大棚葡萄基地,张寨镇陈油坊村和张庄镇的姚楼村通过协商民主改造民居、村容村貌各具特色,等等。限于文章篇幅,上述例子中的3个例子作为附录放在文后,以飨读者。归纳起来,"1+5管理法"在沛县村级事务管理中发挥了重要作用,取得了一系列成效。

1. 大大增强了农村基层党组织的执政能力

在村民普遍关心的村级事务,如拆旧建新、土地集零归整、村庄环境整治、村集体收入的管理过程中,党员干部引领村民以谋事凝聚人心,以干事集聚人力,不为困难找理由,只为成功想办法,村班子成员得到了锻炼、经受了洗礼,提高了村两委的公信力、战斗力。实施"1+5"程序管理的村干部纷纷反映,很多村务放手让群众去做,村干部工作起来更顺利、更省力,多难的事情只要通过群众出点子、想办法,就变得相对容易,甚至迎刃而解。

2. 推进了基层民主建设,促进了农村社会各方面的和谐发展

政治层面:通过"1+5"管理程序下的协商民主,村干部真正代表了农民自己的利益。村两委班子充分尊重农民意愿,引导农民对村务全过程自主、积极地参与。实施"1+5"管理程序的村两委坚持:农户能够自己做的自己做,能够联合做的联合做,村两委从不包办,而是放手引导农户民主理财、自我管理,创造了一系列新农村建设的成绩。村干部给予了农民自主,让一切事务在公开透明环境中运行,实施了村务管理过程中的群众有效监督,消除了干群之间的猜疑抵触情绪,建立了彼此互信的基础;而协商民主的环境又促进了村干部对权力的敬畏和自律,进而真正服务于广大农户。

经济层面：农民自主公开透明理财，给群众一个明白，还干部一个清白。胡楼村农民建房款村干部不插手，由农民选出自己的代表来理财；西姚桥农民的集体资产由群众代表来监管；蔡集村集体土地出让款和土地租金由村民代表和村干部联合组成的理财小组共同监管。村干部给大家的印象是一身清廉；同一时期，胡楼村各栋楼的造价相差无几，也制约着群众代表在其中牟私利的机会。村干部经济上的清白，打下了农民信任村干部最重要的基础。

社会层面：各方协商带来了和谐共融。农户与村两委和谐共融。从新村建设之前的宣传发动，到规划、图纸设计、放线，再到水、电、路等公共基础设施的配套，胡楼村两委班子成员一直全力服务于广大农户，成为真正的为老百姓尽心的奉献者，赢得村民的赞誉；西姚桥煤矸石的销售，村两委与群众成为利益共同体；孟庄村老百姓与村两委积极主动配合、齐动手整治环境，村两委和党员干部苦口婆心做思想动员工作，并亲自上前帮助拆旧；蔡集村干部、村民代表和村民一呼百应，共同动手实施耕地集零归整。以上例子都说明，村两委真正代表了群众的利益，农户与村两委和谐共融。农户与农户和谐共融。农户在自我联合、自我管理和民主理财的过程中，不断商量各种事情，加强了交流和沟通；这种紧密的合作和互帮互助，很大程度上消除了过去邻里之间的诸多矛盾和隔阂，大大培养了农户的团结意识和合作精神，使村集体变成了名副其实的"村集体"。迁居到胡楼新村的农户幸福感增强，环境整治后的孟庄村民精神焕发，人人感觉环境好、人脉好、心情好，是原旧村的居住条件所无法比拟的，人居新环境，其乐融融。

3. 增强了农村社会信任度，成为构建农村社会信任的重要路径

人类发展史表明，人与人之间的关系很大程度上是在活动交往过程中建立起来的，信任关系更是如此。在活动交往中建立起的信任关系一旦形成，

将对人与人之间后来的一系列活动起着极其重要的促进作用，因为"信任是社会中最主要的凝聚力量之一"，"没有相互之间普遍的信任，社会本身将瓦解"（德国社会学家齐美尔语）。

迁村并居、建设新社区，农村承包地集零归整，村庄环境整治，村集体资产的管理等，牵涉每一家农户的切身利益，在此过程中，邻里之间、村民与村民之间、村民与村民代表之间、村民与村干部之间，需要进行经常性的甚至是密切的交往，体现协商民主的"1+5管理法"为种种交往提供了最宽松、最适宜的环境和途径。协商民主中构建的人际关系、而不是强权压制下构建的人际关系，协商民主中达成的一致意见、而不是强权压制下被迫接受的意见，会给人特别高的信任度。村子里各方面互相的信任感便构成了一个农村社区中最主要的凝聚力之一。由信任感而产生的凝聚力能够真正构建起稳定的社会结构及和谐的社会关系。"1+5"程序下村级事务的管理为村民合作共事、高度信任提供了一个相互交流、了解、合作的载体和平台：为了共同的事务和利益，村民之间融为一体，找到共同的语言、增进了友谊、提高了合作能力，民主成了生活的一部分。因此，村级事务"1+5管理法"成为构建农村社会信任的重要路径。

4."1+5"程序体现的协商民主成为创新社会管理、化解社会矛盾、维护社会稳定的妙方

创新社会管理，从根本上说需要依靠群众，让群众充分参与社会管理事务。十八大报告提出，要加强基层社会管理和服务体系建设，增强城乡社区服务功能，充分发挥群众参与社会管理的基础作用。信访、维稳、司法等政法工作的基础性工作应该是基层群众自治，应该是基层的协商民主。

一个社会能不能很好地运作，制度是否有效，关键在于社会制度能不能很好地容纳社会矛盾和冲突，并及时有效地加以化解。村级事务"1+5管理法"是有力推进"协商民主"的制度性程序设计，也是一种程序化了的、规范化了的民主制度。"1+5"制度充分发挥协商功能,基层群众有了利益诉求和表达的渠道,诸多矛盾冰消雪融。

管理由"管"和"理"组成。从字源上说,管有管束之意,理表达的是条理和顺的意思。管理管理,管和理是分不开的,也就是说不能只管不理,而是要通过管达致理。所以管理的立足点应该是理,而理就不能只堵不疏。而维稳从某种角度上,是管死,是堵,被动的成分更多一些。现在强调社会管理,就是要主动积极地维护稳定。现在有些地方的维稳,是消极被动地保稳定,而不是积极主动地促稳定。促稳定要通过优化管理来实现,用老话来说,就是要从源头做起。先把前置的事情做好了,社会矛盾也就化解了,而不是说出了问题,我们再被动地去应对这些问题。而村级事务"1+5管理法",是从最基层的源头做起,通过群众积极主动参与村务的"管",达致社会的条理和顺。

四、对于村级事务"1+5管理法"的理论思考

(一)性 质

村级事务"1+5管理法"是有力推进"协商民主"的制度性程序设计,也可说是程序化、规范化的一种民主制度。它既是实现"协商民主"目标的有效途径,也是"协商民主"的具体体现。我们需要以制度性的程序设计来保证协商民主的有力推进。

(二)内部关系

村级事务"1+5管理法"的1个核心和5个环节之间,是一个相互联系、相互协调、相互促进、相辅相成的有机整体,不能"顾此失彼",也不能"单

兵突进"。其中，村级党组织的领导是核心，提议是基础，商议是重要前提条件，决议是关键，执行是归宿，监督是保障。

（三）推进动力

从沛县多个村实施"1+5管理法"的实践来看，3个方面的"自觉"是推进村级事务"1+5管理法"的动力。

1. 村民对村内重大利益的关切是推行"1+5管理法"的根本动力

权利跟着利益走，村内有了重大利益问题，村民就关心了。关心的目标和结果，就是大家参与下的公开、透明、公正的结果，这就需要运用村级事务"1+5管理法"来保证大家的参与。

2. 上级党委政府主持公平正义是推行"1+5管理法"的外在导向

村级能够推进协商民主，上级党委政府的作用非常重要。在上级党委政府主持公平正义的号召下，村级党组织有了压力和动力。是沛县县委县政府抓住了胡楼村这个典型，总结出了"5"的程序，并要求农村基层两委贯彻落实。因此，所谓"5"，是县委县政府把难以规范的农村基层民主管理规范化、程序化、简单化了。具体到某个村，协商民主是否刻板地走"5"个程序，那是不重要的。

3. 村两委顺应来自上下的共同要求是推行"1+5管理法"的必然选择

村民的要求是大家参与，通过"1+5管理法"实现；中央和各级党委政府的要求是加强议事协商，积极开展基层协商民主，推进协商民主制度化发展；村两委响应上级的号召，顺应村民的意愿，成为必然选择。

（四）运行的特点

1. 最显著的特点是协商

村干部与村民代表协商，村干部与村民协商，村民代表与村民协商，村民与村民协商，大大小小的事情在协商中达成共识，形成决议，进而执行。即使在执行的过程中，也是在协商中执行、执行中协商。协商作为广大村民为重大村务决策出谋献策的重要方式，是参与村集体事务管理的重要途径，是监督村支部和村委会依法施政的重要渠道。它不但实行于决策之前，而且存在于决策执行过程之中，可以随时发挥参谋、警示和纠错功能。

2. 立竿见影，成效明显

村里不论多难的事情，只要老百姓共同参与、齐心协力，充分运用村级事务"1+5管理法"，办法总比困难多，总是能够找出切实可行的办法来。村级事务"1+5管理法"建立在民主集中制基础上，既强调充分发扬民主，村民都可以参加协商，什么意见建议都可以自由表达，以充分反映各方面的利益需求和村民的聪明才智；又强调高度集中，在广泛充分吸纳各方面的意见建议基础上，及时修改、完善和作出决策，以提高决策的效率和质量。这种民主基础上集中、集中指导下民主相结合的村级事务管理方式，能够有效避免各执一端、议而不决的局面，使协商真正富有成效。

（五）创新之处

单从"1+5管理法"的程序来看，与全国其他地区类似的总结相比，好像是老生常谈。但是，从全国来讲，沛县的做法仍然有其创新之处。

民主管理
Democratic Management

1. 从群众中来，到群众中去

沛县县委县政府尊重群众、尊重实践，善于发现和保护群众的首创精神，善于提炼和总结群众的先进做法和理念，即，善于从群众中来，因为生活之树常青，群众的力量是无穷的、是伟大的；同时，沛县县委县政府又善于发掘、利用和因地制宜推广群众的先进做法和理念，在更大范围内发挥更大更积极的作用，即，善于到群众中去。沛县县委县政府尊重、采纳并推广群众的首创精神，这本身也是民主的重要组成部分。

2. 将一般与个别相结合

农村的事情千千万万，不同的事情处理起来，就需要一般与个别相结合。所谓一般，就是共同规律，在这里就是体现协商民主的"1+5"操作程序。所谓个别，就是针对不同的事情，要使用具体的公开办法、透明办法、公正办法、大家参与的办法。西姚桥村、孟庄村、蔡集村、胡楼村等村庄的典型做法，就说明了这个问题。西姚桥煤矸石销售，公开的办法就包括：成立煤矸石管理站，有本村村民担任管理人员，选择有经验的本村人担任站长，采取竞价的办法进行交易，管理站内实现内部相互监督，规范管理，在收入分配上实行股份制，财务公开，等等。孟庄村庄环境整治，大家参与的透明办法就是：召开村民代表大会，村干部、党员、村大老执、村民代表带头，大家齐动手，政府扶持，等等。蔡集土地集零归整，公正的办法就包括：村两委与蔡集村民代表商议，调查摸底、张榜公布，公开实施办法，召开村民大会让蔡集村85户进行全民公决，村民代表监督，等等。胡楼村农民建设新社区过程中全民参与，全程自主：自主选房、自主调地、自主拆建、自主理财、村集体项目也自建、自主管理，等等。这些村庄之所以成功，道理是统一的，就是公开、透明、公正和群众参与。针对不同的农村事务，沛县将一般与个别结合起来了，就是在"1+5"程序的实施中，找到了处理某一件事务的群众参与的具体办法。沛县实现了理论与实践、个别与一般的有机结合。

五、结　语

村级事务是大家伙共同关心的事情，大家的事情由大家伙协商办，"1+5 管理法"是村民共同参与管理村级事务的办法，运作起来公开、透明、公正、民主，对于全国其他地区的农村来说，具有普遍性和推广意义。

村级事务"1+5 管理法"是沛县农村协商民主制度化的创新与探索，是积极开展基层协商民主的有益尝试，丰富和发展了基层党组织领导的充满活力的基层群众自治机制。对于健全社会主义协商民主制度、完善基层民主制度和创新农村社区管理都具有重要意义。

附：典型案例之一

杨屯镇西姚桥煤矸石销售中的民主管理

1. 事情的缘起

沛县杨屯镇西姚桥居委会，下辖 4 个村民小组，社会人口 1900 人，承包地人口 1376 人，因姚桥煤矿建在其村上，所剩耕地人均只有 1 分地。2009 年 8 月，姚桥煤矿选煤厂需要找块场地用来堆放煤矸石，西姚桥二组和四组的 33 亩土地成了理想之地。33 亩地，二组占份额大，四组占的少。

煤矸石是采煤过程和洗煤过程中排放的固体废物，可以掺入黏土作为制砖原料，烧砖时，利用煤矸石本身的可燃物，可以节约煤炭。对于煤矸石的处理，一开始，村里的几个人联系微山湖边的几家窑厂来购买煤矸石，由于无序出售，价格很低，只有 7—8 元/吨。而且，出售煤矸石的钱都归入了几

个人的个人腰包。群众的眼睛是雪亮的,集体土地上产生的利益由个别人来私分,群众对此很是不满,100多人齐集村委会院内为此事大闹。在群众提议下,村两委多次召集群众代表商议,一致认定:(1)煤矸石的堆放占用村集体的土地,出售煤矸石的收益应该归村集体大家伙所有,村中个别人不得私自乱卖。(2)应该成立管理煤矸石的机构,选出能够代表群众利益的人员专门负责管理。

2. 在不断协商中推进煤矸石销售的民主管理

2009年12月,村民代表大会通过了具体解决方案:(1)选出6位村民代表:陈广花、张玉兰、徐元娜、公庆侠、于道梅、王怀勤(说明:因为该村男劳动力在20世纪八九十年代被吸纳为煤矿工人,转为非农户口,1994年最后一次调整土地时,农业户口大部分为妇女、老人和儿童,所以村民代表大部分是家庭妇女)。(2)成立煤矸石管理站,站内人员全部由本村人担任。站内人员的任用,采取自愿报名和群众推选相结合的方式,而后在村民代表会议上通过。

一切运作都在摸索中进行。煤矸石管理站刚开始七八个月的运行比较混乱。各家烧砖的窑主到村委会用现金开票预先订购煤矸石,有的窑主一次就预购1万多吨,而且拉完货之后又偷偷续订,致使其他窑主无法拉到货;因为都想拉货,窑主经过"走后门"预购的情况屡见不鲜;再到后来,窑主之间因为硬着争抢拉货而出现打架的情况。出现这种局面最主要的原因,就在于煤矸石的价格比较低,窑主们掺入售价低的煤矸石烧砖很能赚钱。

面对这种状况,经过村民代表提议和村两委组织的村民代表会议讨论,2010年8月,大家推选退休的老矿工王安建(本村人)担任煤矸石管理站站长。村民代表还提议,煤矸石的预订开票权从村委会移交给管理站比较适合,因为管理站对于煤矸石货场和价格的整体情况非常清楚;村委会只负责掌管出售煤矸石的钱款。此提议在村民代表大会上一致通过。

王安建接任站长后，村支书王安凌带领村班子协助王安建开始了治理整顿：首先暂停开票；过去已经开的票尽快还清；当时例如有 10 家预订的窑主，矿上每天出产煤矸石约 1200 吨，则每家窑主每天只能拉货 120 吨。20 天后，管理站还清了所有的预购票。

王安建和村民代表都认清了此前抢购煤矸石出现混乱局面的根源：煤矸石售价较低。那么如何提高售价，同时又能稳当地卖出去？村民代表会议上，大家讨论后都认为"竞拍"是最好的办法。在最基层的农村经济活动发展中，西姚桥的农民现实地选择了"竞拍"这种高级的交易手段。

大家还提议：竞拍之前应该有一个底价，即，一般情况下，竞拍时不得低于这个底价。但是，底价也不是一成不变的，底价也是变动的，怎么办？大家商量出一个议价办法：每月的 25 号由村委会、村民代表和管理站一起，根据上月的煤矸石价格、本月的煤矸石销售情况和窑厂售砖的价格，商议出竞拍的底价。

如何竞拍？大家商议出一个竞拍规则：议价后贴出公告，让各位窑主知道竞拍底价。有购买意向的窑主于当月的 30 日前来管理站参与竞拍；为防竞买人乱出价、之后又不买、扰乱拍卖价格，竞买人需预交押金 1 万元。一般情况下有十几家窑主前来参与竞拍。

煤矸石管理站的运作办法经过村民代表讨论后实施，而且运作非常透明。例如，磅房 4 人：过磅的 2 人来自于二组，监磅的 1 人来自于一组，掌账的会计 1 人来自于二组，4 人互相监督。再如，账目一式四联：磅房存根一联，门卫一联（车主出门时交给门卫），车主一联，车主交给货主一联。

购货的窑主根据头一天煤矸石出产量，当天清早预交当日购货款；当天晚上，磅房与门卫核对售货总吨数，与货主结算，村委会会计负责收现金，货款日日清。

3. 民主管理的规范化和制度化：社区股份合作社的成立

自从煤矸石管理站成立后，煤矸石的销售收入不再被装入村里个别人的腰包，而是归村集体。那么，如何分配，成为全体西姚桥村民共同关心的事情。

2011年8月，西姚桥召开村民代表大会，在镇政府和县业务部门的引导、扶持下，大家认识到，煤矸石管理站的正常运营给村集体带来了可观收益，收益既要有集体的——发展壮大村集体经济，也要有个人的——增加农民收入，集体和个人要统筹兼顾。为实现、保障村集体和个人收益的规范化、制度化，由村支部提议，打算成立西姚桥社区股份合作社。

成立社区股份合作社的核心是煤矸石销售收入的分配问题。从个人的欲望讲，每个人都想多分；但是，经过思想大讨论，群众还是很理性的，因为大家都知道许多村级事务都需要集体经济的支撑。在村支部提议和引领下，经过村民的酝酿和商议，一致同意：煤矸石销售收入的40%归村集体，60%归个人，即集体股占40%，个人股占60%。

每月月末，由村民代表作监督，村委会和煤矸石管理站张贴公示当月的收入情况。次月初，村委会会计按股把钱款打到每户村民的银行卡上。

归村集体的钱款除了部分积攒存入银行之外，其余用在村级事务和村级公共服务上。例如，村民医疗保险需个人支付的部分，由村里支付；村里年满70岁的老人，在国家给予60元/月养老金的基础上，村里再给予60元/月的尊老金；考上大专、本科和研究生的学生分别给予1000元、2000元、5000元的入学奖励；一事一议的20元由村里拿，等等。年末公布村级事务花销清单。一切账目清清楚楚，群众明明白白，干部干干净净。

4. 成功的经验：群众的事情群众商量办，村两委引领但是不包办

在西姚桥村民协商管理煤矸石销售的过程中，村支书王安凌始终坚持，村两委干部把涉及群众利益的事情尽量交给老百姓去商量，一天讨论不好，

就讨论两天,两天不好,那就三天,在互相讨论中,终会有统一意见。因为,经过平等而自由的对话、争辩、讨论和协商,利益各方都能了解彼此的立场,拓宽彼此的心胸,村民因不同诉求而产生的偏见会逐渐缩小,进而把私利提升为公利,以达到集体利益基础上村民广泛接受的共识。所以,讨论的过程,虽然表面上乱如麻,但越辩越清,终能"乱"出"理"来。在此过程中,村两委引领但是不包办,其中的矛盾大大减少,而且,村民之间、村民与村干部之间会产生更多的支持与信任,可以推动村集体公共政策的执行,并为以后的合作互动积累起长期的信任与资本,如此,村干部工作起来顺手,领导起来容易多了。

附:典型案例之二

孟庄村庄环境整治中的民主管理

河口镇孟庄行政村位于沛敬公路南段,社会人口3360人,承包地人口2140人,耕地2970亩。包括5个自然村:孟庄、岳庄、前张集、后张集、盖庄。孟庄为该行政村村部驻地,也是附近十里八村的集贸市场所在地。

1. 事情的缘起

根本原因。孟庄集市位于沛敬路西侧,中间隔着一条沛敬河。1995年,沛敬河开挖、修建了涵洞,当时迁移并由政府另处安置了24户。随着商品贸易的发展,涵洞之上的平地逐步被原24户占用,在上面无序建设了门面房、院子、厕所等,而且紧挨着沛敬路;为了多拉生意,沛敬路东侧的店面也私搭乱建,逐渐向路上靠拢,东西两面夹挤,致使道路越来越窄,严重影响了过往车辆的行驶,尤其是逢集时更为突出,而且交通事故不断发生;无序建设、私搭乱建还导致邻里之间矛盾不断,不和谐因素增多。孟庄村民对此早有怨言，纷纷要求清理。

直接原因。2011年以来，江苏全省开展"美好城乡建设行动"，沛县也不例外。趁此时机，孟庄村在县镇党委政府领导下，村两委集纳绝大多数村民的意见，提议开展村庄环境整治工作，一为疏通沛敬路孟庄段交通混乱状况，二为改善孟庄集市的经营环境，更主要的是为孟庄村民提供优美舒适的生活环境。

2. 商议的焦点问题及过程

2012年正月初七，趁着村民都在家过年的时机，孟庄村两委召开2012年度第一次村民代表大会，党员、干部、村大老执、村民代表和集市经营户代表共50人，开会商议如何开展村庄环境整治。经过讨论，大家对如下两个问题很快达成一致共识。第一，孟庄村脏乱差的状况已经严重影响了交通和经营环境，更影响了村民的生活环境，村庄环境整治非常必要和紧迫。第二，近些年私搭乱建的违章设施需要拆除。

之后进入到热烈讨论的核心环节，即讨论的焦点问题在于：在沛敬路西涵洞之上的24户商业门面房的拆除是否需要赔偿。如果赔偿，道理何在？又由谁来支付赔偿金？如果不赔偿，不赔偿的理由是什么？

24户的代表一开始坚决坚持需要赔偿，哪怕给个本钱也行。而代表大多数村民的意见是，1995年沛敬公路西开挖孟庄河段并修涵洞的时候，政府和村集体已经对24户进行了另处安置，涵洞之上的平地已经不属于24户，后来24户再在涵洞之上建设商业门面房没有道理；而且出于安全角度也不允许在涵洞之上建设房子；何况，涵洞之上的土地已经被24户无偿占用并获益10多年。因此，经过激烈的开会商讨后，大多数村民认定，涵洞之上的房子属于违章设施，不存在赔偿问题。既然属于违章设施，不存在赔偿问题，那么，拆除也应该自行拆除，而且拆旧费用由各自承担。

一整天讨论和激烈争辩的会议，把大方向基本定了下来，接下来的几天，会议精神由参会人员在村民中传播。村民，尤其是涉及切身利益的店面经营户，一开始情绪激动，像炸开了锅似的，甚至串通一气不愿拆除。针对此况，村干部、党员、村大老执和村民代表，他们耐心细致做解释、说理等思想工作，加上他们多是各自姓氏的族头，也具有互相的亲戚邻居等各种纵横交错的关系，因此，几天后，大家的情绪基本稳定，逐渐想开了："反正也不只哪一家，要拆除都拆除，要不赔偿都不赔偿，反正大家都一样！"

3. 决议

看着酝酿的时机逐渐成熟，正月十四日，村支书郭振平先是及时召开村班子成员通气会，商量出初步方案，接着及时召集召开第二次村民代表大会，村支部向大家通报情况，分析问题和利弊，拿出初步方案让村民代表充分讨论，其中24户的代表也谈了与最初正月初七不一样的看法，并表示同意大多数代表的初步方案。第二次村民代表大会最后决定，沛敬公路西涵洞之上的24户门面房自行拆除；其他街区店面门前私搭乱建的附着物也自行拆除；以上都不存在任何赔偿问题；拆旧工作的实施，由党员、干部、村大老执和村民代表，分片包干帮助实施。

4. 执行——村民自行拆除违章设施

接着便是具体实施。孟姓、张姓和吕姓为孟庄村的三大姓，孟昭真是孟庄二组的组长、村大老执，老同志吕康顺是经营户代表（在涵洞上建有3处门面），张绪环是退休的老党员老干部，3位既是三大姓德高望重的族头，又是村民代表。正月十五日，老同志吕康顺成为孟庄村第一个自行拆除门面房的农户，村干部上前帮助拆旧，其余农户看在眼里记在心上，当天下午就有第二户、第三户主动拆旧。

村民张绪平，前些年在涵洞上建设了1000余平方米的加油站，拆除并迁往新址、租用新址等，工程量大，费用也不少，很显然，张绪平有很强的畏难情绪。其大哥退休老党员老干部张绪环，放弃了修高速公路140元/天的赚钱机会，为弟弟搬迁加油站做通思想工作，说："加油站在街区如同痤疮，存有很大的安全隐患，搬迁是大势所趋，晚搬不如早动手搬。"在大哥感召下，正月十六日，张绪平即开始着手拆迁的各项准备工作，至二月初一，如期完成搬迁工作。期间，由于操心、劳累，张绪平瘦了十来斤。

个体户、饭店老板吕康远，其饭店位于沛敬路东，店面外的棚子和锅炉按规定都需要拆除，自拆了两次，因没拆除到位，又拆了第三次，每一次都主动配合村两委的要求和标准。

个体户程义的店面位于中心街，2010年程义在店面外搭建了8米宽、钢结构、全封闭、铺地板砖的新店面100多平方米，此时此刻，积极响应村两委的号召，自己雇用拆迁工人，3天即拆除完毕。

榜样的力量是巨大的，榜样带头，全体行动，正月十五日至二月初一的半个月内，在上级党委政府的扶持下，在村两委的坚强领导下，孟庄村老百姓全体行动，积极主动，齐心协力，违章设施全部自行拆除完毕。

5. 政府的扶持

县镇规划、建设、农林等部门主动帮助孟庄村搞好规划、建设与绿化工作，政府出资、大户捐助、村民出力，形成强大合力，共同清理了大量垃圾，共同修建街区和村内道路，安装了路灯，在涵洞之上种植了花草树木，修建了水冲式厕所、游园和"好人文化广场"。绿化过程中，孟庄村民主动浇水、出工出力。

6. 孟庄村环境大变样

孟庄村民的全力配合和齐动手，加上党委政府的扶持，换来了孟庄村优美的环境。两个月的村庄整治大会战让孟庄村大变样，甚至变得让人认不出来了。略举一例。环境整治后，沛敬路孟庄段常常出现问路的情况，以前熟悉孟庄的外村人途经孟庄，找不到印象中的老孟庄了，问这是啥地方；外出务工的孟庄村民坐车返乡，下了大巴车就问，这是俺的村庄吗？怎么变这么美呢？甚至还有的打工者坐车路过了家乡而认不出来，于是错过了下车的时间。

孟庄村的美好环境也吸引了投资者，其街区的门面房价格上扬，十里八村来此赶集的人更多了。孟庄村民的精神面貌大为焕发，新修建的游园、宽敞的街面让人欢愉，晚上村民出来跳集体舞，全村的舞场竟然多达4处，成为孟庄村历史上前所未有的乡村亮丽风景。

农历三月初八，孟庄村召开2012年度第三次村民代表会议，孟庄村两委趁热打铁，总结了两个月来的环境整治情况，决定对于环境整治过程中涌现出来的先进和好人好事进行开大会表扬和披红戴花。会议制订了维护村庄环境的村民公约，决定面向全村招募保洁员并制订了孟庄村垃圾收运管理办法。

附：典型案例之三

鹿楼镇蔡集土地集零归整中的民主管理

蔡集自然村隶属于鹿楼镇八堡行政村，位于大沙河西岸，承包地人口331人、85户，现有社会人口456人、105户。计算沟渠路在内，全村耕地600余亩，1994年登记在册的人均承包地1.76亩。

1. 背景

上世纪大包干之后，人人分得责任田。但是，由于地块肥沃瘠薄的不同，分田实行均分制，导致地块零星分散少则三五块，多则十几块。蔡集村每户就分得13块责任田，最小的地块只有0.08亩/人，最大的地块也只有0.5亩/人。随着土壤改良和土地耕作技术的提高，各地块肥瘠程度的差别逐渐缩小；同时，农户越来越认识到土地零星分散给耕作带来的不便：地块太窄，机械化农机具难以运用；太窄土地上的果树树冠进入邻家地界，产生矛盾；农户要周转于多个地块，尤其是灌溉，挪动、安放浇水机械的时间竟然比浇地的时间都长，浪费时间；各户之间都有田埂地界，浪费土地。

直接原因。2011年春季，邻村七堡行政村因为属于煤矿塌陷地需要搬迁，矿上购买蔡集村土地30亩土地（一期）用于七堡村农户的安置，土地价格4.1万元/亩。30亩土地牵涉农户15户。当时，这15户都想分得这笔款，但是，其余的农户就不愿意了，纷纷提出意见：第一，30亩土地虽然分到户，但所有权和处置权属于集体，30亩土地被处置后的收益当然也属于集体所有；第二，按法律规定，若干年后，如果没有特殊情况，那15户的子孙还属于这个村集体；假如目前30亩土地的收益归于那15户，那么，这个村集体的权益将来如果实行农村社区股份合作社（已经实行社区股份合作社的村庄的实践证明，股权份额都是以承包地折算），那15户的承包地人口还有各自的一份完整股权吗？如果没有一份完整的股权，若干年后，由于村集体的收益非常丰厚，那15户的子孙因没有了股权会不会骂其祖辈？这都是将来不得不考虑的问题。

农户的想法和意见合情合理，八堡行政村村两委对群众的提议及时梳理、总结，组织蔡集村村民代表进行商议。蔡集村村民代表有5位：刘庆元、47岁，蔡敬吉、58岁，刘运龙、50岁，刘宏志（党员）、65岁，刘运田、53岁。经过讨论，村民代表一致认为，30亩土地的收益权属于蔡集村331口原承包地村民，那15户没有处置权；处置权归村集体，村集体当然要负责把那15户的承包地给补回来，怎么补？这就牵涉到最最麻烦的全村土地统一调整问题。

蔡集村村民都知道，村西的396亩土地分得最为零散，每户都有6块地，而且地表很不规整：有龙腰地，有藕坑，最高处与低洼处相差1.5米，干旱时很难浇水，雨涝时很难排水，农作物收成很差。农户早就有把零散土地归为整块耕种的想法。

2011年9月，正赶上秋收秋种的季节，地里的庄稼收获完毕，村民认为正是土地集零归整的大好时机。于是，村干部、村民代表一呼百应，2011年9月28日，在蔡集村全体村民大会上，一致通过村西6块耕地集零归整的决议。

2. 实施办法

方向定下来之后，村民代表开始研究集零归整、调整土地的具体方案和实施办法。

（1）对每一户的13块土地进行全面摸底调查。主要是核实1994年最后一次分田到户时登记在册的土地面积，面向全体村民张榜公布。

（2）凡是多占的土地都要在将来村西耕地调整时被扣除。对于原本属于村集体但是后来被个人占用的土地进行丈量核实，面向全体村民张榜公布。主要有这样2块土地：①1998年，蔡集小学搬迁到村西北的新址，原校舍房屋作为村集体资产出售给9家农户居住，学校的10亩土地则由该9家农户承包，每年租金200元/亩上交给村集体。但是，由于种种原因，2000年之后就没有上交过土地租金。对此情况其他村民早就意见纷纷，村民一致要求在村西耕地调整中扣除该9户的10亩地。②2005年，该村村东耕地由井水浇灌改为河水浇灌，原4条井水水渠不再使用，于是紧挨着井水水渠的4户把水渠摊平种上了庄稼，共计面积2.4亩。村民认为，这种本应公摊的土地，在村西耕地调整时也应对该4户的2.4亩予以扣除。

（3）凡是被占（如学校操场占地、新村建设占地、七堡村搬迁占地，等等）的土地都要在将来村西耕地调整时进行找补。①矿上购买的土地30亩用于塌陷村七堡村的搬迁，涉及蔡集15户的承包地，在村西耕地调整中进行找补。4.1万元/亩的收益归村集体所有。②2007年，八堡中心村建设占地54亩，涉及200口承包人口，当时规定，按照每年600元/亩的租金给200口人。现在，村民认为，应该在村西耕地调整中拿出54亩耕地找补给该200口人，每年600元/亩的租金归村集体所有。③2010年，蔡集小学扩建操场用地4亩，牵涉2户的土地，当时约定，以每年1700元/亩的租金由学校支付给该2户。其他村民认为不合理，应该趁着村西耕地调整的机会，把4亩土地补给该2户，每年1700元/亩的租金则归村集体所有。

2011年10月6日召开全体村民大会，蔡集村原承包地的85户，每户指定一个当家的发言人，逐个发言，然后按手模，在大会上一致通过了调地具体方案的决议。

接下来便是土地集零归整的具体实施。因为冬季天气的原因，至次年3月5日完成。在村民代表监督下，整个实施过程始终公开透明，大家都很放心，都认为公平、公正、合理。村西的6块地合并成1大块后，全村原来每户13块地，最后变为7块，非常有利于农户的耕作，农户交口称赞。

3. 民主管理中令人感动的例子

土地集零归整的公开透明，使得老百姓都全力支持该项属于全村人的大事，在具体实施过程中，涉及自己利益的时候，村民能够舍小家顾大家，让来之不易的土地集零归整工作有序进行下去。略举几例。

村民代表带头作用的发挥。蔡集小学原校址10亩土地由9户（村民代表刘运龙是其中之一，占地最多，为1.4亩）占着，其中2户的土地不想被扣除。尽管村民代表刘运龙自己将被扣除的土地为最多，但他率先垂范，爽快地提出把1.4亩扣除，他说："我们已经十多年没有向村集体缴纳租金了，不能再占村集体的便宜了！"之后，那其中的2户也不好意思了，自然顺从了大家伙的意见。

大局意识的发扬。蔡集小学新校址扩建操场占用刘运良和刘庆文两户的土地4亩，土质比村西地明显要好得多，该两户明明知道但并没有提出此难题，原因是，如果那样提，其他户也会效仿，村西地就很难调整。为顾全大局，刘运良和刘庆文并没有提，发扬了集体主义精神。

再举一例，村西地在分的过程最后，是刘洪福的土地，没有分够，差了1.4亩。面对这种情况，有两种办法：重新丈量划地界，那等于一个重复劳动，即之前四五天时间5位村民代表丈量划定的地界作废。另一办法就是暂时先那样，将来再调整土地时予以补回。刘洪福并没有为难5位村民代表，很爽快地选择了后一种办法。村集体也不亏待刘洪福，决定补回之前以每年800斤小麦/亩的价格补偿给刘洪福，从村集体收入中支付。

4. 村民的民主意识、参与意识大大增强

分田到户30年来，大部分农村的土地、集体房屋、耕作生产用的大牲畜、集体的农机具等，凡是能分的，几乎全部分干净，"以家庭承包经营为基础，统分结合的生产经营体制"明显表现为：分有余而统不足。分干分净、分而散漫的思想严重，集体行动、集思广益的意识淡薄；进而，集体参与意识和民主意识大大减弱。这种情况产生的最主要原因就是：什么都分了，缺少大家共同关心的事情，缺少大家共同为之奋斗的目标，总之是缺少大家同心同向的载体和平台。

土地是农民的根，蔡集村的土地集零归整，是全体村民非常关心的事情。该项工作的实施，为农户开展民主管理搭建了很好的平台。蔡集村从开始酝酿到土地集零归整结束，历时半年，其间召开的大大小小的会议达30多次，争吵、讨论使得事情越辩越清、越辩越明，使得农民对于土地承包法、土地管理法等法律意识大大增强，使得维护村集体利益的同心性越来越强，为村民生活共同体的真正形成打下了重要基础。

参考文献

中文著作：

陈剩勇、何包钢主编：《协商民主的发展：协商民主理论与中国地方民主国际学术研讨会论文集》，北京：中国社会科学出版社 2006 年版。

邓拓：《中国救荒史》，北京：北京出版社 1998 年版。

贾西津等：《中国公民参与——案例与模式》，北京：社会科学文献出版社 2008 年版。

康晓光、韩恒、卢宪英：《行政吸纳社会——当代中国大陆国家与社会关系研究》，新加坡：世界科技出版公司 2010 年版。

李长兴主编：《人民代表大会制度工作理论与实践》，贵州：贵州教育出版社 1998 年版。

刘文富：《网络政治——网络社会与国家治理》，北京：商务印书馆 2002 年版。

李小江、朱虹、董秀玉主编：《平等与发展》，北京：生活·读书·新知三联书店 1997 年版。

毛寿龙、李梅：《有限政府的经济分析》，上海：上海三联书店 2000 年版，第 101 页。

秦晖：《传统十论：本土社会的制度文化与其变革》，上海：复旦大学出版社 2003 年版。

汝信等编：《2005 年：中国社会形势分析与预测》，北京：社会科学文献出版社 2004 年版。

施嵩、陈振声主编：《足迹——浙江省武义县基层民主政治建设的实践与探索》，北京：中国文史出版社 2006 年版。

孙伟林：《中国全国性社会团体目录》，北京：中国大百科全书出版社 2002 年版。

吴毅：《村治变迁中的权威与秩序》，北京：中国社会科学出版社 2002 年版。

夏征龙、陈至立：《辞海》（增补版），上海：上海辞书出版社 1979 年版。

余晖等著：《行业协会及其在中国的发展：理论与案例》，北京：经济管理出版社 2002 年版。

于燕燕：《社区：自治与和谐》，北京：中国人事出版社 2009 年版。

中国大百科全书出版社编辑部：《中国大百科全书·政治学卷》，北京：中国大百科全书出版社 1992 年版。

［美］阿尔蒙德：《比较政治学：体系、过程和政策》，曹沛霖、郑世平、公婷、陈峰译，上海：上海译文出版社 1987 年版。

［美］埃莉诺·奥斯特罗姆：《公共事物的治理之道》，毛寿龙译，上海：上海三联书店 2000 年版。

［美］奥尔森：《集体行动的逻辑》，陈郁译，上海：上海三联书店、上海人民出版社 1994 年版。

［英］波兰尼：《大转型：我们时代的政治与经济的起源》，冯刚、刘阳译，杭州：浙江人民出版社 2008 年版。

［美］比尔·盖茨：《未来之路》，雷嬿恒译，北京：北京大学出版社 1996 年版。

［英］布莱克维尔：《政治学百科全书（修订版）》，邓正来译，北京：中

国政法大学出版社 2002 年版。

［英］戴维·赫尔德：《民主的模式》，燕继荣等译，北京：中央编译出版社 1998 年版。

［美］道格拉斯·拉米斯：《激进民主》，刘元琪译，北京：中国人民大学出版社 2002 年版。

［美］道格拉斯·C. 诺斯：《经济史中的结构与变迁》，陈郁、罗华平译，上海：上海三联书店、上海人民出版社 1994 年版。

［美］道格拉斯·C. 诺斯：《制度、制度变迁与经济绩效》，刘守英译，上海：上海三联书店 1994 年版。

［英］戴维·赫尔德：《民主的模式》，燕继荣译，北京：中央编译出版社 1998 年版。

［英］戴维·米勒等：《布莱克维尔政治学百科全书》，邓正来译，北京：中国政法大学出版社 1992 年版。

［英］弗里德里希·冯·哈耶克：《个人主义与经济秩序》，邓正来译，上海：上海三联书店 2003 年版。

［美］格林斯坦、波尔斯比编：《政治学手册精选》，钟凯斌、王洛忠、任丙强译，北京：商务印书馆 1992 年版。

［德］哈贝马斯：《公共领域的结构转型》，曹卫东等译，上海：学林出版社 1999 年版。

［美］亨廷顿：《第三波——20 世纪后期民主化浪潮》，刘军宁译，上海：上海三联书店 1998 年版。

［美］汉密尔顿、麦迪逊、杰伊：《联邦党人文集》，程逢如译，北京：商务印书馆 1982 年版。

［美］文森特·奥斯特罗姆：《复合共和制的政治理论》，毛寿龙译，上海：上海三联书店 1999 年版。

［美］加布里埃尔·A. 阿尔蒙德、小 G. 宾厄姆·鲍威尔：《比较政治

学：体系、过程和政策》，曹沛霖等译，上海：上海译文出版社1987年版。

［美］凯斯·桑斯坦：《网络共和国——网络社会中的民主问题》，黄维明译，上海：上海人民出版社2003年版。

［美］科恩：《论民主》，李柏光、林猛译，北京：商务印书馆1988年版。

［美］科利：《国家引导的发展：全球边缘地区的政治权力与工业化》，朱天飚等译，吉林：吉林出版集团公司2008年版。

［美］莱斯特·瑟罗：《资本主义的未来》，罗悌伦译，北京：中国社会科学出版社1998年版。

［美］拉斯韦尔：《政治学——谁得到什么？何时和如何得到?》，杨昌裕译，北京：商务印书馆2005年版。

［美］罗伯特·达尔：《多头政体》，谭君久、刘惠译，北京：商务印书馆2003年版。

［英］曼：《社会权力的来源》第2卷上，陈海宏等译，上海：上海世纪出版集团2008年版。

［加］马歇尔·麦克卢汉：《人的延伸：媒介通论》，高鸿业译，成都：四川人民出版社1992年版。

［美］麦克·布洛维：《公共社会学》，北京：社会科学文献出版社2007年版。

［美］诺思：《经济史的结构与变迁》，陈郁等译，上海：三联书店和上海人民出版社1994年版。

［法］托克维尔：《论美国的民主》，董果良译，北京：商务印书馆1988年版。

［美］约翰·奈斯比特：《大趋势》，周海成译，北京：中国社会科学出版社1984年版。

［美］詹姆斯·M.布坎南：《宪法秩序的经济学和伦理学》，朱泱译，北京：商务印书馆2008年版。

[美]詹姆斯·布坎南和戈登·塔洛克:《同意的计算:立宪民主的逻辑基础》,陈光泽译,北京:中国社会科学出版社2000年版。

中文期刊:

陈宏辉:《利益相关者管理:企业伦理管理的时代要求》,载《经济问题探索》,2003年第2期。

陈映芳:《贫困群体利益表达渠道调查》,载《战略与管理》,2003年第6期。

陈章华:《浙江民营经济发达的深层原因解析》,载《商场现代化》,2008年第6期。

郭占锋:《走出参与式发展的表象:发展人类学视角下的国际发展项目》,载《开放时代》,2010年第1期。

韩素梅:《国家、民族空间与认同建构:〈人民日报〉玉树地震传播分析》,载《新闻与传播研究》,2011年第1期。

何增科:《民主化:政治发展的中国模式与道路》,载《中共宁波市委党校学报》,2004年第2期。

何增科:《中国政府创新的趋势分析——基于五届"中国地方政府创新奖"获奖项目的定量研究》,载《北京行政学院学报》,2011年第1期。

康晓光、韩恒:《分类控制:当前中国大陆国家与社会关系研究》,载《社会学研究》,2005年第6期。

李妍焱:《关于促进NPO与政府建立合作关系的有效条件之探讨》,载《中国非营利评论》第五卷。

林尚立:《社区:中国政治建设的战略性空间》,载《毛泽东邓小平理论研究》,2002年第2期。

林尚立:《协商政治:对中国民主政治发展的一种思考》,载《学术月刊》,2003年第4期。

卢福营、孙琼欢：《村务监督的制度创新及其绩效》，载《社会科学》，2006年第2期。

马俊军：《村民自治中罢免问题的法律探讨》，载《国家行政学院学报》，2003年第1期。

欧阳斌：《大陆立法游说集团浮现》，载《凤凰周刊》，2006年第35期。

任小平、许晓军：《劳资博弈：工资合约中的制度救济与工会行为》，载《学术研究》，2009年第2期。

王军：《试析当代中国的网络民族主义》，载《世界经济与政治》，2006年第2期。

吴菁：《国际妇女参政的政策和措施》，载《妇女研究论丛》，2001年第S1期。

信卫平：《构建工资集体协商的社会基础——基于一线劳动者的视角》，载《经济社会体制比较》，2010年第5期。

徐勇：《治理转型与竞争——合作主义》，载《开放时代》，2001年第7期。

许保疆：《试析群体性事件的理性处置》，载《云南警官学院学报》，2006年第4期。

杨光斌：《转型时期中国中央—地方关系新论——理论、现实与政策》，载《学海》，2007年第1期。

杨光斌：《现行中央—地方关系下的社会公正问题及其治理》，载《社会科学研究》，2007年第3期。

杨光斌：《制度变迁的路径及其理论意义：从社会中心主义到国家中心主义》，载《中国社会科学内刊》，2007年第5期。

杨光斌、李月军：《中国政治过程中的利益集团及其治理》，载《学海》，2008年第2期。

杨小柳：《发展的历程：人类学的视角》，载《社会学研究》，2007年第4期。

俞可平：《当代西方政治理论的热点问题》，载《理论参考》，2003 年第 1 期。

俞可平：《中国公民社会：概念、分类与制度环境》，载《中国社会科学》，2006 年第 1 期。

于建嵘：《当前我国群体性事件的主要类型及其基本特征》，载《中国政法大学学报》，2009 年第 6 期。

郁建兴：《行业协会：寻求与企业、政府之间的良性互动》，载《经济社会体制比较》，2006 年第 2 期。

曾凡斌：《BBS 的信息传播与政治民主》，载《暨南学报》，2007 年第 3 期。

赵秀梅：《中国 NGO 对政府的策略：一个初步考察》，载《开放时代》，2004 年第 6 期。

张凤华：《农村妇女在村委会选举中的参与意识分析》，载《华中师范大学学报（人文社科版）》，2002 年第 6 期。

庄聪生：《协商民主是中国特色社会主义民主的重要形式》，载《中共中央党校学报》，2006 年第 4 期。

周黎安：《晋升博弈中政府官员的激励与合作——兼论我国地方保护主义和重复建设问题长期存在的原因》，载《经济研究》，2004 年第 6 期。

周大鸣、秦红增：《参与发展：当代人类学对他者的关怀》，载《民族研究》，2003 年第 5 期。

朱健刚：《草根 NGO 与中国公民社会的成长》，载《开放时代》，2004 年第 6 期。

朱光磊、杨立武：《中国私营企业主政治参与的形式、意义和限度》，载《南开学报（哲学社会科学版）》，2004 年第 4 期。

［印］查特吉：《关注底层》，载《读书》，2001 年第 8 期。

［美］达尔：《对"精英民主主义理论"的回应》，载《美国政治科学评

论》,1966 年第 60 期。

[美] J. 沃科尔:《精英民主主义理论批判》,载《美国政治科学评论》,1966 年第 60 期。

外文著作:

Bruce J. Dickson, *Red Capitalists in China: The Party, Private Entrepreneurs and prospects for Political Change*, Cambridge University Press, 2003.

Chambers, R., *Whose Reality Counts? Putting the First Last*. London: Intermediate Technology Publications, 1997.

Crewe, Emma and Elizabeth Harrison, *Whose Development? An Ethnography of Aid*. London: Zed Books, 1998.

Gujit, I. and M. K. Shah, *The Myth of Community: Gender Issues in Participatory Development*, London: Intermediate Technology Publications. 1998.

Hugh Armstrong Clegg, *Industrial Democracy and Nationalization*, Oxford Basil Blackwell, 1951.

Robert A. Dahl, *A Preface to Economic Democracy*. Cambridge: Polity Press, 1985.

Robert J. Barro, *Determinants of Economic Growth, a Cross - Country Empirical Study*, Cambridge, MA: The MIT Press, 1997.

外文期刊:

Alan Hyde, Democracy in Collective Bargain, *The Yale Law Journal*, Volume 93, No. 5, April 1984.

Anat Levy and Lloyd S. Shapley, *Individual and Collective Wage Bargaining*, International Economic Review, Vol. 38, No. 4, November 1997.

Craig Bechert, 'Better Than a Strike': Protecting New Forms of Collective Work Stoppages under the National Labor Relations Act, *The University of Chicago*

Law Review, Vol. 61, No. 2, Spring 1994.

Feng Chen, *Individual Rights and Collective Rights: Labor's Predicament in China*, Communist and Post – Communist Studies, Vol. 40, 2007.

Harry H. Wellington, Freedom of Contract and the Collective Bargaing Agreement, *University of Pennsylvania Law Review*, Vol. 112, No. 4, Feb. 1964.

Jonathan Unger, "Bridges": *Private Business, the Chinese Government and the Rise of New Associations*, The China Quarterly, No. 147, Sep. 1996.

Kapoor, Ilan, Participatory Development, Complicity and Desire, *Third World Quarterly*, Vol. 26, No. 8, 2005.

Kesby, Mike, Retheorizing Empowerment - through - Participation as a Performance in Space: Beyond Tyranny to Transformation. *Journal of Women in Culture and Society*, Vol. 30, No. 4, 2005.

Michael C. Harper, Reconciling Collective Bargaining with Employee Supervision of Management, University of Pennsylvania Law Review, Vol. 137, Nov. 1988, No. 1

Mohan, Giles & Kristian Stokke, Participatory Development and Empowerment: The Dangers of Localism *Third World Quarterly*, Vol. 21, No. 2, 2000.

Ralph K. Winter, Collective Bargaining and Competition: The Application of Antitrust Standards to Union Activities, *The Yale Law Journal*, Vol. 73, No. 1, Nov 1963.

Robert P. Duvin, the Duty to Bargain: Law in Search of Policy, *Columbia Law Review*, Vol. 64, No. 2, Feb. 1964.

Ruth Weyand, Rule in Collective Bargaining, *Columbia Law Review*, Vol. 45, No. 4, Jul., 1945.

Tony Saich, "*Negotiating the State: The Development of Social Organizations in China*", The China Quarterly, No. 161, Mar. 2000.

图书在版编目（CIP）数据

民主管理／龙宁丽主编．—北京：中央编译出版社，2013.8
（中国的民主治理：理论与实践／俞可平主编）
ISBN 978 – 7 – 5117 – 1734 – 4

Ⅰ.①民…
Ⅱ.①龙…
Ⅲ.①民主管理 – 研究 – 中国
Ⅳ.①D6

中国版本图书馆 CIP 数据核字（2013）第 177685 号

民主管理

出 版 人	刘明清
出版统筹	薛晓源
学术统筹	陈家刚
责任编辑	苗永姝
责任印制	尹　珺
出版发行	中央编译出版社
地　　址	北京西城区车公庄大街乙 5 号鸿儒大厦 B 座（100044）
电　　话	（010）52612345（总编室）　（010）52612335（编辑室） （010）66161011（团购部）　（010）52612332（网络销售） （010）66130345（发行部）　（010）66509618（读者服务部）
网　　址	www.cctphome.com
经　　销	全国新华书店
印　　刷	北京印刷一厂
开　　本	787 毫米×960 毫米　1/16
字　　数	204 千字
印　　张	18.25
版　　次	2013 年 8 月第 1 版第 1 次印刷
定　　价	55.00 元

本社常年法律顾问：北京市吴栾赵阎律师事务所律师　闫军　梁勤
凡有印装质量问题，本社负责调换。电话：（010）66509618